KB264889

현대인을 위한 기공

기공학 개론 · 수련편

현대인을 위한 기공

이명복 지음

장승

현대인을 위한 기공

•
•
•

2003년 2월 28일 초판 발행

•

지은이/이명복
펴낸이/김병무
펴낸곳/도서출판 장승

•

출판등록일 1993. 2. 13, 제2-1493호
(우)110-300 서울 종로구 관훈동 197-28
백상빌딩 13층
전화 (02)730-2500
팩스 (02)723-5961

•

값 12,000원

•

ISBN 89-8001-026-5   13690
* 잘못된 책은 바꾸어 드립니다.
* 한국 기(氣)문화원 www.gycenter.com

더불어 사는 길을 열기 위해 이 순간에도 많은 애를 쓰고 있는
이 땅의 형제자매들께 이 책을 바칩니다.

서문

　어느덧 기공인구가 2백만 명을 넘어서면서 기공은 이제 우리 대중문화의 한 축으로 자리를 잡게 되었다. 기공 붐을 타고 많은 기공 책자들이 쏟아져 나오고 있으며, 신문·잡지 등 대중매체에서도 많은 수련 정보가 소개되고 있다.

　하지만 수행(修行)의 길을 가고자 하는 사람들 중에는 아직도 올바른 수련정보를 얻기 위해 노심초사하는 모습을 종종 볼 수 있다. 전통의 공법(功法: 수련법)으로 알려진 것들 중에는 당대에 만들어진 것이 적지 않으며, 이를 알게 된 수행자들 중에는 크게 당혹감을 느끼는 사람도 있다. 원래 공법은 심오한 공리(功理: 기공이론)를 바탕으로 하기에, 일정한 경지에 오른 사람이라도 쉽사리 만들 수 있는 것은 아니다. 한두 사람의 아이디어로 만들어진 수련법은 비록 기발해 보여도 어딘가 깊이와 체계가 부족하게 마련이며, 그 효능을 검증 받지 않아 부작용이나 혹 위험이 따를 수도 있다.

　필자는 20여 년 전 기공(氣功)에 입문을 한 이후 오랫동안 우리 고유의 수련법을 찾아 왔으며, 여러 문파의 공법들을 두루 섭렵하게 되었다. 그리고 대기공사(大氣功士) 몇 분을 포함해 국내외 명사(明師)들을 만날 수 있는 기회가 있었으며 그분들로부터 귀중한 공법들을 전해 받았다. 그 중에는 잃어버린 전통 수련법의 맥(脈)으로 보이는 것들이 많이 있었다. 기묘하게도 고층차의 공법들은 마치 한 짝인 것처럼 다른 공법과 완벽한 조화를 이루었으며, 한 문파의 수련법은 다른 수련법의 연결고리가 되거나 해석의 근거를 제공하는 경우도 있었다. 이러한 묘리(妙理)가 어찌 우연일 수 있겠는가. 이는 제 공법들이 필경 하나의 근원에서 나왔음을 암시하고 있다.

수행의 세계에서는 원래 큰 스승들이 제자를 붙잡아두지 않고 일정한 단계가 되면 자신을 떠나 다른 스승을 찾도록 권하는 전통이 있었다. 현존하는 몇몇 대기공사들의 경우, 무려 열 분이 넘는 대스승들로부터 공법을 배운 분들도 있다. 도가(道家)와 불가(佛家) 간에 종교의 벽을 넘어 교류하기도 하고, 스승의 지시에 따라 멀리 티베트에까지 가서 공부를 하기도 하였다. 참으로 아름다운 정보 공유의 전통이 아닐 수 없다.

정보화시대를 사는 우리에게는 많은 정보에 쉽게 접근하여 정보를 공유할 수 있는 길이 열려 있다. 수련 정보도 머지 않아 그리 될 것이다. 이제 필자는 그 동안 수집하고 연구해온 귀중한 수련 정보를 체계화된 콘텐츠로서 일반에 소개하고자 한다. 앞으로 이들 수련 콘텐츠를 디지털화하게 되면 누구나, 필요할 때는 언제나 이를 접할 수 있게 될 것이다. 동아시아에서 시작한 기공이 불과 10년 만에 전세계적으로 각광을 받게 된 현 상황은 분명 예사로운 일이 아니다. 인류사회에 새로운 패러다임이 요구되는 이 시기에 보다 많은 사람들이 귀중한 무형의 문화유산인 수련 정보를 공유한다는 것은 중요한 의미가 있다.

기공의 공법에는 일정한 층차(層次)가 있는 것이 사실이다. 필자는 여러 문파의 공법들 중에서 특히 공효(功效)가 뛰어난 고급 층차의 공법들을 체계화, 현대화하는 노력을 하여 왔다. 이제 그 결실로 엮어낸 이 책을 통해 수련 정보에 목말라 있는 많은 수행자들이 시행착오를 줄이고 수련의 바른 맥(脈)을 찾을 수 있기를 바란다. 또한 이를 여러 방면에서 활용하고자 하는 분들에게도 필요한 콘텐츠를 제공해 줄 수 있을 것이다. 아울러 이 땅에 올바른 기문화를 정립하는 데에도, 일조가 되기를 바란다.

이 책에서는 《기공이란 무엇인가》의 공리(功理: 기공의 원리)에 근거하여 기공을 실제로 수련할 수 있도록 구체적인 공법을 상세히 소개하였다. 이 책을 통해 독자들은 기공에 관한 중요 정보를 얻을 수 있고, 나아가 독자적인 수련을 해 나갈 수 있을 것이다.

오래 전부터 정보화사회 다음에는 기(氣)의 사회가 도래할 것이라는 예측이 있어 왔음을 우리는 간과해서는 안 될 것이다. 열린 기의 세계에서 많은 분들이 제반 문제의 해결책을 찾고, 인류의 당면과제를 해결할 수 있는 길을 찾기를 기대해 마지않는다.

2003. 2. 28

무애(無碍) 이명복(李明馥)

차 례

제3장 · 참장공(站椿功)

제4장 · 평형공(平衡功)

제5장 · 동공(動功)

제6장 · 정공(靜功)

제7장 · 수면공(睡眠功)

제8장 • 안마공(按摩功)

제9장 • 자발공(自發功)

제10장 • 벽곡(闢穀) 수련

제11장 · 기공 수련 프로그램

제12장 · 의료기공

제 1 장

●

수련 준비와 마무리

1. 삼맥(三脈), 십이규(十二竅)

기공을 잘 익히기 위해서는 먼저 인체의 삼맥(三脈)과 십이규(十二竅) 그리고 내공선(內功線) 등에 대해 숙지하고 있어야 한다. 내공선에 대해서는 《기공이란 무엇인가》에서 설명을 하였으므로 여기서는 삼맥과 십이규에 대해서 알아보기로 한다.[1]

1) 삼맥

만물이 음양(陰陽)으로 이루어져 있듯이 우리 몸에도 음양이 있다. 예컨대 머리는 양(陽)이고 발은 음(陰)이 되며, 앞쪽(가슴·배)은 음이고 뒤쪽(등)은 양에 해당된다. 따라서 얼굴·가슴·복부·팔과 다리의 안쪽으로 흐르는 경맥(經脈)은 모두 음경(陰經)이며, 후두부·등·팔과 다리의 바깥쪽으로 흐르는 경맥은 모두 양경(陽經)이다. 경맥은 좌우로 각각 12

---

1) 내공선 등에 대해서는 졸저 《기공이란 무엇인가》 제4장 6. 인체내경도를 참고할 것.

개가 있는데 이를 12경맥이라 한다. 이 중 6경맥은 음경(陰經)으로 6음경이라 하며, 나머지 6경맥은 양경(陽經)으로 6양경이라 한다.

12경맥은 임맥(任脈)·독맥(督脈)에서 관할을 한다. 임맥은 몸의 앞쪽으로 아랫입술로부터 가슴·배의 정중앙선을 따라 회음(會陰)[2]까지 주행(走行)하는 경맥으로, 음맥지해(陰脈之海)라고 일컬어진다. 이는 임맥이 6음경을 관할, 통솔하고 있다는 뜻이다.

독맥은 회음에서 시작하여 인체의 등 뒤쪽 척추 정중앙선을 따라 상향(上向)하여 백회(百會)[3]를 돌아 앞으로 내려와서 입천장에서 마치게 된다. 독맥은 육양경(六陽經)을 통솔, 관할하므로 양맥지해(陽脈之海)라고 한다. 임맥과 독맥은 입 안에서 만나므로 입천장과 혀를 이어 놓으면 임맥과 독맥이 서로 잘 통하게 되며, 12경맥의 흐름이 원활하도록 조절된다. 그러므로 수련 중에는 항상 혀를 입천장에 붙여 놓아야 한다.

인체에서 선천적으로 갖고 있는 기(氣: 先天之氣)는 독맥에 집결해 있으며 양(陽)에 속하고, 후천적으로 물, 음식, 호흡 등을 통해 얻게 된 기(氣: 後天之氣)는 임맥에 집결되어 있으며 음(陰)에 속한다. 수련을 많이 하게 되면 임맥·독맥의 선천·후천 음양 에너지는 극화(極化)하여 스스로 중맥(中脈)으로 모여들게 된다. 중맥은 임맥·독맥의 중앙에 상하로 연결된 선(線)으로 회음으로부터 하황정(下黃庭)을 거쳐 몸 내부의 정중앙선을 따라 머리의 백회에까지 이른다.

중맥은 일반인에게는 나타나지 않으며 수련이 높은 단계에 이르렀을 때 비로소 나타나는 경맥(經脈)으로 이는 인간의 본성이 화한 것이다. 즉 수련자가 자신의 본성을 찾아 우주와 합일을 이루게 될 때 비로소 수련자

---

2) 회음혈(會陰穴)은 생식기와 항문 사이에 있으며 전음부(생식기)와 후음부(항문)가 만나는 곳이라는 뜻이다.
3) 백회혈(百會穴)은 머리 위 정중앙에 있으며 모든 양경(陽經)과 만나는 곳이다.

의 몸에 중맥이 나타나게 된다.

2) 십이규

우리는 기공을 수련하여 규(竅)를 만들어야 한다. 규란 특정한 요혈(要穴)의 위치에 많은 기가 모여서 만들어지며, 다른 말로는 '단(丹)' 이라 부른다. 우리가 수련을 해서 만들어야 하는 규는 모두 12개가 있으며, 이를 '십이규(十二竅)' 라 한다.

'12규' 는 구체적으로 하단전(下丹田), 미려관(尾閭關), 하황정(下黃庭)과 제1중단전(中丹田: 神闕), 명문(命門: 제2, 3요추 사이), 중황정(中黃庭: 배꼽과 명문의 중앙) 그리고 제2중단전(膻中: 혹은 膻宮이라고도 함), 협척관(夾脊關: 제7흉추 아래), 황금전(黃金殿)과 상단전(上丹田: 玄關 또는 天目이라고 함), 옥침관(玉枕關: 胸戶穴을 말함. 膀胱經상의 玉枕穴이 아님), 상황정(上黃庭: 상단전과 옥침관의 중앙)을 말한다.

수련의 첫 단계는 축기(蓄氣)[4] 단계이다. 이 단계의 수련은 12규 가운데 가장 중요한 3개 규(竅)인 하단전(下丹田), 미려관(尾閭關), 하황정(下黃庭)을 수련하는 것으로, 이 3개의 규를 특히 '3기지(基地)' 라고 부른다.

처음 단계에서는 이 3개 기지를 하나하나 차례대로 수련해야 한다. 맨 처음에 수련하는 규(竅)는 하단전이다. 하단전에 규를 만들고 나면 그 다음에는 미려관에 규를 만드는 수련을 한다. 이 때 하단전은 음(陰)이 되고, 수련하는 미려관(제5요추 아래)은 양(陽)이 된다. 이들 두 규를 수련하고 나면 음양의 두 기(氣)가 합해져서 중앙에 하황정이 생기게 된다. 하황

---

4) 하단전 등 3개 기지에 기를 모으는 것을 기초공사에 비유하여 도가(道家)에서는 '축기(築基)' 라고 하였으나, 본서에서는 일반인의 이해를 쉽게 하기 위해 축기(蓄氣: 기를 쌓음)라고 쓰기로 한다.

정은 황극(皇極)에 해당된다.

이렇게 3개 기지를 수련하여 제1단계인 축기 단계를 마치고 나면 다음 단계로는 제1중단전, 명문, 중황정을 차례대로 수련한다. 먼저 중단전을 수련하고 나서 다음으로 명문을 수련한다. 그리고 나면 체내의 기는 음양운화(陰陽運化)를 거쳐 그 중앙에 중황정이 형성된다. 그 다음 높은 단계로는 제2중단전, 협척관, 황금전을 차례대로 수련한다. 가장 높은 단계에서는 상단전, 옥침관, 상황정을 차례대로 수련한다.

이러한 수련 단계를 거치는 가운데 임맥, 독맥이 스스로 열리게 되며, 3정1전(三庭一殿: 하황정, 중황정, 상황정과 황금전을 말함)을 포함하는 무형의 중맥이 몸의 중앙에 나타나게 된다(이 이후의 변화에 대해서는 졸저《기공이란 무엇인가》의 제4장 6절을 참조할 것).

3) 십이규의 위치와 기능

인체 내 12규의 위치는 혈의 위치와 같다. 그러나 수련을 하지 않은 일반인에게 규는 없고 혈만 있다. 오직 수련을 한 사람만이 혈의 위치에 기를 모아서 규가 생기게 된다.

먼저 12규의 대략적인 위치를 잡고 일단 수련을 시작한다. 반복해서 수련을 해 가는 가운데 열감(熱感), 부풀어 오르는 감, 또는 맥박이 뛰는 느낌 등 특별한 기감(氣感)이 점점 강해지는 부위가 있다. 그곳이 바로 자신이 찾는 규이며, 계속해서 수련을 하게 되면 점점 더 그 위치가 분명히 드러나게 된다. 이렇게 수련을 통해 수련자 스스로 12규의 정확한 위치를 확인할 수 있다.

12규의 정확한 위치와 기능은 다음과 같다. 먼저 하단전은 배꼽의 3치(三寸) 아래 정중앙에 위치한 관원혈(關元穴)을 말하며, 가장 근원적인 규로 후천의 원기(元氣)가 모이는 곳이다. 미려관(尾閭關)은 제5요추(腰椎)와

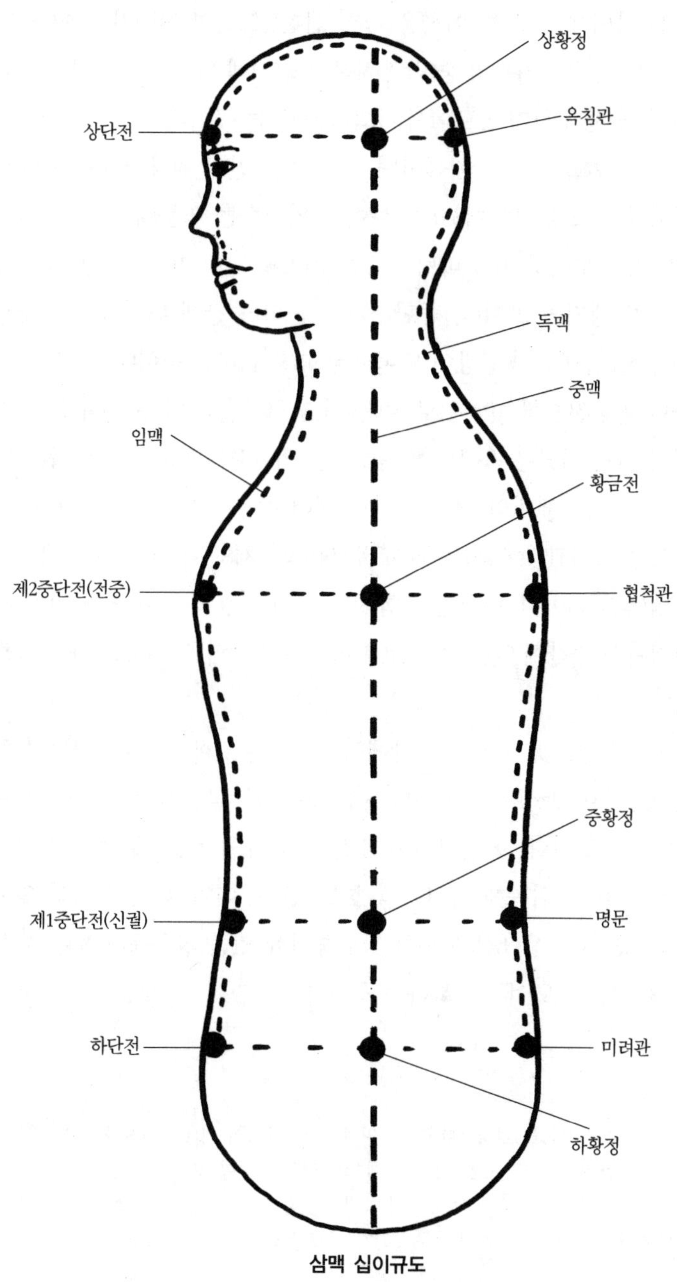

삼맥 십이규도

선골(仙骨) 사이에 있으며, 이곳은 특히 선천(後天)의 원기가 모여 있는 곳이다. 하단전과 미려관의 중앙(즉 하복부 중앙)에 위치하는 하황정(下黃庭)은 선천, 후천의 원기가 모여서 극화(極化)하는 곳이다.

제1중단전(神闕)은 바로 배꼽이며, 이곳은 후천의 원광(元光)[5]이 발생하는 곳이다. 제2요추와 제3요추 사이에 위치하는 명문(命門)은 선천의 원광 에너지가 모이고 이를 바탕으로 오장(五臟: 간, 심장, 비장, 폐, 신장)의 원기(元氣)가 생기는 곳이다. 중단전과 명문의 중간에 위치하는 중황정(中黃庭)은 선천, 후천의 원광이 모여서 극화(極化)하는 곳이다.

제2중단전은 전중혈(膻中穴)로, 이는 가슴 한가운데 양 유두(乳頭)의 중앙에 위치한다. 이곳은 육부(六腑: 담, 소장, 위, 대장, 방광, 삼초)의 원기가 발생하는 곳으로, 체내의 원기와 원광 에너지는 이곳에서 화합이 된다. 등뒤에 있는 협척관(夾脊關)은 제7흉추(胸椎)와 제8흉추의 사이에 위치하는 지양혈(至陽穴)이며, 이곳은 극화된 선천의 원광이 모이는 곳이다. 전중과 협척관의 중간에 있는 황금전(黃金殿)은 오장의 오기(五氣)가 극화하는 곳이다.

그리고 상단전(上丹田)은 양미간에서 약 0.5촌 위에 있으며, 이는 후천의 원음(元音)[6]이 발생되는 곳이다. 이곳은 '천목혈(天目穴)' 혹은 '현관(玄關)' 이라고도 한다. 옥침관(玉枕關)은 반듯이 누웠을 때 베개에 닿는 뒷머리 뼈의 바로 위쪽에 위치한 뇌호혈(腦戶穴)이며, 이는 선천의 원음이 모이는 곳이다. 상단전과 옥침관의 중간에 있는 상황정(上黃庭)은 선천, 후천의 원음이 모여서 극화하는 곳이다.

---

5) 원광(元光)은 원기(元氣)보다 에너지 단위가 높은 차원의 기(氣)이다. 자세한 내용은 졸저 《기공이란 무엇인가》 제2장 2절 및 제7장 3절을 참고할 것.

6) 원음(元音)은 원광(元光)보다 더 에너지 단위가 높은 기(氣)로, 가장 고차원의 기(氣)이다. 역시 자세한 내용은 《기공이란 무엇인가》 제2장 2절 및 제7장 3절을 참고할 것.

2. 수련 준비

기공을 할 때는 심신이 편안하게 안정된 상태에서 수련을 즐기는 마음으로 하는 것이 좋다. 수련을 시작할 때는 다음과 같은 순서로 수련 준비를 하면 심신이 완전히 이완된 상태에서 보다 효과적으로 수련을 할 수 있다.

1) 삼문(三門) 열기

편안한 자세에서 허리를 바르게 세우고 어깨, 팔, 다리 등 몸 어느 곳에도 무리한 힘이 들어가지 않도록 온몸의 긴장을 푼다. 그리고 눈을 감은 후 차례대로 삼문(三門)을 연다.

삼문은 우주의 기(氣)를 받아들이고 체내의 내기(內氣)를 배출하는 가장 중요한 선천호흡(先天呼吸) 기관으로 천문(天門), 지문(地門), 인문(人門)을 말한다. 이 삼문은 체내의 12만 8천 모공을 통솔, 관할하는 기능을 한다.

이 중에서 천문은 머리 한가운데(즉 정수리)에 있으며, 정확한 위치는 두 귀의 맨 위 첨점(尖点)을 연결한 선과 머리 앞뒤의 정중앙선(독맥 상의 선)이 교차하는 지점이다. 천문은 백회혈(百會穴)을 말하는데, 이곳은 천기(天氣)를 직접 받아들이는 통로이며 체내의 모든 양경맥(陽經脈)과 통한다.

지문은 발바닥 중앙에서 약 1치 앞에 있는 용천혈이다. 수련자는 이곳을 통해 지기(地氣)를 직접 흡수하며, 체내의 탁기(濁氣)를 땅속으로 배출한다.

인문(人門)은 손바닥 한가운데에서 엄지손가락 쪽으로 약 0.7촌 거리에 있는 노궁혈(勞宮穴)을 말한다. 인문은 체내의 내기(內氣)를 조절하고, 외

부의 기(氣)를 흡입하며 또한 체내의 폐기(廢氣), 탁기(濁氣), 병기(病氣)를
배출하는 통로이기도 하다.

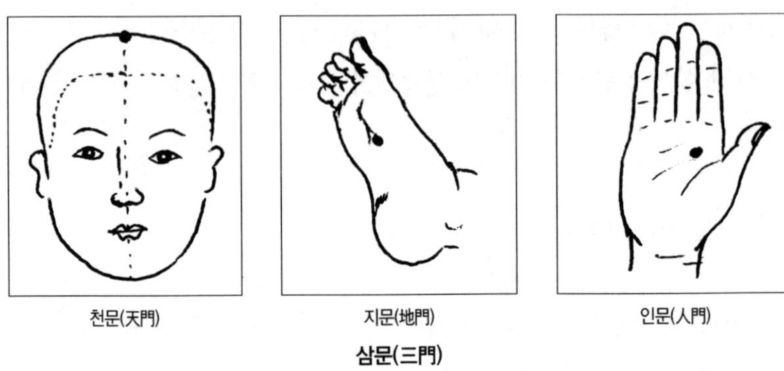

삼문(三門)

　삼문을 여는 순서는 천문, 지문, 인문의 순서대로 진행한다. 삼문을 열
때는 해당 부위에 의념을 집중하고 실감나는 상상을 하는 것이 좋다. 이
에 따라 우리 몸은 보다 구체적인 반응이 나타나기 때문이다.

　사람에 따라 다소의 차이는 있지만 삼문 열기를 1～2개월 가량 반복하
면, 처음에는 무감각하던 삼문 부위에서 점차 반응이 나타나기 시작한
다. 대체로 천문과 인문에서 먼저 저린 감이나 박동감, 발열(發熱) 현상
등의 자각 중세가 나타내며, 지문 부위는 다소 늦게 반응이 나타나는 경
향이 있다.

　하지만 열심히 수련을 하면 얼마 안 가 삼문 부위에 모두 뚜렷한 반응
과 기감(氣感)이 생기는 것을 직접 체험할 수 있다. 자각 중세로는 먼저
열감(熱感)과 저린 느낌, 압박감 등이 나타나며, 기(氣)가 실제로 출입하는
현상, 즉 선천호흡 기능이 생기는 것을 피부로 느낄 수가 있다.

　우리는 언제나 수련을 하기 전에 먼저 삼문을 열고 우주의 기와 체내의
기가 서로 통하도록 해야 한다. 초보자는 동공(動功), 정공(靜功) 등 모든

수련을 할 때마다 매번 삼문 열기를 하는 것이 좋다. 삼문 열기를 하는 것만으로 즉시 뇌파가 α파의 상태로 내려가는 효과가 있다. 따라서 삼문 열기를 하면 심신의 긴장이 풀리며 마음이 고요하게 가라앉게 된다. 일을 시작하거나 공부를 시작할 때도 먼저 삼문 열기를 하면 일이나 학습 능률이 크게 오르게 된다.

2) 신광운행(神光運行), 내시반조(內視返照)

신광운행(神光運行)

삼문 열기를 하고 난 후에는 신광운행을 한다. 신광운행을 하는 방법에는 두 가지가 있다. 수련자는 이 중에서 한 가지를 택해서 하면 된다.

첫 번째 방법은 삼문을 열고 난 후에 눈을 뜨고 시선을 앞으로 아주 멀리 보내서 의념으로 눈 앞에 보이는 모든 사물을 뚫고 나아가 마침내 천변(天邊: 하늘 끝)까지 내다보도록 한다. 그리고 의념으로 함께 자신의 기(氣)와 신(神)을 빛(光)을 통해 천변(하늘 끝)까지 보낸다. 그렇게 하면 인체내의 천(天)과 하늘의 천(天)은 서로 대응을 이루게 된다. 이때 의념으로 하늘 끝에 보내는 것을 신광(神光)[7]이라고 한다. 그리고 하늘 끝에 어떠한 빛(혹은 畵面)이 있는가를 관찰하였다가 그 빛(혹은 화면)을 다시 상단전으로 서서히 끌어당겨 오도록 한다.

두 번째 방법은 좀더 간단한 방법으로, 삼문 열기를 하고 난 후에 눈을 뜨고 시선을 전방의 가까운 한 지점(마음가는 대로 어떠한 곳이든 무방함)에 고정시킨 채 잠시 응시한다. 그러다가 그 지점의 빛(이를 神光이라고 생각한다)을 의념으로 끌어당겨서 자신의 상단전에 모은다. 전방의 한 지점을 응시할 때는 대체로 눈높이보다 약간 높은 곳을 설정하는 것이 심신의 이

---

7) 이때 신(神)은 육체 밖에 있으며, 광(光)은 체내의 에너지이다.

완과 정신 집중에 보다 효과적이다.

내시반조(內視返照)

신광을 운행한 다음에는 눈을 감고 마음 속으로 가만히 자신의 상단전을 보면서, 운행해 온 신광이 상단전에 잘 모아져 있는지 살펴본다. 그 다음에 그 신광을 다시 임맥(任脈)을 따라 아래로 내려서 하단전(혹은 해당 규)을 비춰보도록 한다. 마치 서치라이트가 어둠 속에서 비추듯이 임맥의 노선을 따라 의념으로 빛을 비추어 내리다가 마침내 하단전에 도달하면 하단전에 그 빛을 고정시킨다. 이때 상단전을 마음으로 바라보는 것을 내시(內視)라 하고, 신광으로 하단전을 비추는 것을 반조(返照)라 한다.

3) 옥액(玉液: 침) 삼키기

내시반조를 해서 빛이 하단전에 고정이 되면 침을 한 모금 삼켜서 하단전으로 내려보낸다. 이때 의념을 함께 보내 침의 기운이 임맥을 따라 하단전에 내려가게 한다. 이렇게 의념을 보내면 침에 담긴 기(氣)는 하단전까지 내려가게 된다.[8] 침은 체내의 기(氣)가 화하여 생성되는 물질로 정(精)의 일종이며, 규(竅 혹은 丹)를 만드는 중요한 원료가 되기에 도가(道家)에서는 '금진옥액(金津玉液)' 이라고 부른다.[9] 수련 중에는 물론 평상시에도 침을 함부로 뱉으면 안 된다.

반조와 옥액 삼키기는 상단전과 중단전, 하단전을 잇는 '황금노선(黃金

---

8) 물론 침의 액체 성분은 위(胃)로 들어간다. 하지만 이 때 의념은 임맥을 따라 하단전으로 내려가는 기(氣)에 두어야 한다.

9) 규(竅)는 혈(穴)의 위치에 혜심(慧心)의 기, 금진옥액의 기, 결(訣)의 기가 합쳐져서 만들어진다.

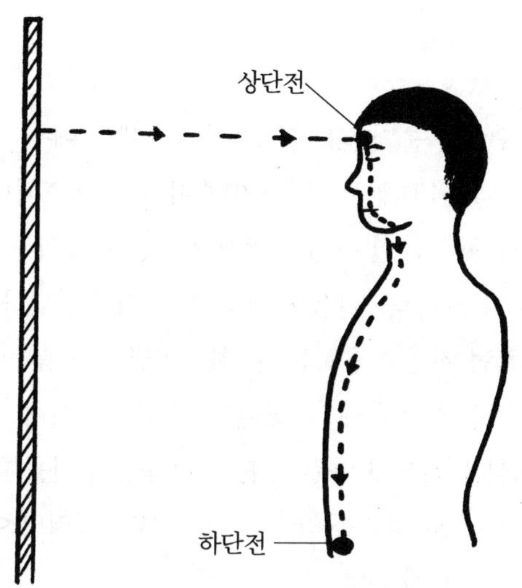

신광운행, 내시반조, 옥액 삼키기

路線: 임맥과 독맥 일부'을 여는 효과가 크다. 특히 상단전은 혜심(慧心)[10] 이 나오는 곳으로 이 수련을 반복하는 가운데 지혜와 영감(靈感)이 계발 되며 직관력 등 지력(智力)이 높아진다. 또한 하단전은 원기가 집결되어 있는 곳으로, 반조와 옥액 삼키기를 반복하면 이곳에 많은 기가 쌓이게 된다.

수련을 반복해서 하는 동안에 초보자는 하단전의 정확한 위치를 스스 로 알 수 있다. 반조를 하면 하단전에서 환한 빛이 나오는 것을 보게 되 며, 옥액을 삼키면 하단전에서 맥박이 뛰는 느낌과 열감(熱感)이 생기게 된다.

---

10) 혜심(慧心)은 우리의 진정한 마음으로, 시공을 초월하여 무한한 에너지가 있다. '일체 유심조(一切唯心造)'라는 말에서 심(心)은 바로 혜심을 말한다. 자세한 내용은 졸저 《기공이란 무엇인가》 제7장 3절을 참고할 것.

4) 의념(意念)

의념은 기공 수련과 운기(運氣)의 모든 과정에서 매우 중요하다. 수련자가 자신의 의념을 어떻게 사용하는가에 따라 수련 효과나 운기 능력이 크게 달라지기 때문이다. 한 마디로 말해 의념은 기공의 관건이다.

'심도기도(心到氣到)', 즉 '마음이 가는 곳에 기가 간다'는 기공의 격언이 있다. 이 말처럼 기를 운용하는 주체는 의념(즉 마음)이다. 대아(大我)로서의 우리들 자신은 우주와 그 근원인 기의 주인이며, 우리의 마음에 따라 기는 반드시 움직이게 마련이다. 수련자는 수련을 할 때마다 언제나 깊은 신심(信心)으로 의념을 작용시켜야 한다. 그러면 이에 상응한 기가 따라와서 작용을 하게 된다.

기감(氣感)이 부족한 초보자들은 수련 때마다 보다 구체적이고 실감나는 상상을 하는 것이 좋다. 초기의 혼돈상태를 벗어나게 되면 수련자는 비로소 상상력의 놀라운 힘을 알게 될 것이다. 단지 상상하는 것만으로도 기가 작용을 하는데, 그 이유는 상상이야말로 매우 효과적인 의념의 사용방법이기 때문이다.

수련의 궁극은 우주와 합일을 이룬 무념무상(無念無想), 무심(無心)의 상태이며 그 경지에 도달하기 위해 필수적인 매개물이 바로 의념이다. 무(無)에서 유(有)가 나오고 유(有)에서 다시 무(無)로 돌아가듯이, 무념(無念)에서 염(念: 마음)이 나오고, 염을 매개로 하여 다시 무념으로 돌아가는 것이기 때문이다.

수련을 할 때는 언제나 의념을 하단전(혹은 해당 규)에 두도록 한다. 그렇게 하는 것만으로 하단전으로 많은 기가 모이게 된다. 평상시에도 의념을 하단전에 두는 습관을 들이면 건강에 매우 좋으며, 수련의 진전에도 큰 도움이 된다.

3. 수련 마무리

수련을 마칠 때는 마무리를 잘 해야 한다. 기공 수련을 하고 나면 즉시 체내에 기가 증가되는데, 이 증가된 기를 하단전(혹은 해당 규)에 잘 저장해야 한다. 기를 단전(혹은 해당 규)에 저장하는 방법을 수공(收功)이라고 한다.

1) 수공법(收功法)

단전에 제대로 저장이 안된 기는 경락(經絡)을 따라 불규칙하게 흐르다가 여러 통로를 따라 몸 밖으로 배출되거나 그냥 소모되어 버리고 만다. 이는 마치 애써 농사를 지었어도 제대로 추수(秋收)를 하지 않고 방치하여 곡식을 그냥 썩히는 것과 같다. 잘 갈무리를 해서 창고에 들어놓으면 유용하게 활용할 수 있듯이, 몸 안에 크게 늘어난 기를 '기의 창고' 인 단전에 잘 저장해 놓으면 공력이 더욱 상승하고 필요할 때는 이를 사용할 수가 있다. 따라서 수공(收功)을 잘 해야 한다.

수련을 마칠 때는 먼저 침(玉液)으로 우걱우걱 소리를 내어 입 안을 가시면서 입 안 가득히 옥액을 모은다. 그리고 나서 옥액을 한꺼번에 다 삼키지 말고 3회로 나누어서 삼킨다. 특히 옥액을 삼킬 때마다 의념을 함께 보내어 하단전(혹은 해당 규)으로 옥액의 기가 모이게 한다. 수련이 잘 되면 이 때에 하단전(혹은 해당 규)에 박동감, 열감 등 강한 기감(氣感)을 느낄 수 있다.

하단전 수공법

하단전에 수공(收功)을 할 때는 먼저 두 손을 포개어 단전 부위에 댄다. 이때 남자는 왼손을 안쪽에, 여자는 오른손을 안쪽에 대고 다른 손을 그

위에 포개 놓는다. 남자는 먼저 시계바늘 방향으로 하단전 한 점에서 시작해 점점 더 크게 나선형으로 원을 9바퀴 그린다. 초보자는 직접 손을 원의 방향과 같은 방향으로 돌리면서 수공을 하도록 한다. 여자는 남자와 반대로 시계바늘 반대방향으로 9바퀴 원을 그린다.

원은 정확히 9바퀴를 그리는데 가장 큰 9번째의 원은 탁구공 크기보다 더 커서는 안 되며 이보다 더 작을수록 좋다. 따라서 수공에서 그리는 원은 단전 주위에 아주 작은 동심원을 점점 크게 9개 그리는 셈이다.

원을 9회 그렸으면 다시 반대방향으로 원을 그린다. 이번에는 원을 전과 반대로 탁구공 크기부터 시작해서 점점 더 작게 그려서, 마침내 9번째 원에서 점(點)으로 돌아온다. 여자는 역시 남자와 반대로, 즉 시계바늘 방향으로 원을 그리도록 한다.

원을 그릴 때는 그저 하단전 위치의 표면에다 그리는 것이 아니라 의념으로 속까지 포함해야 한다. 단전이라는 무형의 기관에 기가 가득차 있다고 생각하고, 의념을 그곳에 집중한 채 원을 그린다. 이는 하단전에 모인 기를 하단전에 고정시켜 효과적으로 저장하는 방법으로, 기공에서 매우 중요한 핵심 노하우(know-how)이다.

이러한 수공의 과정을 통해 수련자는 하단전에 기가 가득 모이는 것을 느낄 수 있으며, 규(竅 혹은 丹)가 형성되는 과정과 정도를 스스로 가늠할 수 있다. 수련이 진행될수록 하단전에는 열감(熱感)과 박동감, 그리고 쾌감을 수반한 약간의 뻐근한 감각 등 규가 열리는 강한 느낌이 들게 되며, 하단전에 에너지가 모이는 자각 증세를 스스로 느낄 수 있다.

수공은 눈을 감은 상태에서 해야 의념 집중이 잘 되므로 보다 효과적이다. 수련이 숙달된 사람은 두 손을 직접 움직이지 않고 두 손을 포개서 가만히 하단전에 댄 채 오직 의념으로만 수공을 한다. 그래도 수공 방향을 따라서 기가 함께 도는 것을 느낄 수가 있다.

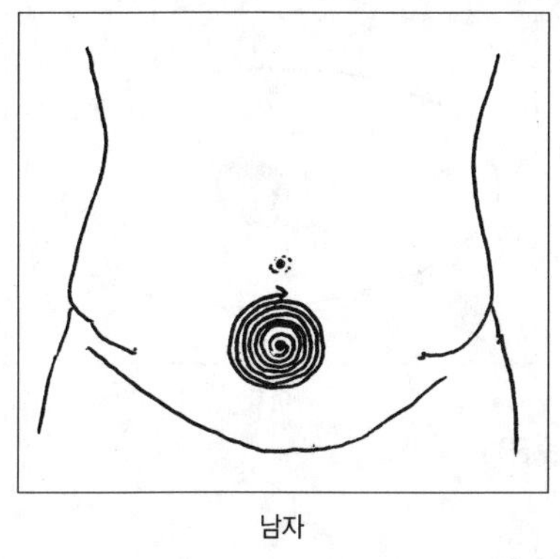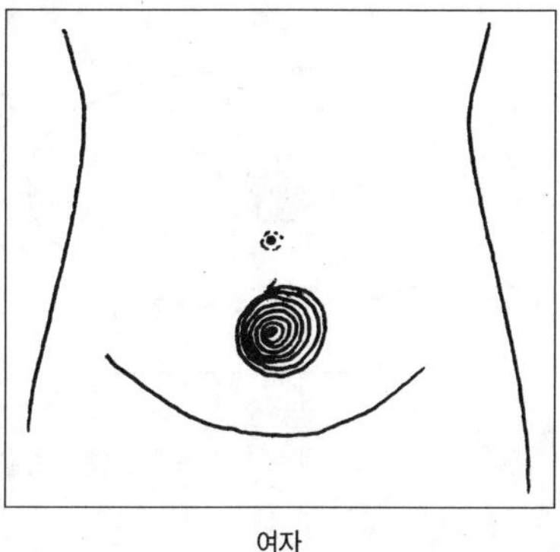

남자　　　　　　　　　　여자

하단전 수공법

미려관(尾閭關) 수공법

미려관(尾閭關)에 수공을 할 때도 두 손을 하단전에 대고 하단전과 같은 방법으로 하면 된다. 다만 미려관은 등 뒤에 있으므로 미려관의 수공 방향은 하단전과는 반대가 된다.

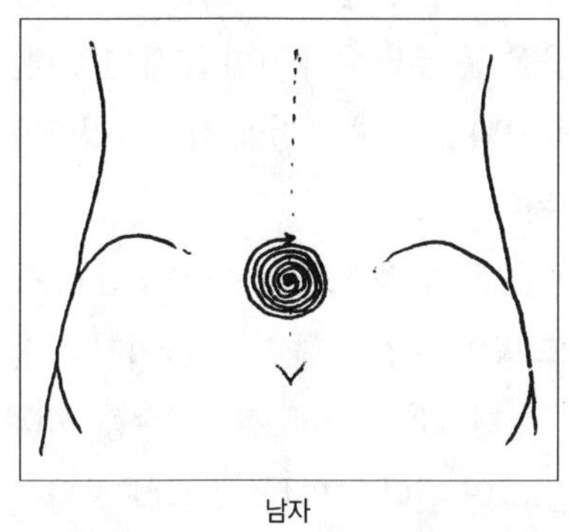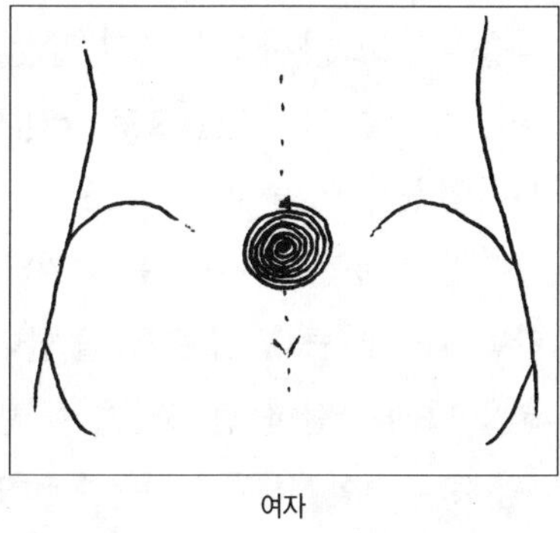

남자　　　　　　　　　　여자

미려관 수공법

하황정(下黃庭) 수공법

하황에 수공을 할 때는 위를 향해 횡으로 원을 그리되, 하단전과 같은 방법으로 원을 그리면 된다.

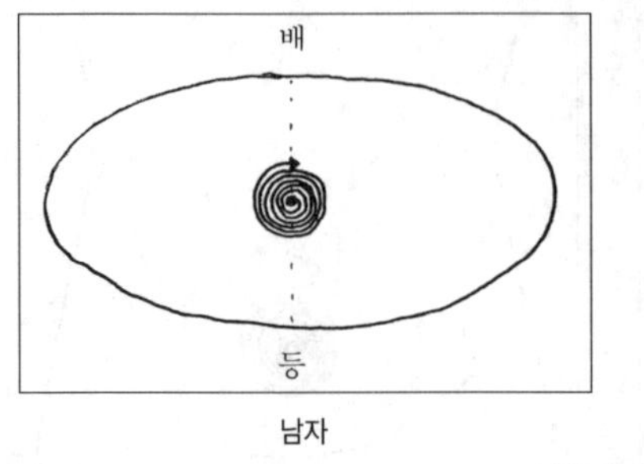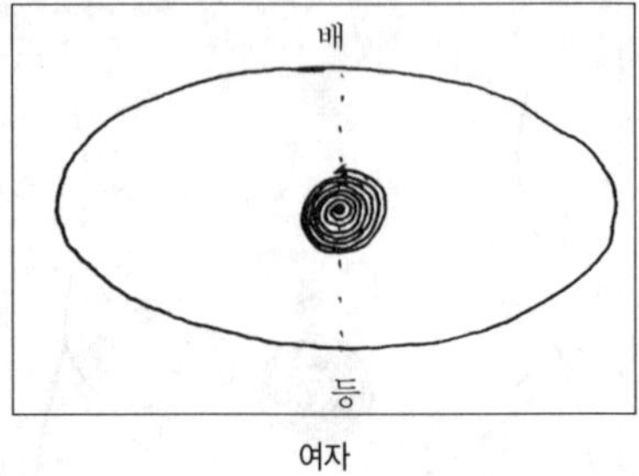

하황정 수공법

2) 약식(略式) 수공법

수련을 마친 후에는 위와 같은 방법으로 정식 수공을 하는 것이 좋지만 상황에 따라 야외나 일터에서는 간단하게 약식으로 수공을 해도 좋다. 약식으로 수공을 하는 방법은 다음과 같다.

먼저 옥액을 한 모금 단전으로 삼킨 후에 두 손을 합장(合掌)하여 손바닥을 비비고, 다시 그 손으로 얼굴과 몸을 문질러 주며 안마를 하면 된다. 또는 침을 한 모금 단전으로 삼킨 후에 의념을 잠시 단전에 집중하였다가 서서히 눈을 뜨는 것만으로도 수공이 된다.

수련 중에 전화가 온다든지 기타 요인으로 인해 도중에 수련을 급히 중단해야 할 때는 '긴급 수공'을 한다. 그 방법은 침을 한 모금 삼키거나 단전을 향해 간단한 결(訣)[11]을 한 번 읽으면 된다. 이때 결은 '수공'이나 '딩(啶: 총결의 하나)'을 마음으로 염(念)하면 된다. 그리고 긴급한 상황이 끝난 후에 다시 정식으로 수공을 하도록 한다.

---

11) 결에 대해서는 졸저 《기공이란 무엇인가》 제6장 6절과 이 책 제6장 4절을 참고할 것.

제 2 장

●

방송공(放松功)

1. 방송공의 의미와 효과

방송공의 의미

수련을 효과적으로 하기 위해서는 몸과 마음의 완전한 방송(放松: 긴장 이완)이 필요하다. 긴장으로 굳어 있는 몸과 편안하지 않은 마음으로는 기공을 효과적으로 연마하기 어렵다. 유연하고 화평한 심신의 상태야말로 우주적 질서와 기(氣)의 속성에 가까우므로 수련 효과가 극대화될 수 있다.

방송공이란 일반적으로 기공 수련을 시작할 때 본 수련에 앞서 몸과 마음의 긴장을 풀기 위해 하는 수련으로 '이완공'이라고도 한다. 수련을 할 때는 먼저 방송공을 해서 몸과 마음의 긴장을 충분히 이완해야 부작용이 없으며 기감(氣感)이 높아지고 운기(運氣)를 효율적으로 할 수 있다. 수련을 마칠 때도 방송공을 하면 더욱 좋으며, 특히 강도 높은 수련을 했을 때는 방송공을 해서 심신을 이완시킨 후에 수련을 마치도록 해야 한다.

방송공의 효과

방송공을 하면 근골(筋骨)이 부드러워져 기혈(氣血)의 순환이 촉진된다. 그리고 호흡과 동작이 부드러워지며, 축기(蓄氣)의 효과가 커지기 때문에 본 수련의 효과가 배가될 수 있다.

아울러 기혈의 원활한 소통으로 불면증, 노이로제, 위궤양, 고혈압, 간질환, 관절염 등의 치료에도 효과가 있다. 그리고 천식이나 기관지염 등 호흡기 질환에도 효과가 있다. 또한 뇌파가 낮게 조절되어 암기력, 집중력 등 지력이 강화되며, 마음의 여유가 생기고 창조적인 지혜가 열리게 된다.

일반적으로 방송공은 본 수련을 하기 전에 하는 보조공법이지만, 생활 중에 잘 활용하면 여러 가지로 도움이 된다. 일을 할 때에 수시로 방송공을 하면 긴장과 피로가 풀려서 업무능률이 크게 오른다. 그리고 생활에서 오는 스트레스가 해소되며, 이로 인한 두통이나 제 신경성 질환이 사라지게 된다.

2. 방송공의 종류와 방법

방송공에는 다양한 수련 방법이 있으며, 이 중에서 가장 기본적인 방송공은 관절의 이완운동이다. 이는 누구나 쉽게 할 수 있으며 긴장 이완의 효과도 뛰어나다.

또한 방송공에는 스트레칭 체조, 몸풀기 운동 등이 있으며, 이 밖에도 동작을 하지 않고 의념으로만 하는 방송공, 자발공을 응용한 방송공과 약식 방송공 등이 있다.

1) 방송공 10식

　방송공 10식은 여러 가지 방송공 중에도 가장 기본이 되는 것으로, 주요 관절의 원운동을 중점적으로 하여서 심신을 이완시켜 준다. 이 방송공은 동작이 간단하고 쉬워서 누구나 어디서든 할 수가 있다. 주요 관절 부위의 원운동은 12경맥(經脈)과 기경팔맥(奇經八脈)에 자극을 주게 되어 기혈이 순행하고 근골이 부드러워지며 피로가 풀려서 마음의 안정과 집중에 도움이 된다.

　관절의 원운동은 단순한 운동 같지만, 여기에는 중요한 운기(運氣)의 원리가 있다. 관절을 꺾어서 원운동을 하면 우리가 평소에 쓰지 않는 근육까지 모두 사용하게 된다. 또한 관절 부위는 우리 몸의 육양경(六陽經: 6양경맥)과 육음경(六陰經: 6음경맥)이 지나가는 통로이기 때문에 주요 혈(穴)들이 집중되어 있는 곳이다. 이들 요혈에 자극을 주면, 막힌 경락이 열리고 관절 부위와 장부가 건강해진다. 아울러 회전은 기의 기본운동 형태이므로, 관절의 원운동은 '상사공진(相似共振)의 원리'에 의해 많은 기가 관절 부위와 관절상 요혈로 모여들게 된다.

　수련을 하기 전에는 먼저 삼문(三門) 열기와 내시반조(內視返照), 옥액(玉液) 삼키기를 한 후에 다음과 같은 순서로 방송공을 실시하도록 한다.

제1식 목 돌리기

　두 발을 어깨넓이 정도로 벌리고 서서 두 손은 허리에 댄다. 목을 많이 꺾어서 목 부위에 충분한 자극이 오도록 하면서 먼저 좌측에서 우측으로 크게 원을 그려서 천천히 목을 다섯 번 돌린다. 그리고 다시 반대 방향으로 천천히 크게 목을 다섯 번 돌려준다.

제1식 목 돌리기

제2식 손목 돌리기

두 발을 어깨넓이로 벌리고 서서 두 손을 앞으로 어깨높이 정도로 들어올린다. 먼저 손목을 꺾어서 손목관절에 충분한 자극이 가도록 하면서 안쪽에서 바깥쪽으로 크게 다섯 번 돌린다. 그리고 다시 반대로 바깥쪽에서 안쪽으로 다섯 번 돌려준다. 이 때 각 손가락의 관절은 자연스럽게 편다.

제3식 어깨 돌리기

두 발의 자세는 앞과 동일하다.

제2식 손목 돌리기

두 손을 어깨 위로 들고 손목을 뒤로 꺾어 손끝을 세운 자세로 위에서 아래로, 뒤에서 앞으로 크게 원을 그려서 어깨에 충분한 자극이 오도록 하면서 어깨를 다섯 번 돌린다. 그리고 다시 손목을 앞으로 꺾어서 손가락 끝이 아래로 향하게 한 다음에 반대 방향으로(즉 두 손을 아래에서 위로 올리면서) 앞에서 뒤로 크게 원을 그리고 동시에 어깨 전체를 넓게 젖히면서 다섯 번 돌려준다.

제3식 어깨 돌리기

제4식 발목 돌리기

왼발을 들고 두 손은 허리에 댄 채, 오른발은 무릎을 약간 굽힌다. 그리고 왼발의 발목을 꺾어서 안쪽에서 바깥쪽으로 원을 크게 그리면서 다섯 번 돌린 다음, 다시 반대로 바깥쪽에서 안쪽으로 다섯 번 돌린다. 이 때 하체가 흔들리지 않도록 하고 발목만 움직이도록 해야 한다.

제4식 발목 돌리기

그리고 나서 발을 바꾸어 오른발을 들고 왼발 무릎을 약간 굽힌 후에 오른발의 발목을 꺾어서 바깥쪽으로, 다시 안쪽으로 각각 다섯 번씩 크게 돌려준다.

제5식 무릎 · 고관절(股關節) 돌리기

두 발을 넓게 벌린 상태에서 두 손을 무릎 위에 놓고 허리를 펴서 앞으로 숙인 후에 무릎을 굽힌 자세를 취한다. 그리고 먼저 바깥쪽에서 안쪽으로 크게 두 무릎을 동시에 돌려서 원운동을 5번 하도록 한다. 그리고 다시 반대 방향으

제5식 무릎 · 고관절 돌리기

로 크게 원을 그리면서 무릎을 다섯 번 돌려준다. 이 운동은 무릎과 고관절을 동시에 풀어주는 효과가 있다.

제6식 허리 돌리기

두 발을 어깨넓이로 벌린 상태로 두 손을 허리춤에 댄다. 엉덩이를 지표면과 평행이 되는 방향으로 크게 원을 그린다고 생각하고 먼저 왼쪽으로 천천히 다섯 번 크게 돌린다. 그리고 나서 다시 반대방향으로 천천히 다섯 번 돌린다.

제6식 허리 돌리기

제7식 허리 틀기

두 발을 넓게 벌리고 무릎을 굽혀서 자세를 낮춘다. 그리고 허리를 먼저 왼쪽으로 돌려서 최대한 틀어준 후에 잠시(3초 정도) 멈춘다. 그리고 다시 오른 쪽으로 허리를 틀어주고 또 잠시 멈추도록 한다. 이때 손 자세는 옆으로 비트는 동작에 따라 자연스럽게 하면 된다. 이를 좌우로 10회 반복한다.

제8식 등산식(쬲山式) 허리 숙이기

먼저 왼발을 앞으로 딛고 왼발의 발

제7식 허리 틀기

목을 틀어서 발목이 오른쪽을 향해 90도 꺾어지게 한다. 그 자세에서 두 발의 무릎을 굽혀서 자세를 낮춘다. 그리고 뒷발의 뒤꿈치를 높이 들어서 지표면과의 각도가 90도 정도 되도록 만들어준다(이는 등산식 자세임). 두 손은 뒷짐을 지듯이 포개서 허리에 놓는다. 그리고 허리를 최대한 뒤로 젖혔다가 다시 앞으로 약간 빠르게 숙인다.

이 동작을 5회 반복한 후에 다시 발을 바꾸어서 오른발을 앞으로 한 후에, 같은 방법으로 허리를 뒤로 젖혔다 숙이기를 5회 반복한다. 이 동작을 할 때는 단전에 강한 자극을 느낄 수 있다.

제8식 등산식 허리 숙이기

제9식 부보식(仆步式) 허리 꺾기

두 발을 넓게 옆으로 벌려서 왼발 무릎은 펴고 오른발 무릎은 굽힌 상태로 최대한 자세를 낮게 앉는다(이 자세는 부보식 자세임). 두 손은 가슴 앞에서 X자로 겹치게 하고 상체를 오른쪽으로 젖혔다가 왼쪽 앞으로 최

대한 낮게 숙여서 허리를 옆으로 꺾는다. 이를 5회 반복한다. 다시 자세
를 반대로 바꾸어서 오른발 무릎을 펴고 왼발은 무릎을 굽힌 상태로 상체
를 왼쪽으로 젖혔다가 오른쪽 앞으로 숙여서 허리를 꺾는다. 이를 역시 5
회 반복한다.

제9식 부보식 허리 꺾기

제10식 무극참장(無極站樁)

근육을 이완하면 대뇌의 흥분이 풀어져
서 그 결과 심리적 안정을 얻게 된다. 9식
의 동작까지 마친 후 두 발을 편안하게 벌
리고 무릎을 살짝 굽힌 상태로 서서 두 팔
을 내리고 의념을 단전에 집중한 채 고요
히 호흡을 조절한다. 동시에 온 몸의 힘을
빼고 마음을 완전히 이완시킨다. 이를 무
극참장(無極站樁)이라고 한다.

또는 이 자세에서 의념으로 내시(內視)
를 하여 머리 끝 천문(天門: 百會)으로부터

제10식 무극참장

발 끝 지문(地門: 湧泉)까지 서서히 긴장을 풀어나가는 의념 방송공을 해도 좋다.

2) 기타 방송공

널리 알려진 여러 가지 스트레칭 동작들이나 몸풀기 운동, 보건체조 등도 일종의 방송공이다. 특히 수련자가 삼문 열기를 한 후에 기공의 개념을 갖고 동작을 한다면 이들은 모두가 훌륭한 방송공이 될 수 있다.

기공의 개념이란 수련자가 기공을 한다는 의념을 갖는 것을 말한다. 즉 수련자는 그냥 운동을 한다는 생각으로 하지 말고, 이 동작들을 통해서 몸 안의 기가 잘 소통되게 한다는 의념을 명확하게 가져야 한다. 기공에서는 이를 '외도내행(外導內行)'이라고 하는데, 이는 외형적인 동작이 몸 내부에서 기(氣)의 운행을 이끌어준다는 뜻이다. 가령 허리의 스트레칭 동작을 할 때 의념을 허리에 집중하고 그곳으로 기가 모여서 막힌 경혈을 뚫어준다고 생각을 하면 된다.

여러 가지 방송공들

3) 의념 방송공

의념 방송공은 몸을 움직이지 않고 마음으로만 하는 정적(靜的)인 방송공이다. 의념 방송공은 특히 정공(靜功)을 하기 전에 실시하면 좋다. 의념으로만 방송을 할 때 초보자는 그 효과를 잘 느끼지 못할 수도 있다. 그러나 방송 효과는 실제로 매우 크며 수련이 깊어질수록 이를 명확하게 자각할 수 있다.

정공은 공법의 요체이므로, 정공이 효과적으로 잘 돼야 한다. 그런데 효과적인 정공 수련의 관건은 바로 효과적인 방송(긴장 이완)에 있다. 정공 중에는 무념무상(無念無想)의 입정(入靜) 상태가 유지되어야 하는데, 실제 수련 중에 많은 시간을 잡념 속에서 보내는 경우가 있다. 잡념을 없애기 위해 여러 기법을 사용할 수 있지만 보다 근본적으로는 심신을 완전히 방송하는 것이 중요하다. 수련 중에 잡념이 많이 일어나는 것은 심신이 고요하게 가라앉지 못하고 긴장 상태로 들떠 있기 때문이다.

의념 방송공은 초보 단계에서는 시간이 다소 걸리지만 조금만 숙달이 되면 짧은 시간에 쉽게 할 수 있으므로 처음부터 정확하게 익혀야 한다. 먼저 자리에 앉아서 (혹은 선 자세나 누운 자세도 무방함) 두 손을 무릎 위에 올려놓고 허리를 바르게 펴서 편안한 자세를 취한 후에 두 눈을 감는다. 그리고 몸과 마음이 완전히 방송된다는 의념을 갖고, 몸의 각 부위로 의념을 옮기면서 차례대로 이완을 시켜 나간다. 의념 방송의 순서는 위에서 아래로(뒤에서 앞으로)하는 '하향 방송'과 밖에서 안으로(다시 안에서 밖으로) 방송하는 '내향 방송'이 있다.

하향 방송

하향 방송은 위에서 아래로(下向) 그리고 뒤에서 앞으로(前向) 오면서 방송하는 방법이다. 먼저 천문에서 머리(머리카락 포함)로 내려오며 의념

하향 방송

으로 긴장[1]이 풀린다는 상상을 한다. 다시 뒷머리로 가서 뒷머리 전체의 긴장을 풀어준다. 그리고 앞으로 와서 얼굴의 긴장을 푼다. 먼저 이마의 긴장을 풀고 눈썹 그리고 눈, 귀, 코, 입, 혀, 턱의 순서로 내려가며 차례대로 긴장을 푼다.

그리고 다시 목에서 등으로 가며 긴장을 풀고 다시 가슴으로 와서 가슴의 긴장을 풀고 배로 내려가며 의념으로 계속 방송을 한다. 그리고 다시 양어깨로 와서 양어깨의 긴장을 풀고 두 팔로 내려와 팔꿈치 → 두 팔 → 두 손목 → 두 손 → 손가락으로 내려오며 방송을 한다.

그리고 다시 엉덩이로 가서 긴장을 풀고 골반으로 그리고 두 무릎으로 내려오며 방송을 한 후에 두 다리 → 두 발목 → 두 발 → 발가락 → 두 발

---

1) 긴장된 부위에는 인체와 부조화된 탁기(濁氣)가 들어 있다. 따라서 의념 방송공은 의념으로 체내의 탁기를 운행해서 배출하는 것이다.

바닥으로 차례로 내려가며 긴장을 푼다. 그리고 나서 끝으로 지문(地門)으로 내려서 지문을 통해 긴장감(이는 濁氣임)이 몸밖으로 완전히 배출이 된다는 의념을 갖도록 한다.

내향 방송

내향 방송은 먼저 밖에서 안으로 깊이 들어가면서 방송을 하고 다시 안에서 밖으로 나오면서 방송을 하는 방법이다. 먼저 몸의 바깥부분인 피부(모공 포함)에서부터 의념으로 긴장을 풀면서 점점 안으로 깊이 들어가서 혈관, 경락 → 살과 근육 → 내장(오장육부)과 뇌 속까지 들어가며 차례로 긴장을 푼다. 그리고 다시 뼈 → 관절(물렁뼈 포함) → 골수까지 들어가며 긴장을 풀어준다.

안으로 다 들어갔으면 다시 밖으로 나오면서 긴장을 푼다. 즉 골수에서 관절(물렁뼈 포함)로 그리고 뼈로 나오며 긴장을 풀어준다. 그리고 다시 내장(오장육부, 뇌)에서 살과 근육 → 혈관, 경락 → 피부(모공 포함)로

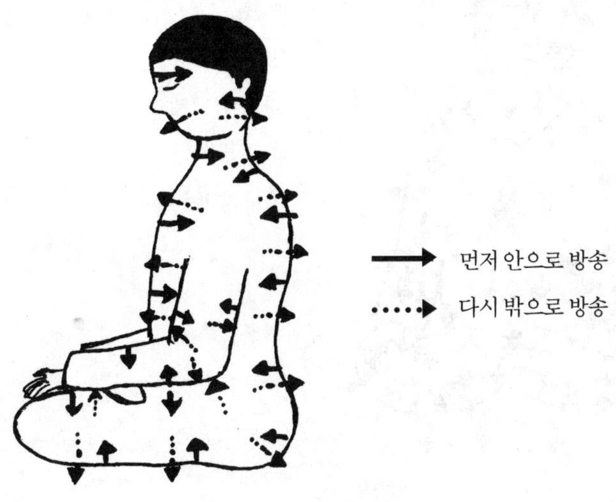

내향 방송

나오면서 온몸의 긴장감(濁氣)이 몸 밖으로 배출된다는 의념을 갖도록
한다.

내하향 방송

방송공은 하향 방송을 먼저 하고 나서 다시 내향 방송을 하는 방법으로
해도 좋고, 또 한 가지 방법은 하향 방송을 순서대로 하면서 내향 방송을
같이 병행해서 하는 방법이 있다. 후자처럼 두 가지를 병행하는 방송공
을 '내하향 방송' 이라고 한다.

예를 들면 '배' 를 방송할 때 피부에서 내장, 다시 내장에서 피부까지
방송을 하고서 다음의 순서인 어깨로 가서 또 이와 같이 진행을 하는 것
이다. 수련자는 두 가지 방법 중에 자신에게 편리한 방법을 택해서 하면
된다.

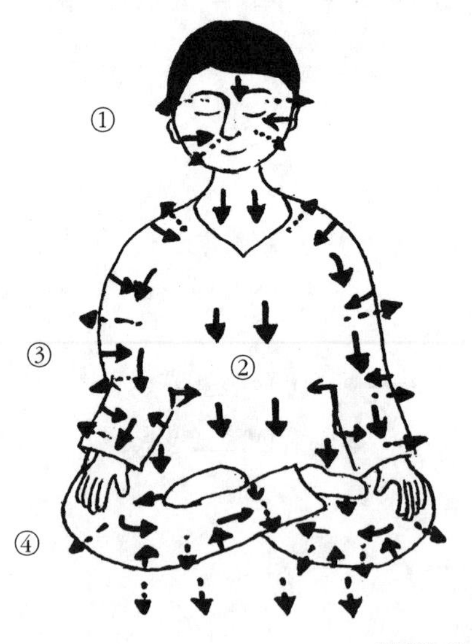

내하향 방송

4) 약식 방송공

시간이 없을 때 잠시만 기공을 하려면 짧은 시간에 효과적으로 방송을 해야 한다. 그럴 경우 수련자가 의념 방송공을 잘 체득하고 있으면 간단하게 방송을 할 수가 있다.

그러나 그것이 용이하지 않을 경우에는 속성으로 다음과 같이 약식 방송을 하면 좋다. 먼저 두 발을 편안하게 벌리고 서서—아주 약간 무릎을 굽힌다—두 손도 편안하게 차려 자세처럼 옆으로 내려서 온몸이 편안하게 자세를 취한다. 그리고 머리끝에서 발끝까지 온몸의 긴장이 한꺼번에 풀려서 순식간에 긴장이 지문(地門: 용천)으로 빠져나간다는 의념을 갖도록 한다.

처음에는 그 효과를 잘 느끼지 못해도, 이러한 방송이 반복되면 점점 더 뚜렷하게 방송 효과를 자각할 수 있다. 나중에 숙달이 되면 방송을 하겠다는 의념만 가져도 온몸이 방송되는 것을 체험하게 된다.

이 방법을 활용하면 두통 등 간단한 질환은 즉시 치료가 가능하다. 두통을 일으키는 탁기를 지문으로 내려서 땅속으로 내보낸다는 의념을 보내면 두통이 즉시 사라지게 된다.

제 3 장

●

참장공(站椿功)

1. 참장공의 의미와 수련 효과

참장공의 의미

참장공(站椿功)은 이름 그대로 고정된 자세로 오래 서있는 수련법이다. 이는 특히 기공의 여러 공법 중 가장 기초가 되는 중요한 수련법이다. 대부분의 참장공은 무릎을 굽힌 채 서 있어야 하기 때문에 보기와는 달리 수련 강도가 높은 편이며, 일정한 인내와 극기심이 요구된다.

수련효과

참장공은 가히 '기공의 백미' 라 불리운다. 그 수련 효과는 우리가 생각하는 이상으로 탁월하며, 일일이 열거하기 어려울 정도이다.

아마도 인류가 오랫동안 찾아왔던 장수의 비법이 있다면 그것은 바로 참장공이다. 참장공 하나만으로 누구나 건강하게 오래 살 수 있다. 참장공을 수련하면 생체에너지가 강화되고 자연치유력이 높아져 만병이 스스로 예방·치유되므로 무병장수하려는 인류의 소망을 실현할 수 있다.

참장공은 근육도 강화시키지만 근본적으로 뼈를 강화시켜주는 뼈 운동이다. 이를 수련하면 먼저 뼈가 튼튼해지므로, 골다공증이나 관절염(퇴행성 관절염 포함) 등의 질병에 탁월한 치유 효과가 있다. 그리고 참장공은 하체를 단련시켜주므로 체력이 크게 강화되며, 많은 남성의 소망인 정력 증진과 회춘의 효과도 크다. 또한 참장공은 전신의 경맥(經脈)을 열어주고 기혈(氣血)의 순환을 촉진시켜 준다. 그러므로 오장육부의 제 질병이 스스로 치유되며 건강한 장부(臟腑)를 만들 수 있다.

참장공을 하면 놀랍게도 불과 1, 2분만에 퇴화된 단전의 기능이 다시 복원되는 것을 확인할 수 있다. 그러므로 단전호흡법을 배우지 않은 사람도 자동으로 단전호흡을 하게 된다.

참장공은 짧은 시간에 큰 효과가 있다. 좁은 공간에서 불과 1, 2분의 수련으로도 즉시 반응이 나타날 정도로 시간·공간적 제약을 거의 받지 않고 수련할 수 있다. 거리에서나 일터에서 틈틈이 약식으로 참장공을 해도 효과가 있으며, 이것만으로 얼마든지 각종 성인병을 예방하고 치유할 수 있다.

수련시 유의점

수련은 집을 짓는 일에 비유된다. 참장공은 명(命: 육체)를 닦는 매우 뛰어난 공법으로 마치 기초공사와도 같다. 이는 우리의 본성이 육체 안에서 온전할 수 있도록 하기 위한 기초공부이다. 기초가 튼튼할수록 좋은 집을 지을 수 있듯이 참장공을 잘 수련하면 다음 공부를 무리 없이 해나갈 수 있다.

종종 수련을 하다가 부작용이 나타나는 경우가 있는데 이는 기초공부가 부실하기 때문이다. 처음부터 참장공을 잘 수련한 사람에게는 부작용이 나타나지 않으며, 이후의 공부도 다른 수련자에 비해 빠르게 진행될 수 있다.

한편 정공(靜功)[1]은 우리의 본성을 닦아서 자신의 진면목을 깨닫는 공부이다. 기공은 '성명쌍수(性命雙修)'라 부르듯이 몸과 마음을 함께 닦는 공부이므로, 정공과 참장공은 상호보완적인 관계이다. 육체가 없이는 자신의 진면목을 찾을 수 없으며, 본성의 인도 없이 육체만으로는 온전한 기능을 발휘할 수 없다. 특히 초보자는 참장공을 많이 수련하여 공부의 기초를 닦아야 한다. 그리고 수련이 진행됨에 따라 다른 수련법과 잘 배합하여 수련해야 한다. 여러 공법(功法: 수련법)들은 상호보완적이며 상승적인 작용이 있기 때문이다.

참장공을 할 때 몇 가지 사항에 유의하면 보다 효과적인 수련이 될 수 있다.

첫째, 수련을 할 때는 몸을 부드럽게 해야 한다. 자세가 너무 견고하지 않도록 하고, 몸의 어느 부위에도 무리한 힘이 들어가거나 경직되지 않아야 한다. 심신이 이완되어 쾌활한 기분으로 수련하는 것이 바람직하다.

둘째, 너무 힘들고 견고한 자세로 오래 고통을 견디는 고행(苦行)을 할 필요는 없다. 특히 초보자는 이 점을 유의해야 한다. 이는 수련의 흥미를 반감시키고 부담을 가중시켜 도중하차의 원인이 될 수 있다. 또한 무릎 관절 등에 무리가 올 수도 있다. 수련 도중에 힘이 들면 그 부위를 가볍게 좌우상하로 움직이거나 잠시 자세를 풀었다가 다시 해도 무방하다.

셋째, 각자 자신의 몸에 맞게 수련 강도를 조절해야 한다. 몸이 불편한 사람이나 나이가 많은 사람은 자신의 체력 조건에 맞게 무릎을 약간만 굽힌 자세로 수련을 하고, 수련 시간도 짧게 여러 번 반복한다. 수련을 해 가는 가운데 누구나 몸이 부드럽게 풀리고 체력이 증진되므로, 일정한 시간이 지나면 얼마든지 어려운 동작을 오랫동안 할 수 있게 된다. 그러므로 처음부터 무리하게 수련을 할 필요가 없다.

---

1) 정공(靜功)은 고요하게 앉아서 하는 수련법이다. 자세한 내용은 제6장을 참고할 것.

넷째, 가볍고 편안한 마음으로 해야 한다. 기왕이면 수련을 즐기는 마음으로 임하는 것이 좋다. 지나친 강박관념이나 욕심·의무감으로 수련을 하면 심파(心波)가 들뜨게 되므로 수련 효과가 적다. 또한 지나친 고행도 체내 화기(火氣)의 상승과 수기(水氣)의 고갈로 덕성을 잃고 조급한 말성(末性)을 키우기 쉽기 때문이다.

2. 참장공의 종류

1) 제1식 마보식(馬步式)

마보식은 모든 참장공의 기본이 되는 수련으로, 그 모습이 마치 말을 타는 자세(기마 자세)와 같다고 해서 붙여진 이름이다. 수련은 두 발을 넓게 벌리고 무릎을 굽힌 자세로 하며, 발 자세에 따라 평마보식(平馬步式)·내마보식(內馬步式)·외마보식(外馬步式)의 세 가지 수련법이 있다.

평마보식은 주로 중국의 소림기공(少林氣功)을 비롯한 북파(北派)의 참장공법이며, 외마보식은 주로 남파(南派)의 공법이다. 그리고 내마보식은 소수의 남파와 팔괘장(八卦掌), 당랑권(螳螂拳), 그리고 전통무술 기천(氣天) 등의 기본 수련법이다.

이들 마보식은 각각 고유한 장점을 갖고 있으므로 이들을 함께 연마하면 더욱 효과적이다. 자신의 취향에 따라 특히 선호하는 마보식 자세가 있으면 그 자세로 더 많이 수련하는 것이 좋다. 그러면 자신의 취약점이 강해지며, 많은 기(氣)를 얻을 수 있다.

(1) 평마보식(平馬步式)

수련 방법

차려 자세(사진 ①)에서 수련 준비를 한 후에 두 발을 어깨넓이보다 약간 넓게 벌려서 두 발이 평형이 되도록 한다(사진 ②). 손바닥을 아래로 향해서 두 팔을 앞으로 곧게 뻗어 가슴높이로 올린다(사진 ③). 그리고 무릎을 굽히면서 두 손을 뒤집어 손바닥이 위로 향하게 한 다음 서서히 옆구리로 끌어당긴다(사진 ④). 이때 허리는 똑바로 세워서 지면과 수직이 되도록 한다. 옆구리로 가져 온 손은 안쪽으로 손목을 한 바퀴 돌리면서 손바닥을 아래로 향하게 해서 다시 앞으로 뻗는다. 이때 팔꿈치는 약간 굽힌 상태(약 80% 정도만 편다)가 되며 팔꿈치에서 손 끝까지 일직선이 되게 손목을 펴서 지면과 수평이 되게 한다(사진 ⑤).

이렇게 자세를 취하고 나서 반조(返照)와 옥액(玉液) 삼키기를 한다. 그리고 눈을 감고 하단전(혹은 해당 규)을 응시하며 심규합일(心竅合一)의 상태를 유지하며 오랫동안 정지된 자세로 서 있도록 한다(이때 마음 속으로 결[2]을 읽으면 더욱 좋다). 수련 중에는 편안한 방송 상태를 유지하며 무심(無心)으로 천지(天地)와 하나가 된 느낌을 갖도록 한다.

수련 효과

평마보식은 임맥(任脈), 독맥(督脈)에 동시에 작용하여 12경맥의 기(氣) 순환을 원활하게 해 주며, 대뇌를 활성화시켜 본성과 지혜를 개발하는 효과가 있다.

평마보식은 여타 참장공에 비해 누구나 큰 무리 없이 할 수 있는 수련법이므로 노인이나 어린이, 그리고 신체가 허약한 사람도 이 수련을 많이

---

2) 결(訣)에 대해서는 제6장 4. 염결법을 참고할 것.

사진 ①

사진 ②

사진 ③

사진 ④

사진 ⑤

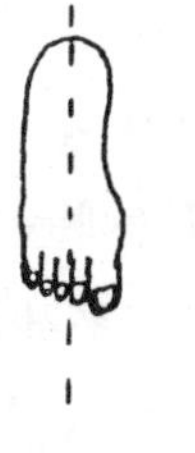

발자세

평마보식(平馬步式)

하면 좋다. 환자의 경우는 하루에 여러 차례 약하게, 무릎을 약간만 굽히고 수련하면 치유효과가 크며, 특히 퇴행성 관절염이나 골다공증 등의 치료에도 탁월한 효과가 있다.

(2) 내마보식(內馬步式)

수련 방법

평마보식과 같이 차려 자세에서 두 발을 어깨넓이보다 약간 넓게 벌리고 서서, 온몸의 긴장을 푼다(평마보식 사진 ①, ② 참조). 그리고 두 발의 앞꿈치를 축으로 두 발 뒤꿈치를 바깥쪽으로 45도 가량 더 벌린다. 그리고 두 무릎을 굽혀서 무릎 사이가 좁혀지도록 안쪽으로 모은다(사진 ①). 두 손은 평마보식의 동작과 같은 방식으로 옆구리에 갖다 댄 다음 손목을 안쪽으로 한 바퀴 돌려서(사진 ②) 서서히 위로 올린다.

손목은 앞쪽을 향해 약간 꺾고 두 손의 손가락이 마주보게 하여 눈 높이로 올린다. 이때 허리는 엉덩이를 뒤로 뺀 상태에서 곧게 펴며, 팔꿈치는 완전히 펴지 않고 두 팔의 안쪽으로 둥근 원 모양이 되게 놓아야 한다(사진 ③). 자세는 낮을수록 더 강도 높게 수련할 수 있으며, 자세가 어려울 경우에는 무릎을 좀더 펴서 자신의 몸에 맞게 조절하도록 한다.

온몸을 방송하고 옥액 삼키기를 한 후에 눈을 감고 심규합일의 상태에서 하단전(혹은 해당 규)에 의념을 집중한다(이때 결을 읽으면 더욱 좋다).

수련 중에는 심신에 편안한 느낌이 들어야 하며, 두 발은 땅 속 깊이 뿌리내린 나무처럼 굳건히 하고 두 손으로는 태산(泰山)을 밀고 하늘을 떠받친 듯이 장엄하며 늠름한 기상이 넘치도록 한다. 수련 도중에 힘이 들면 약간씩 몸을 움직여서 불편한 부위를 풀어주어도 좋다.

사진 ①

사진 ②

사진 ③

발자세

내마보식(內馬步式)

수련 효과

내마보식은 특히 독맥(督脈)에 크게 작용한다. 이 자세로 서 있으면 척추(경추, 흉추, 요추)가 신장되고 독맥이 열리는 효과가 있다. 독맥의 기 순환이 원활해지므로 독맥과 관련된 모든 질병을 다스릴 수가 있다. 특히 명문(命門: 제2, 3요추 사이)혈이 열리게 되므로 내마보식은 디스크 등 허리 질환에 탁월한 효과가 있다. 특히 신장(腎臟)을 건강하게 해주며 신장 질환에 치유 효과가 크다.

신장은 정(精)이 저장되는 곳으로 정이 충실해지면 피부가 고와지고 노화가 방지되며 회춘의 효과가 있다. 따라서 이 수련을 많이 하면 남성은 정력이 크게 증진되며, 여성은 수임(受任) 능력이 높아진다. 폐경기 여성은 다시 경도(經度)가 비출 수도 있다. 원래 신(腎)에는 방광, 생식기, 자궁 등이 모두 포함되기 때문에, 이 수련은 이들 기관의 질병도 동시에 다스릴 수가 있다.

신장이 좋아지면 오행(五行)상 그 아들격 장부인 간(肝)이 따라서 좋아지게 마련이다. 그러므로 내마보식을 꾸준히 수련하면 간(肝)과 담(膽)의 여러 질병도 치료할 수가 있다. 간경화, 간염 등의 질환을 앓던 사람들이 이 수련을 통해 치유를 한 사례가 많이 있다.

(3) 외마보식(外馬步式)

수련 방법

평마보식과 같이 차려자세에서 발을 어깨넓이보다 약간 넓게 벌리고 서서 온몸을 방송한다(평마보식 사진 ①, ② 참조). 그리고 두 발의 뒤꿈치를 축으로 앞쪽을 밖으로 벌려서 뒤꿈치 간격보다 넓게 한다. 그리고 나서 앞의 내마보식과 마찬가지로 두 무릎을 굽히면서 두 팔을 위로 올린 후에 손목을 밖으로 꺾어서 돌린다(사진 ②). 그리고 두 손바닥은 몸쪽을

사진 ①

사진 ②

사진 ③

발자세

외마보식(外馬步式)

향한 상태로 두 팔을 넓게 벌려서 가슴높이에 놓는다.

이때 두 손의 손끝이 서로 마주 보도록 하며, 손가락은 마주 대지 말고 두 뼘 이상 간격을 둔다. 손바닥 방향은 내마보식과 반대가 되며, 팔은 자연스럽게 들어서 큰 나무를 끌어안은 모양이 된다. 그리고 엉덩이를 약간 앞으로 밀어 허리와 목을 바로 세우도록 한다(사진 ③). 이 수련 역시 자세가 낮을수록 강도 높은 수련을 할 수 있다.

역시 방송 상태에서 옥액 삼키기를 한 후에 시종일관 심규합일의 상태를 견지하며 하단전(혹은 해당 규)에 의념을 집중한다(역시 결을 읽으면 더욱 좋으며, 이하 모든 참장공 수련 또한 마찬가지이다).

특히 이 수련은 천강(千江)을 받아들이는 대해(大海)의 용량을 가지고, 온 세상을 품에 안고 받아들이는 넓고 도량이 큰 마음으로 하도록 한다.

수련 효과

외마보식은 특히 임맥(任脈)에 큰 작용을 한다. 외마보식을 오래 연마하면 임맥이 열리게 되므로 임맥상의 여러 장부(臟腑)를 강화시키고 이와 관련된 제 질병을 다스리는 데에 효과적이다. 특히 심장과 폐, 그리고 위장을 비롯한 소화기계의 질병 및 생식기계의 질병을 예방·치유하고 건강하게 만들어 준다.

2) 제2식 허보식(虛步式)

(1) 수련 방법

허보식은 전 체중을 뒷발에 싣고 서 있는 자세로, 앞발은 전혀 체중이 실리지 않은 빈 발(虛步)이 된다. 허보식은 좌·우 두 방향으로 수련할 수 있으며, 일반적으로 좌로 먼저 수련하고 나서 방향을 바꾸어 우로 수련을 한다.

먼저 정면을 향해 편안한 자세로 서서 온몸을 방송한다. 그리고 왼쪽으로 몸을 90도 돌려서 왼발을 한 걸음 앞으로 정면을 향해 놓고 무릎을 편다. 뒷발은 왼쪽 45도 측면을 향해서 놓고 무릎을 굽혀서 자세를 낮춘다. 무릎을 굽힌 오른발에 전 체중이 실리므로 앞발은 무게가 전혀 실리지 않은 상태가 되어야 한다.

두 손은 가슴 부근에서 교차했다가 앞발쪽의 손은 손목을 뒤로 꺾은 상태로 앞으로 뻗되 팔꿈치를 완전히 펴지 않도록 하며, 뒷발쪽의 손은 손목을 뒤로 꺾어서 가슴 중앙에 놓는다. 허리를 펴고 상체를 바로 한다(평허보식 사진 ① 참조). 이 자세에서 옥액 삼키기를 하고, 심규합일이 된 상태에서 의념을 하단전(혹은 해당 규)에 집중한다.

오래 자세를 취하고 수련을 하다가 방향을 바꿀 때는 양발뒤꿈치를 축으로 180도 뒤로 돈다. 두 손도 그대로 고정된 상태에서 반원을 그리며 뒤로 돈다. 다 돈 후에는 왼손을 당겨서 두 손을 가슴 부위에서 교차했다가 오른손을 앞으로 뻗으며 처음과 반대의 손발로 똑같은 동작을 취한다. 다시 한 번 옥액 삼키기를 하고 나서 수련을 한다.

수련을 마칠 때는 정면을 향해 편안하게 서서 마무리를 한다.

(2) 종류

평(平)허보식, 내(內)허보식, 외(外)허보식

허보식은 앞발의 자세에 따라 평허보식, 내허보식, 외허보식의 3가지 자세가 있다. 이 중에서 평허보식은 앞발의 발바닥 전체를 땅에 댄다(사진 ①). 내허보식은 앞발의 발목을 안으로 꺾어서 발뒤꿈치만 땅에 닿도록 한다(사진 ②). 외허보식은 반대로 발목을 쭉 펴서 엄지발가락 끝만 땅에 닿도록 한다(사진 ③).

사진 ①

사진 ②

사진 ③

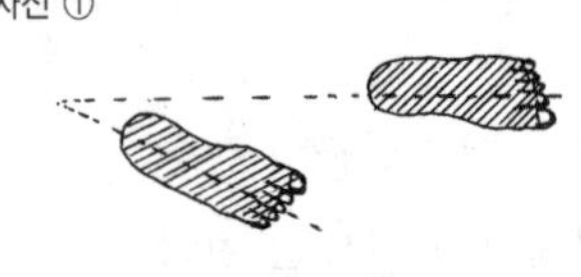

평허보식

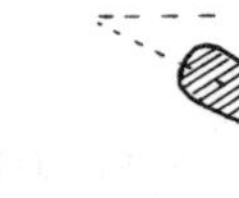

내허보식

외허보식

※빗금 부분은 땅에 닿는 부분

기본수(基本手), 상하수(上下手), 좌우수(左右手), 전후수(前後手)

허보식은 손 자세에 따라 기본수(基本手) 및 상하수(上下手)·좌우수(左右手)·전후수(前後手)·자유수(自由手) 등으로 수련할 수 있다. 이 중에서 기본수는 전술한 바와 같이 한 손은 손끝을 세워서 앞으로 뻗고 또 한 손은 손목을 꺾은 상태로 가슴(제2중단전 부근) 앞쪽에 놓은 자세이다(사진 ①).

그리고 상하수는 두 손의 손목을 모두 밖으로 꺾은 상태에서 한 손은 머리 위쪽으로 올리고, 다른 한 손은 아래로 내려서 뻗은 자세이다

사진 ④

상하수

사진 ⑤

사진 ⑥

좌우수

사진 ⑦

전후수

(사진 ④). 좌우수는 두 손을 양옆으로 날개를 펴듯이 편 자세이다(사진 ⑤, ⑥).

또한 전후수는 한 손은 앞으로 뻗고 또 한 손은 뒤로 뻗은 자세이다(사진 ⑦). 그리고 자유수는 필요에 따라 자유롭게 다양한 손동작으로 수련을 하는 자세이다. 손동작은 기의 흐름에 따라 여러 가지로 바꾸어 수련을 할 수 있다.

3) 제3식 등산식(登山式)

(1) 수련 방법

등산식은 그 모습이 마치 산을 오르는 모습과 같아서 붙여진 이름이다. 등산식도 좌·우 두 방향으로 수련을 하며, 먼저 좌측으로 수련을 하고 다시 우측으로 수련을 한다.

정면을 향해 편안한 자세로 서서 온몸을 방송한다. 그리고 몸을 좌측으로 90도 돌면서 왼발을 크게 한 걸음 앞에 놓고 무릎을 굽히는데, 이때 발끝은 왼쪽 정면을 향하는 것이 아니고 90도를 꺾어서 몸 안쪽(오른쪽 방향)으로 향하게 한다. 동시에 오른발을 끌어당기면서 앞발과 직각이 되게 하여 놓고 뒤꿈치를 들고 무릎을 최대한 굽힌다.

이때 앞발과 뒷발 무릎과의 사이는 두 뼘 정도의 간격이 되도록 한다. 두 손은 가슴 부위에서 교차하였다가 왼손은 손목을 안으로 90도 가량 꺾어서 가슴(제2 중단전) 앞쪽에 뻗는다. 오른손은 손목을 뒤로 꺾고 손가락을 자연스럽게 붙여서 가슴 옆쪽으로 놓아, 왼손바닥과 오른손바닥이 서로 마주보게 한다. 상체는 똑바로 세운다(사진 ② 내등산식 참조). 이 자세에서 옥액(玉液) 삼키기를 하고, 심규합일 상태에서 의념을 하단전(혹은 해당 규)에 집중한 채 오래 참으며 수련을 한다.

힘이 들면 반대 방향으로 자세를 바꾼다. 방향을 바꿀 때는 180도 뒤로 돌면서 오른발을 들어서 크게 한 걸음 앞으로 놓고 뒷발을 끌어 당겨서 앞의 자세와 반대 자세를 취한다. 동시에 두 손도 반원(半圓)을 그리며 돌렸다가 가슴 부위에서 교차한 후에 오른손을 앞으로 뻗어 자세를 취하면 된다. 다시 한 번 옥액(玉液) 삼키기를 하고 수련을 한다.

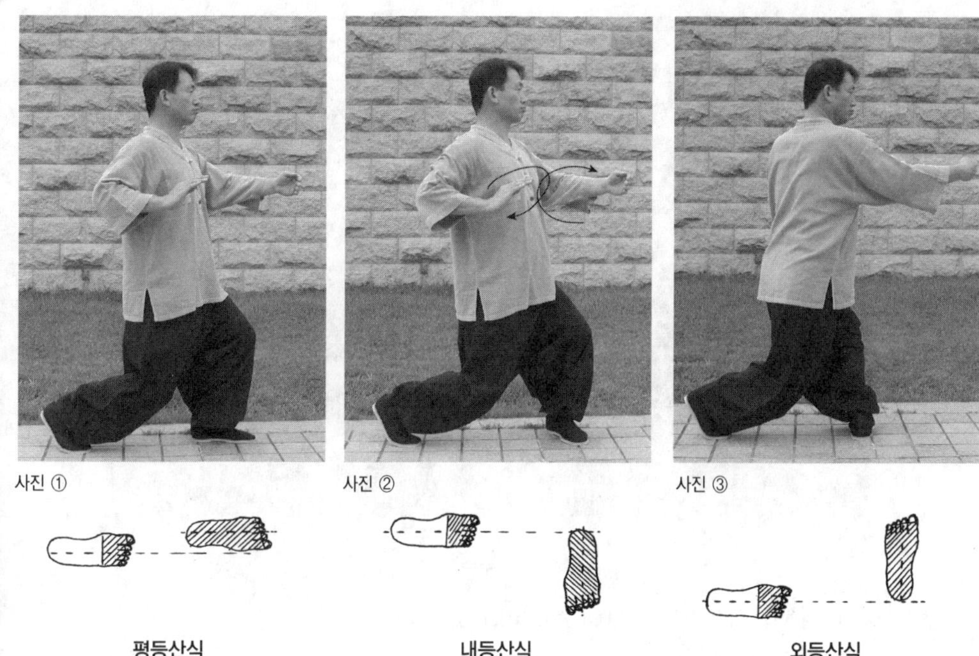

사진 ①　　　　사진 ②　　　　사진 ③

평등산식　　　　내등산식　　　　외등산식

※빗금 부분은 땅에 닿는 부분

(2) 종류

평등산식, 내등산식, 외등산식

등산식도 앞발의 자세에 따라 평등산식, 내등산식, 외등산식의 세 종류가 있다. 평등산식은 앞발 끝이 정면을 향하고(사진 ①), 내등산식은 앞발을 안으로 틀어서 발 끝이 옆으로(평등산식의 경우 오른쪽을 향함) 향하도록 한다(사진 ②).

그리고 외등산식은 앞발을 밖으로 틀어서 끝이 옆으로(좌외등산식의 경우 왼쪽을 향함) 향하기 때문에 두 발은 X자 형태로 꼬이게 된다(사진

사진 ④

상하수

사진 ⑤

사진 ⑥

좌우수

③). 외등산식은 연화식(蓮花式)이라고도 한다.

사진 ⑦

전후수

손 자세: 기본수, 상하수, 좌우수, 전후수

등산식의 손 자세 역시 허보식에서와 같이 기본수(사진 ①)·상하수(사진 ④)·좌우수(사진 ⑤, ⑥)·전후수(사진 ⑦)·자유수 등이 있으며, 그 구체적인 모양은 사진과 같다. 특히 등산식의 기본수는 손목을 안으로 꺾은 자세로 수련을 하는데, 이는 무술기공에서 여러 기법으로 활용되기 때문이다.

손 동작은 역시 기의 흐름에 따

라 이밖에 여러 가지로 다양하게 바꾸면서 수련할 수 있다.

4) 제4식 궁보식(弓步式)

(1) 수련 방법

궁보식도 좌 · 우 방향으로 수련할 수 있으며, 먼저 좌측으로 수련하고 방향을 바꾸어서 우측으로 수련을 한다.

먼저 정면을 향해 편안한 자세로 서서 온몸을 방송한다. 그리고 왼쪽으로 90도 방향을 바꾸어서 왼발을 크게 한 걸음 앞으로 놓는다. 왼발 끝은 등산식과 같이 안쪽으로 직각이 되게 꺾고 무릎을 굽힌다. 오른발은 무릎을 쭉 편 상태로 발 끝이 앞쪽을 향하게 놓는다.

두 손은 가슴 부위에서 교차하였다가 손목을 꺾은 상태로 왼손은 왼쪽 앞으로 뻗고, 오른손은 가슴(제2중단전) 앞에 놓는다(사진 ②). 두 손 모두 손끝이 위로 향한다. 이 자세에서 옥액(玉液) 삼키기를 하고, 심규 합일의 상태에서 의념을 하단전(혹은 해당 규)에 집중한 채 최대한 오래 참는다.

방향을 바꿀 때는 양발뒤꿈치를 축으로 180도 뒤로 돈다. 동시에 두 손도 반원을 그리며 뒤로 돌려서 가슴 부위에서 두 손을 교차한다. 오른손을 오른쪽으로 뻗어 자세를 처음과 반대로 취하면서 발 자세도 반대로 바꾼다. 다시 한 번 옥액 삼키기를 하고 나서 수련을 한다.

(2) 종류

평궁보식, 내궁보식, 외궁보식
궁보식은 앞발의 자세에 따라 평궁보식, 내궁보식, 외궁보식의 3종류

사진 ①

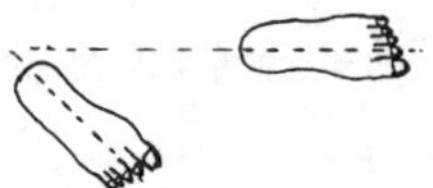

평궁보식

사진 ②

내궁보식

사진 ③

외궁보식

가 있다. 평궁보식은 앞발끝을 정면으로 향한 자세이며(사진 ①), 내궁보식은 앞발끝을 몸 안쪽으로 꺾은 자세이다(사진 ②). 그리고 외궁보식은 앞발끝을 몸 바깥쪽으로 꺾은 자세이다(사진 ③).

손 자세

궁보식의 손 자세 역시 기본수(사진 ①)·상하수(사진 ④)·좌우수(사진 ⑤)와 전후수(사진 ⑥)·자유수가 있으며, 각 각의 구체적인

사진 ④

상하수

사진 ⑤

좌우수

사진 ⑥

전후수

손 자세는 허보식과 같다. 또한 손 동작은 기(氣)의 흐름에 따라 여러 가지로 다양하게 바꾸어서 수련할 수가 있다.

5) 제5식 부보식(仆步式)

(1) 수련 방법

부보식은 앞발의 무릎을 편 채 뒷발의 무릎을 굽혀서 최대한 낮게 앉은 자세이다. 역시 좌·우 방향으로 수련을 하며, 먼저 왼쪽부터 수련을 한다.

정면을 향해 편안한 자세로 서서 온몸을 방송한다. 그리고 두 발을 아주 넓게 벌리며 쪼그려 앉는다. 이때 왼발은 무릎을 쭉 펴고, 오른발 무릎

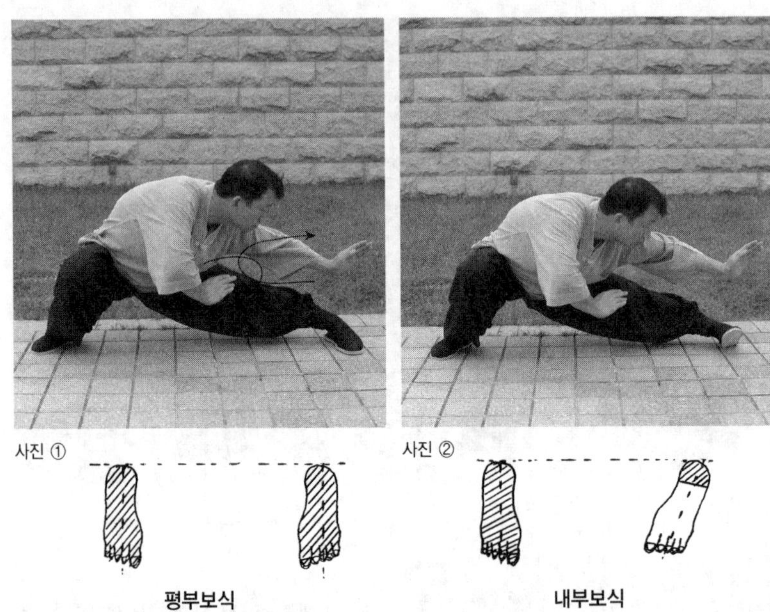

사진 ①

평부보식

사진 ②

내부보식

※ 빗금 부분은 땅에 닿는 부분

사진 ③

외부보식

은 굽힌다. 허리를 왼쪽으로 틀면서 두 손은 가슴 부위에서 교차했다가 손목을 꺾은 상태로 왼손은 앞으로 뻗고 오른손은 가슴앞에 놓는다. 굽힌 오른발의 허벅지는 지면과 수평이 되게 하고, 엉덩이를 최대한 낮게 뒤로 빼서 허리는 쭉 편다. 가슴도 엉덩이보다 약간 높게 왼발쪽으로 펴고, 고개를 들어서 시선은 정면을 향한다(사진 ①). 이 자세에서 옥액 삼키기를 하고 심규합일의 상태에서 의념을 하단전(혹은 해당 규)에 집중하고 수련을 한다.

그리고 방향을 바꿀 때는 방향을 틀어서 오른발 무릎을 펴고 왼 발 무릎을 굽혀서 앉으면서 허리를 180도 반대로 돌린다. 동시에 두 손도 반원을 그리며 돈 후에 가슴 부위에서 두 손을 교차한다. 그리고 오른손은 앞으로 뻗고 왼손은 가슴 앞에 놓은 채 반대편으로 동일한 자세를 취하도록 한다. 다시 한 번 옥액 삼키기를 하고 나서 수련을 한다.

(2) 종류

평부보식, 내부보식, 외부보식

부보식 역시 앞발의 자세에 따라 평부보식, 내부보식, 외부보식의 3가지 종류가 있다. 평부보식은 두 발이 평행이 되어 발바닥을 모두 땅에 댄 자세이다(사진 ①). 내부보식은 앞발의 발목을 안으로 꺾어서 앞발의 뒤꿈치 부분만 땅에 닿도록 한다(사진 ②). 외부보식은 앞발의 방향을 틀어서 앞꿈치가 위를 향하도록 하고 앞발의 발목을 꺾은 상태의 자세이다(사진 ③).

손 자세

부보식 역시 손 자세에 따라 기본수 · 상하수 · 좌우수와 전후수 · 자유수가 있다. 손 자세는 허보식의 손 자세와 같다.

부보식 수련에서도 손동작은 기의 흐름에 따라 여러 가지로 바꾸어서 다양한 자세로 수련을 할 수 있다.

6) 제6식 금계독립식(金鷄獨立式)

금계독립식은 한 발을 들고 선 자세로, 새들의 수련 자세를 본뜬 것이다. 금계(金鷄)는 맹금류(猛禽流)의 일종으로 옛 고구려와 중국에서 국조(國鳥)로 신성시하였다고 한다. 학 등의 조류들도 기공을 하고 있는데, 가장 전형적인 수련법은 한 발을 들고 서 있는 것이다. 한 발을 들고 무릎을 굽힌 자세로 서 있으면 항문이 봉쇄되어 기의 누출을 막게 되며, 저절로 단전에 기가 모여 축기(蓄氣)가 된다.

금계독립식은 발 자세에 따라 내금계독립식, 외금계독립식, 측금계독립식, 후금계독립식의 4가지 종류가 있다.

(1) 내금계독립식(內金鷄獨立式)

수련 방법

내금계독립식 역시 각각 좌 · 우측의 발을 들고 수련하는 두 가지 자세

사진 ①

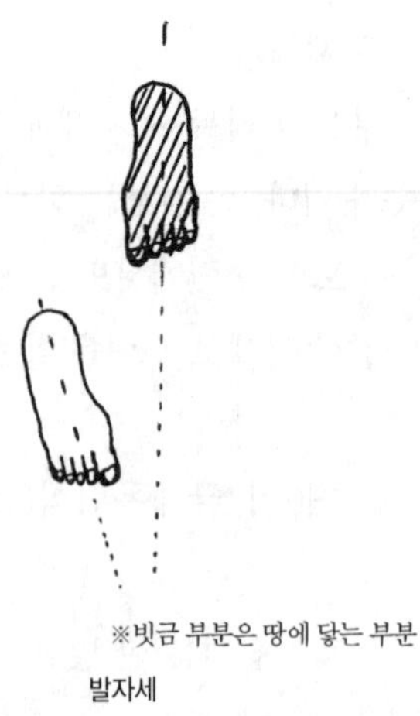

※빗금 부분은 땅에 닿는 부분

발자세

내금계독립식

가 있으며, 먼저 왼발을 들고 수련을 한다.

정면을 향해 편안한 자세로 서서 온몸을 방송한다. 그리고 왼발은 무릎을 최대한 높이 들어서 오른쪽을 향해 약간 틀고, 발목을 펴서 발끝이 아래로 향하도록 한다. 땅을 밟고 있는 오른발 역시 무릎을 최대한 굽힌다. 두 손은 가슴 앞에서 교차했다가 손목을 꺾은 상태로 왼손을 앞으로 뻗고 오른손은 가슴 앞에 놓는다. 상체는 자연스럽게 편다(사진 ①). 그리고 옥액 삼키기를 한 후 심규합일의 상태에서 의념을 하단전(혹은 해당 규)에 집중하고 오래 서 있는다.

자세를 바꿀 때는 들고 있던 왼발을 내려서 왼쪽 옆에 놓고, 오른발을 올려서 반대의 자세를 취한다. 손도 오른손을 앞에 놓고, 왼손은 가슴 앞에 놓는다. 다시 한 번 옥액 삼키기를 하고 나서 수련을 한다.

손 자세

내금계독립식도 역시 손 자세에 따라 기본수 · 상하수 · 좌우수와 전후수 · 자유수가 있으며, 그 구체적인 모습은 허보식의 손 자세와 같다. 또한 기의 흐름에 따라 손 동작을 다양하게 바꾸어서 수련할 수 있다.

(2) 외금계독립식(外金鷄獨立式)

수련 방법

외금계독립식 역시 좌 · 우의 2가지 형태로 수련하며, 먼저 왼발을 든 자세부터 시작한다. 먼저 편안한 자세로 서서 온몸을 방송한다. 그리고 왼발을 다리 안쪽이 위를 향하도록 약간 비틀어 놓은 자세로 최대한 높이 들어올리고, 발목을 안쪽으로 꺾어서 발바닥이 정면에서 보이도록 한다. 앞에 있는 사람이 들어올린 발바닥을 잘 볼 수 있도록 서 있으면 올바른 자세이다. 오른발은 최대한 무릎을 굽혀야 한다.

그리고 두 손은 가슴 부위에서 서로 교차해 오른손은 앞으로 뻗고 왼손은 가슴앞에 놓는다. 금계독립식의 기본 손 자세는 다 같지만 내금계독립식은 들어올린 발과 같은쪽의 손이 앞으로 나가고, 외금계독립식은 그 반대의 손이 앞으로 나간다. 허리는 자연스럽게 편다(사진 ②). 이 자세에서 옥액 삼키기를 한 후에 심규합일의 상태에서 의념을 하단전(혹은 해당 규)에 집중한다.

오래 서 있다가 반대편 자세로 바꾸려면 들었던 발을 내리고 다른 발을 올려서 반대 방향으로 같은 자세를 취하면 된다. 손동작도 두 손을 교차해서 반대로 바꾸어준다. 다시 한 번 옥액 삼키기를 하고 나서 수련을 한다.

손 자세

외금계독립식 역시 손 자세에 따라 기본수 · 상하수 · 좌우수 · 전후수 · 자유수로 나뉘어지며, 그 구체적인 손 자세는 허보식의 자세들과 같

사진 ②

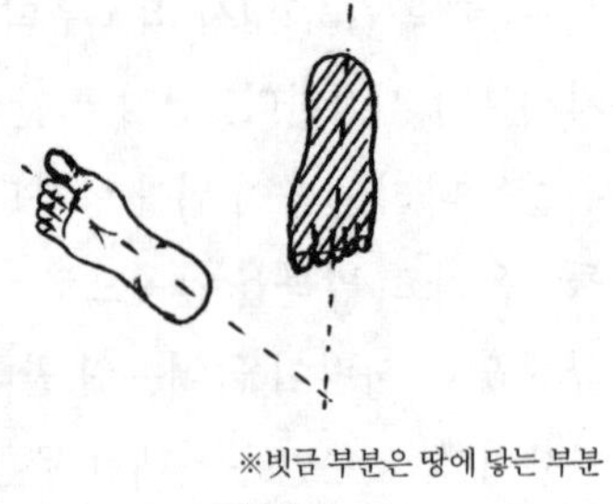

발자세

외금계독립식

다. 손동작 역시 다양한 자세로 바꾸어서 수련할 수 있다.

(3) 측금계독립식(側金鷄獨立式)

수련방법

측금계독립식은 한 발을 옆으로 들고 서 있는 자세이다. 이 역시 각각
좌 · 우 방향으로 수련할 수 있으며, 먼저 왼발을 들고 수련을 한다.

온몸을 방송한 후에 왼발을 옆으로(발뒤꿈치를 몸 뒤쪽으로 향하게 한 자
세) 최대한 높이 들어올려서 무릎을 굽히고 발목을 펴서 발끝이 아래로
향하게 한다. 오른발도 무릎을 최대한 굽히고 허리를 왼쪽으로 틀며, 손
자세는 내금계독립식과 같이 취한다. 유의할 점은 이때 엉덩이가 나오지
않도록 한다(사진 ③).

사진 ③

측금계독립식

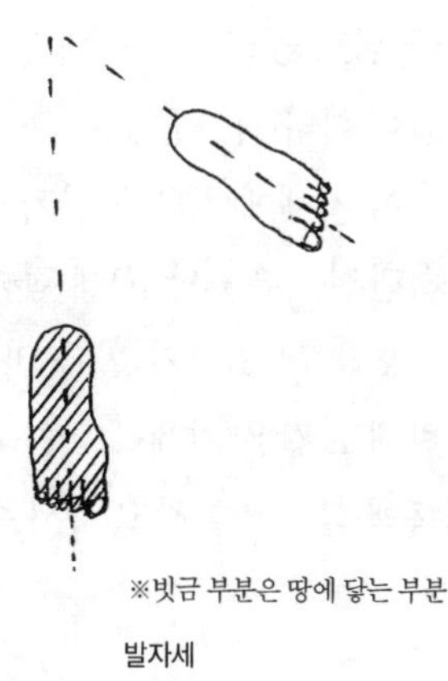

※빗금 부분은 땅에 닿는 부분

발자세

이 자세에서 옥액(玉液) 삼키기를 하고 심규합일의 상태로 결을 읽어 하단전(혹은 해당 규)으로 보낸다.

오래 이 자세로 서 있다가 자세를 바꾸어 수련을 하려면 들었던 발을 내리고 다른 발을 올려서 반대 방향으로 같은 자세를 취하면 된다. 다시 한 번 옥액 삼키기를 하고 나서 수련을 한다.

손 자세

측금계독립식 역시 손 자세에 따라 기본수 · 상하수 · 좌우수 · 전후수 · 자유수로 다양하게 바꾸어서 할 수가 있다. 이들 손 자세는 허보식의 손 자세와 같다.

(4) 후금계독립식(後金鷄獨立式)

수련 방법

후금계독립식은 한계식(寒鷄式)이라고도 한다. 이는 발을 뒤로 향해서 들고 있는 자세로 역시 좌 · 우 두 가지 방법으로 수련하며, 먼저 왼발을 들고 수련한다.

온몸을 방송한 후에 왼발을 들어 발목을 펴고 무릎을 굽혀서 오른발 오금 뒤로 놓되 오른발에 닿지 않도록 한다. 손 자세는 내금계독립식과 똑같이 한다(사진 ④).

이 자세에서 옥액 삼키기를 하고 심규합일의 상태를 유지하며 의념을 하단전(혹은 해당 규)에 집중한다.

오래 서 있다가 발을 바꾸려면, 들었던 발을 내리고 오른발을 올려서 반대로 같은 자세를 취하고 동시에 손동작도 반대로 바꾼다. 다시 한 번 옥액 삼키기를 하고 나서 수련을 한다.

사진 ④

후금계독립식

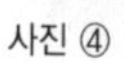

※빗금 부분은 땅에 닿는 부분
발자세

손 자세

후금계독립식 역시 손 자세에 따라 기본수, 상하수·좌우수·전후수·자유수 등이 있으며 손 자세는 허보식의 손 자세와 같다. 손동작 역시 이밖에 다양한 자세로 바꾸어 수련할 수가 있다.

3. 수련 단계와 방법

1) 수련 단계

참장공은 수련자의 수련 단계에 맞추어 다음과 같이 실시할 수 있다.

제1단계 하단전(下丹田) 수련

먼저 자세를 취한 후에 삼문 열기를 하고 나서, 반조(返照)와 옥액(玉液: 침) 삼키기를 하단전으로 한다.

수련 중에는 의념을 하단전에 집중하고 고요하게 호흡을 조절하며 하단전을 지킨다. 또는 반복해서 하단전으로 결(訣: 결에 대해서는 제6장 4절을 참고할 것)을 읽어도 좋다. 수련은 한두 가지만 해도 좋고, 여러 가지로 바꾸어서 해도 좋다. 자세를 바꾸고 나서는 다시 한 번 옥액을 하단전으로 삼킨다.

수련을 마칠 때는 자세를 풀고 편안한 자세로 서서 잠시 호흡을 조절한다. 그리고 나서 옥액을 삼켜서 하단전으로 보낸 후, 하단전에 수공(收功)을 한다.

제2단계 미려관(尾閭關) 수련

자세를 취한 후 삼문을 열고 나서 반조와 옥액 삼키기를 한다. 이때 반조는 하단전을 거쳐 수명선(修命線)을 따라 미려관으로 빛을 비추고, 또 옥액도 미려관으로 삼키도록 한다. 수련 중에는 의념을 미려관에 집중하고 미려관을 지킨다(또는 반복해서 미려관으로 결을 읽는다).

한두 가지 혹은 여러 가지 자세로 바꾸어가며 수련을 한 후에는 자세를 풀고 편안한 자세로 서서 잠시 호흡을 조절한다. 그리고 나서 옥액을 삼켜서 미려관으로 보낸 후에 미려관에 수공을 한다.

제3단계 하황정(下黃庭) 수련

참장공 자세를 취한 후에 삼문을 열고 나서 반조와 옥액 삼키기를 한다. 이때 빛을 비추거나 침을 삼킬 때에는 하단전에서 미려관을 거쳐서 다시 하황정으로 돌아온다. 수련 중에는 의념을 하황정에 집중하고 하황정을 지킨다(또는 반복해서 하황정으로 결을 읽는다).

한두 가지 또는 여러 가지 참장공 자세로 수련을 한 후에는 편안한 자세로 서서 잠시 호흡을 조절한다. 그리고 옥액을 삼켜서 하단전, 미려관을 거쳐 하황정으로 보낸 후에 하황정에 수공을 한다.

고층차 단계

고층차의 수련을 하는 수련자는 수련 준비를 하고 참장 자세를 취한 후에 자신이 수련 중인 규(竅)를 지키거나 그 규를 향해 염결(念訣)을 한다. 하황정을 수련하고 나면 그 다음 층차로는 제1중단전(中丹田: 신궐)을 수련한다. 그리고 나서 다음 층차로 명문(命門)을 수련하고, 그 다음 층차로는 중황정(中黃庭)을 수련한다.

그리고 다시 제2중단전(中丹田: 전중)을 수련하고, 다음으로 협척관(夾脊關), 황금전(黃金殿)을 수련한다. 그리고 다시 상단전(上丹田), 옥침관(玉枕關), 상황정(上黃庭)을 차례대로 수련한다.

2) 수련 준비와 마무리

수련 준비

먼저 참장공 자세를 취한 후에 온몸을 방송하고 삼문(三門) 열기를 한다. 그리고 반조(返照)를 하는데 반조는 하단전(혹은 해당 규)으로 한다. 그리고 나서 다시 옥액(침) 삼키기도 하단전(혹은 해당 규)으로 한다. 수련 도중에 자세를 바꿀 때마다 언제나 옥액 삼키기를 한다.

그리고 수련 중에는 심규합일(心竅合一) 상태를 유지하며, 의념을 계속 하단전(혹은 해당 규)에 집중한다. 이때 마음 속으로 하단전(혹은 해당 규)를 향해 염결(念訣)을 하면 하단전(혹은 해당 규)에 많은 기가 모이게 되어, 수련 효과가 더욱 크게 나타날 수 있다.

호흡

참장공 수련 중에 모든 호흡은 코로만 하며, 그냥 편안하고 자연스럽게 하면 된다. 고요한 호흡이 되도록 조절을 하면 저절로 단전호흡이 되기 때문에 호흡에 대해서는 특별히 다른 신경을 쓸 필요가 없다.

숨을 고요하게 조절하고 있으면 1, 2분 이내에 자동으로 단전호흡이 되는 것을 느낄 수 있는데, 이는 복원된 단전이 그 기능을 발휘하기 때문이다. 참장공 수련 중에는 우리 몸에 많은 에너지가 요구되므로, 몸 스스로 우주의 기를 흡입할 필요를 느껴 잠재된 단전호흡 메커니즘을 작동시키는 것이다.

수련의 마무리

수련을 마칠 때에는 두 발을 편하게 벌리고 서서 두 손을 하단전에 포개어 놓는다. 이때 무릎을 완전히 펴지 말고 아주 약간만 굽히는 것이 좋다. 이를 무극참장(無極站樁)이라 한다. 그 다음에 의념을 하단전(혹은 해당 규)에 집중한 채 호흡을 고요하게 조절한다. 호흡이 가라앉고 나면 옥액을 한 모금 삼켜서 하단전으로 보낸 후에 수공을 한다.

3) 수련법

전식(全式) 수련법

이는 참장공 6식(세분하면 16식~19식)을 연결동작으로 모두 수련하는 방법이다. 이 방법으로 수련할 때는 먼저 마보식(馬步式) 참장공 3가지를 차례대로 수련한다. 먼저 평마보식(平馬步式)을 일정한 시간 동안(초보자는 2, 3분 정도) 수련하고 나서 내마보식(內馬步式) 자세로 바꾸어서 계속 수련을 한다. 평마보식 자세에서 두 발끝을 안쪽으로 꺾으면서 무릎도 간격이 좁아지게 모은다. 그리고 동시에 두 손바닥을 뒤집어서 하여 두 손을 옆구리쪽으로 당겼다가 손목을 한 바퀴 꺾어서 돌린 다음 위(시선 높이 정도)로 올려서 내마보식 자세를 취한다.

이 수련이 끝나면 외마보식(外馬步式) 자세로 바꾸어서 수련을 하는데 다음과 같이 동작을 바꾼다. 안쪽으로 꺾었던 발끝을 밖으로 벌리면서 손목을 밖으로 돌려서 큰 나무를 끌어안듯이 하고 외마보식 자세를 취한다.

다른 자세로 수련을 할 때는 먼저 왼쪽으로 자세를 취한 후에 수련을 하고 다시 오른쪽으로 돌아서 수련을 한다. 마보식 외에는 모두 좌우로 옮기면서 수련을 할 수 있는 좌우 대칭적인 수련법이므로 좌에서 우로 자세를 바꾸어 가면서 수련하면 된다. 먼저 내 · 외 허보식을 수련하고 그 다음에 내 · 외 등산식, 내 · 외 궁보식, 내 · 외 부보식, 내 · 외 · 측 · 후 금계독립식을 차례로 이어서 수련한다. 이 순서대로 수련을 하면 상호 보완이 되어 수련의 상승효과가 나타나게 된다. 또는 그 중간에 평허보식, 평등산식, 평궁보식을 다양한 손 자세로 함께 곁들여도 좋다.

부분식(部分式) 수련법

참장공은 상황에 따라 다양한 방법으로 수련해도 무방하다. 시간이 없을 때는 한두 가지 혹은 몇 가지 자세만을 중점적으로 수련해도 좋다. 이는 여러 자세로 바꾸어 가며 수련하는 것보다 많은 인내력이 요구되지만, 인체 특정부위의 공능(功能)이 크게 향상되는 장점이 있다.

초보자는 마보식 중에 자신에게 필요한 자세를 하나만 수련해도 좋다. 가령 몸이 허약한 사람은 평마보식이 좋으며, 간이나 신장 계통이 안 좋은 사람이나 정력 증진을 원하는 사람은 내마보식이 좋다. 그리고 심폐 기능이 약하거나 소화기가 안 좋은 사람은 외마보식이 보다 효과적이다.

아주 짧은 시간에 수련을 하려면 등산식이나 허보식이 좋으며, 비만 해소나 미용을 위해서는 외등산식이나 부보식, 금계독립식 등이 좋다. 수련은 자세를 취한 후 최대한 오래 참고 서 있으면 되며, 초보자는 대략 3분 이내가 적당하다.

여러 자세들 중에 몇 가지만 골라서 수련해도 좋다. 특히 자신의 몸이 원하는 자세를 한두 가지 첨가해서 수련하면 되며, 수련 순서는 바뀌어도 상관없다.

응용 수련법

일상생활 중에는 참장공의 여러 동작들을 상황에 맞게 응용해서 수련할 수도 있다. 참장공을 응용한 수련의 핵심은 무릎에 있다. 무릎을 굽히기만 하면 참장공의 효과가 나타나게 된다. 무릎을 약간만 굽히면 다른 사람들은 우리가 수련하고 있는 것을 알지 못하므로, 조금도 거리낄 필요가 없다. 손은 상황에 맞게 손잡이를 잡거나 포켓에 넣는 등 자유롭게 자세를 취하면 된다.

가령 마보식을 응용할 때는 두 발을 편안하게 벌리고 서서 무릎을 아주 조금만 굽히면 된다. 마보식 응용 자세로 수련할 수 있는 경우는 다음과 같다.

- 버스나 지하철 안에서 손잡이를 잡고 서 있을 때
- 정거장에서 차를 기다릴 때 혹은 길에서 사람을 기다릴 때
- 이를 닦거나 세면, 면도를 할 때
- 싱크대 앞에서 조리를 하거나 설거지를 할 때
- 강의나 연설 등을 할 때
- 서서 물건을 팔거나 여러 가지 작업을 할 때
- 서서 사람들과 이야기를 나눌 때

그 밖에 여러 가지 상황에서 허보식, 궁보식, 등산식 등을 응용해서 수련할 수 있다.

제 4 장

●

평형공(平衡功)

1. 평형공의 의미와 유래

평형공의 의미

평형공(平衡功)은 도가(道家)의 대종(大宗)인 전진도(全眞道)의 가장 중요한 공법(功法)으로 축기(蓄氣)와 공력 제고(提高)에 뛰어난 효과가 있다. 이 공법은 오랫동안 일반에 알려지지 않았으나 왕력평(王力平: 全眞道 龍門派 제18대 장문인) 선생에 의해 1980년대 중반에 처음으로 공개되었다.

평형공은 고대의 토납술(吐納術)과 참장공을 바탕으로 한 것이다. 토납술이란 탁한 기를 토해내고(吐故), 새로운 기를 마시는 것(納新)으로 호흡법, 즉 조식법(調息法: 단전호흡법)을 말한다.

이 수련은 일정한 동작과 호흡법을 통해 식물(나무, 풀)이나 동물, 인간이나 그 밖의 자연물(산, 강, 바다 등)과 천체(해, 달, 별 등)를 상대로 수련하며, 서로의 기(氣)를 교류하는 것을 목적으로 한다. 수련자는 특정한 대상과 기의 대사(代射)를 하는 수련을 통해 성명(性命: 몸과 마음)과 음양(陰陽), 내기(內氣)의 평형(平衡)이 이루어지게 되므로 이를 평형공이라고 한다. 평형공 수련을 통해 몸과 마음의 평형, 기(氣)와 혈(血)의 평형, 음양

(陰陽)의 평형, 오장(五臟) 오기(五氣)의 평형을 이루게 되므로 백병(百病)이 스스로 치유될 수 있다. 열심히 수련하면 각종 난치병도 치료할 수 있다. 병이 없는 사람은 단전에 많은 기를 모으고, 백맥(百脈)을 열어 완전한 건강체가 되고 무병장수 할 수 있다.

평형공을 제대로 수련하기 위해서는 일정한 시간적, 공간적 제약이 있다. 처음 평형공을 수련할 때는 큰 나무를 상대로 해야 하며, 또한 해가 뜨지 않은 새벽이나 해가 진 후에 수련해야 한다.

하지만 생활에 바쁜 현대인이 새벽이나 밤중에 큰 나무를 찾아서 수련하기는 쉽지 않다. 그래서 여기서는 원래의 수련법과 함께 시간, 공간의 제약을 받지 않고 어디서나 쉽게 할 수 있는 약식 수련법도 함께 소개하기로 한다.

평형공의 유래

평형공은 중국 고대 하(夏)왕조를 세운 우(禹) 임금이 창안한 것으로 알려져 있다. 당시는 매년 양자강의 범람으로 수재(水災)가 심하였으며, 우는 순(舜: 삼황오제 중의 한 사람) 임금 밑에서 치수(治水)의 소임을 맡게 되었다. 13년에 걸쳐 우는 온갖 어려움을 겪으며 마침내 수재를 다스리는 데 성공하였으며, 이 공으로 우는 순 임금으로부터 선양(禪讓)을 받아 하(夏)나라를 세우게 된다.

우가 치수 사업을 할 때 하루는 절강성의 한 산을 지나게 되었다. 그때 산새들이 자신의 몸에 비해 몇 배나 큰 돌을 멀리 움직이는 광경을 목격하였다. 그는 기이하게 생각하며 자신이 그 큰 돌을 움직여 보았으나 전혀 움직일 수가 없었다.

의아하게 생각한 우는 다시 그곳으로 가서 자세히 관찰을 해보았다. 산새들의 일거일동을 지켜보니 새들은 먼저 하늘을 바라보고 호흡을 하며 특이한 걸음을 걷는 것이었다. 산새는 특수한 호흡과 보법(步法)으로 돌을 움직이고 있었던 것이다. 이때 우는 문득 천기(天氣)를 발견하고 이를 움직이는 방법을 깨달았다. 그는 돌아와서 그대로 해보니 자기보다 몇 배나 큰 돌을 움직일 수 있었다.

후일 그는 이를 바탕으로 다시 호랑이, 표범, 독수리, 학 등 여러 동물의 동작을 연구하고, 이를 종합하여 평형공의 공법을 만들었다.

이 평형공은 후대로 전해져 제갈공명(諸葛孔明), 장량(張良) 등 많은 인물이 이 수련을 하였다고 한다. 그 후 평형공은 당(唐)대에 이르러 여동빈(呂洞賓)에 의해 다시 체계화되어, 전진도의 핵심 공법이 되었다.

2. 수련시 유의사항

1) 수련 시간

수련은 가급적 태양이 없는 시간, 즉 해가 지고 난 저녁이나 해 뜨기 전 새벽에 해야 한다. 그 이유는 나무를 상대로 수련해야 하기 때문이다. 식물들은 해가 있는 한낮에는 본격적인 탄소동화작용을 하기 때문에 우리의 호흡과는 반대가 된다. 따라서 우리와 나무가 동조(同調)를 하기 위해서는 해가 없는 시간이 좋다.

그러나 실증(實症: 腫瘤癌, 血症, 乳房癌 등)의 질병이 있는 사람은 반대로 태양이 있는 낮에 수련을 해야 치료 효과가 크다.

2) 장소

수련 장소는 조용하고 큰 나무가 있는 곳이 좋다. 주변에는 수련자를 지켜보는 모르는 사람이 없어야 하며, 가급적 혼자 수련하는 것이 좋다.

왜냐하면 수련 중에 나무의 장(場)과 인체장(人體場)이 서로 합해져서 하나의 장(場)이 되면서 기화(氣化) 현상이 생기게 되는데, 이것이 심해질수록 우리 인체의 일부 혹은 전체가 일시적으로 보이지 않게 될 수도 있기 때문이다. 그때 만약에 머리 부분이 기화(氣化)되면 타인이 볼 때 몸은 보이고 머리는 보이지 않게 된다. 따라서 그 사람은 수련자가 머리 없는 귀신이라고 오해할지도 모른다.

3) 수련 상대는 나무

평형공을 수련할 때는 일정한 상대가 있으며, 일차적으로 나무를 상대로 수련한다. 나무를 상대로 수련하는 것은 우리에게 없는 뿌리가 나무에는 있기 때문에 이를 취하려는 것이다. 식물과 달리 인간은 태어나면서 탯줄을 끊으면 그 뿌리가 없어지게 된다. 모태(母胎) 내에서는 태반이 뿌리가 되며, 탯줄을 통해서 태아(胎兒)는 영양을 공급받아 왔다. 뿐만 아니라 나무의 기와 자신의 기를 교환하여 체내의 음양(陰陽)과 오행(五行)이 평형을 이루도록 하기 위함이다.

평형공 수련을 통해서 체내의 나쁜 기운을 밖으로 내보내고, 나무가 뿌리를 통해서 공급받는 좋은 기운을 체내로 받아들이는 기의 교류를 하면, 우리의 체질·기질이나 얼굴 모습 등에도 변화가 나타나게 된다. 이른 아침에 평형공 수련을 하고 돌아오면 주위 사람들은 그의 몸에서 나무 냄새를 맡을 수 있다.

구체적인 수련 내용은 나무의 크기와 종류에 따라 다르다. 이를 잘 알고 자신에게 필요한 나무를 선택해야 한다. 나무는 곧게 자라고 뒤틀림이 없어야 한다. 뒤틀린 나무는 군데군데 기가 뒤엉켜 있기 때문이다. 처음에는 큰 나무를 택하여 수련을 해서 힘을 기르는 것이 좋다. 큰 나무는 기가 많기 때문이다

크기

① 소목(小木): 작은 나무와의 수련을 통해서는 청순(淸純)함을 얻는
다.

② 대목(大木): 큰 나무와의 수련을 통해서는 큰 에너지(大力量)를 얻는
다.

② 노목(老木): 수련이 일정한 경지에 오른 다음에는 오래된 나무와도
수련을 하는데, 이는 영감(靈感)을 수련하는 것이다. 오래된 나무는 아는
것이 많기에 많은 영감을 얻을 수 있다.

종류

나무는 그 종류에 따라 오행(五行)으로 분류될 수 있고, 각기 다른 정기
(精氣)를 갖고 있기 때문에 인체 내 오장(五臟)을 단련하는 데 주요하게 이
용될 수 있다. 수련자는 자신의 신체 상태와 공능(功能)의 필요성에 따라
나무의 종류를 선택하여 수련할 수 있다.

다음은 오행에 따른 나무의 분류와 오장과의 대응 관계를 도표화한 것
이다. 수련시에 이 정보를 활용하면 좋을 것이다.

	간(肝)	심장(心臟)	비장(脾臟)	폐(肺)	신장(腎臟)
나무(樹)	소나무(松)	오동나무(桐)	수양버드나무(柳)	냇가버드나무(楊)	잣나무(柏)
	오얏나무(李)	은행나무(杏)	대추나무(棗)	복숭아나무(桃)	밤나무(栗)
색(色)	푸른색	붉은색	노란색	흰색	검은색
방위(方位)	동(東)	남(南)	중앙	서(西)	북(北)
기(氣)	목기(木氣)	화기(火氣)	토기(土氣)	금기(金氣)	수기(水氣)

4) 동물들의 반응

산 속에서 평형공 수련을 하고 있으면 그 주위로 작은 동물이 모여드는 경우도 있다. 이는 그 동물들이 그 공간의 기장(氣場)에 공명(共鳴)을 하였기 때문이다.

수련시에는 인체 내의 에너지가 밖으로 방출되어 인체가 하나의 장(場)을 이룬다. 이때 나무도 하나의 장을 이루게 되므로 인체의 장과 나무의 장이 합쳐져서 또 하나의 장을 이룬다. 이 장에도 신식(信息: 정보)이 있고, 그것의 파장과 비슷한 진동을 가진 동물들이 모여들게 되는 것이다. 동물들은 수련하는 모습을 가만히 관찰하며, 그 중에 영리한 동물들은 심지어 수련 동작을 모방하기도 한다.

3. 수련 단계와 방법

1) 수련 단계

평형공 수련에는 아래와 같은 3승(乘)의 경지가 있다. 수련자는 평형공을 수련하는 가운데 스스로 자신의 경지를 가늠하고 이를 높여갈 수 있을 것이다.

하승(下乘): 건체강신(健體康身)의 단계
병을 치료하고 건강을 회복하며 경락(經絡)을 통하게 한다. 음양을 조절하여 몸을 건강하게 한다.

중승(中乘): 방신호체(防身護體)의 단계

체질을 강하게 단련하여 무병장수하게 하며, 자신의 보호는 물론 남의 병을 치료하고 악재(惡災)로부터 벗어날 수 있게 된다.

상승(上乘): 양선제악(揚善除惡)의 단계

상승(上乘)의 무술로도 활용이 가능하며(평형공은 무술의 원형임), 양선제악(揚善除惡: 선을 드날리고 악을 제거함)과 제복우인(制服于人: 남을 제압함) 그리고 격공안마(隔空按摩: 손을 직접 대지 않고 공간을 사이에 두고 하는 안마)가 가능하게 된다.

참장공의 수련 단계(제3장 3절 참조할 것)와 마찬가지로 평형공도 구체적으로 자신의 수련 단계에 맞추어 수련할 수 있다. 즉 제1층차(하단전 수련) 단계에서는 반조와 옥액(침) 삼키기를 하단전에 하고 수련을 시작하며, 수공(收功) 또한 하단전에 한다. 제2층차 단계에서는 미려관에 반조, 옥액 삼키기와 수공을 하며, 제3층차 단계에서는 하황정에 반조, 옥액 삼키기와 수공을 한다. 그 이상의 단계에서도 마찬가지로 자신이 수련 중인 규(竅)에 반조, 옥액 삼키기와 수공을 한다.

2) 수련 준비

크고 곧게 뻗은 나무를 골라서 그 나무를 향해 선다. 사람과 나무와의 거리는 대략 2m 정도로 하되, 나무가 크면 좀더 뒤로 가고 나무가 작으면 더 앞으로 간다. 초보일 때는 거리가 가까울수록 좋지만 두 손을 뻗었을 때 나무와 닿지 않도록 한다.

먼저 몸을 바르게 하고 두 손은 펴서 자연스럽게 양옆에 놓는다. 두 눈은 편안하게 앞을 본다. 그리고 두 발을 자연스럽게 어깨넓이보다 좀 넓게 벌리고 약간 굽힌 평마보식 자세로 서서 온몸의 긴장을 푼다.

수련자의 앞에 있는 나무는 위 도표의 오행(五行) 색(色)에 대응시켜서, 대응 색과 같은 색의 기주(氣柱: 기 기둥)라고 생각을 한다. 예를 들어 앞에 소나무가 있다고 하자. 소나무는 오행의 목(木)에 해당되고 색으로는 녹색이므로 앞에 있는 소나무를 녹색의 기(氣) 기둥이라 여기고 수련을 한다.

두 눈은 자연스럽게 감고 혀를 입천장에 붙인 채, 호흡에 맞추어 천천히 동작을 시작한다.

3) 호흡

평형공 수련을 할 때 호흡은 최대한 길게 하는 것이 좋다. 전문 수련자의 경우 1시간에 5~6회 정도의 호흡을 요구하고 있으나 초보자는 이러한 호흡이 불가능하기 때문에, 처음에는 1분에 6회 정도 하는 것을 기준으로 수련하면 된다.

점차 수련이 진행됨에 따라 자연스럽게 호흡의 길이를 늘려 가도록 하고, 처음부터 너무 무리하게 긴 호흡을 할 필요는 없다. 호흡은 자연스럽고 가늘며(細), 고르고(均) 길게(長) 하도록 한다.

4) 마무리: 무극참장(無極站樁)

수련을 마치면 뒤로 돌아 나무를 등지고 자연스럽게 서서 두 손을 내리고 온몸을 방송한다. 이때 호흡은 자연호흡을 하며, 눈은 감고 혀끝을 입천장에 붙인다. 이는 평형공을 통해 발생한 기를 몸 안에 받아들이기 위한 수련으로 이를 배수참장(背樹站樁), 또는 무극참장(無極站樁)이라고 한다.

이 무극참장은 평형공의 수련시간보다 더 오래 수련해야 한다. 만약 1시간 동안 평형공 수련을 했다면 무극참장은 1시간 이상을 해야 한다. 그래야만 1시간 동안 자신이 내보낸 기를 다 받아들여서 평형을 이루고, 더 많은 기를 받아들일 수가 있다.

무극참장을 마칠 때는 제자리에서 옥액 삼키기와 수공(收功)을 한 후에 눈을 뜨고 나서 몸을 움직이거나 그곳을 떠나면 된다(결코 눈을 감은 상태에서 움직이거나 자리를 떠나서는 안 된다. 반드시 눈을 뜬 후에 행동을 해야 한다).

실내에서 수련을 할 경우에는 제자리에 서서 잠시 무극참장으로 호흡을 조절한 후에 하단전(혹은 해당 규)에 수공을 한다.

4. 평형공의 종류

1) 제1식 쌍수상하랍동(雙手上下拉動)

수련 동작

나무를 향해 서서 수련 준비를 마친 후 눈을 감고 동작에 들어간다. 손목을 뒤로 꺾은 상태로 양손의 간격은 어깨넓이보다 좀 더 넓게 하고, 두 손바닥의 장심(掌心: 손바닥 중심, 곧 인문을 말함)이 모두 나무의 중심을 향하게 한다(그림 참조). 먼저 무릎을 굽힌 상태에서 무릎을 펴면서 동시에 두 손을 자연스럽게 천천히 위로 올린다. 이때는 계속 숨을 마신다(사진 ①). 그리고 두 손을 내릴 때는 무릎을 굽히며 숨을 토한다(사진 ②). 이렇게 두 손을 올리고 내림에 따라 무릎도 함께 폈다 굽혔다를 반복한다.

손을 올리고 내림에 따라 손목의 각도도 변하는데, 위로 올릴 때는 손목을 약간 아래로 꺾고 아래로 내릴 때는 약간 위로 꺾으며 동작을 하되,

동작은 부드럽고 자연스럽게 해야 한다. 무릎이 약한 사람은 무릎을 적게 굽히면서 수련을 하고, 수련을 강도 높게 하려면 무릎을 많이 굽힐수록 좋다. 위로 올린 손의 높이는 자신의 눈높이를 초과하지 않도록 한다. 팔은 완전히 뻗지 않고 약간 굽힌 상태를 유지하며, 손가락은 벌어지지 않도록 자연스럽게 모은다. 상체는 항상 곧게 편 상태를 유지한다. 동작은 힘을 빼고 완전히 방송(放松)이 된 상태에서 가능한 한 느리고 부드럽게 해야 한다.

수십 회 이상 수련을 하고 나서 수련을 마치려면, 무릎을 펴고 두 손을 내려 자연스럽게 서서 방송을 한다. 그리고 나서 다시 다음 식으로 들어가거나 무극참장(無極站椿)을 하면 된다.

사진 ①

사진 ②

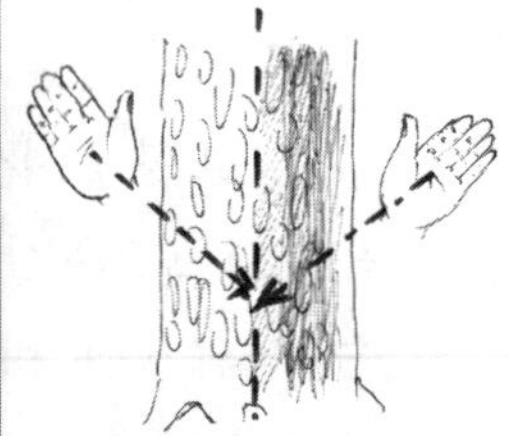

나무와 손(장심)과의 각도

제1식 쌍수상하랍동

호흡, 의념 및 효과

호흡은 자연스럽고 가늘며, 고르고 길게 한다. 특히 동작과 호흡을 일치시켜서 손을 들어올릴 때는 숨을 마시고, 내릴 때에는 숨을 토하도록 한다.

이 동작은 손바닥으로 마치 나무를 위아래로 쓰다듬듯이 하면 된다. 동작을 할 때는 의념을 양손바닥에 집중한다. 마주보고 있는 큰 나무를 특정한 색소(위의 도표 참조)를 가진 기(氣)기둥이라고 생각하고 서로의 기를 교류한다는 의념을 갖도록 한다. 손을 올릴 때는 나무의 기를 끌어와서 몸 안으로 받아들이고, 손을 내릴 때는 손에서 나무 중심으로 자신의 기가 나간다고 생각을 한다.

이 수련을 하면 다음과 같은 효과가 있다. 우선, 이 수련은 체내의 경락이 잘 통하게 한다(通經). 따라서 이 수련을 하면 몸 안에서 기가 도는 것을 느낄 수 있다. 그리고 격공안마(隔空按摩)를 할 수 있게 된다. 그리고 격파(擊破)나 기격(氣擊)이 가능해진다.

2) 제2식 십지종향절할(十指縱向切割)

수련 동작

이 동작은 두 손가락 끝으로 나무를 종(縱)으로 자르는 것이다. 먼저 수련 준비 자세를 취하고 무릎을 굽혀서 앉는다. 이때 두 손바닥의 장심(掌心)을 주먹 하나 정도 또는 그 이상의 간격으로 마주 보게 한다. 손끝은 정면의 나무를 향하며, 두 팔은 완전히 펴지 않고 약간 굽힌다(사진 ①). 그리고 두 손은 평형 상태를 유지하며 서서히 위로 올린다(사진 ②). 위로 올렸을 때의 손 높이는 자신의 시선 높이를 초과하지 않는다. 팔은 겨드랑이에 붙이지 않고 살짝 뗀다.

이와 같은 동작으로 앞에 있는 나무를 한쪽에서부터 얇게 아래로 잘라 나가면서 오른쪽으로 오고, 다 끝나면 다시 왼쪽으로 잘라 나온다. 무릎은 제1식과 같이 손이 오르내림에 따라 함께 폈다 굽혔다를 반복한다. 그리고 상체는 항상 바르게 세운다. 손끝은 항상 정면의 나무를 향하게 하고 손목도 제1식과 같이 움직여 준다. 이러한 동작을 계속해서 수십 회 이상 반복한다.

수련을 마치고 나면 두 손을 내리고 서서 방송을 한 후에 다음 식으로 들어가거나 무극참장을 한다.

사진 ①

사진 ②

제2식 십지종향절할

호흡, 의념 및 유의사항

호흡은 제1식과 동일하다. 동작과 일치시켜서 손을 올릴 때는 숨을 마시고, 내릴 때는 숨을 토한다.

그리고 동작을 할 때는 손가락 끝에서 나온 기가 나무를 위에서 아래로 자른다고 생각을 한다. 자를 때는 의념으로 나무를 완전히 관통해서 잘라야 하며, 나무를 자르는 폭은 얇으면 얇을수록 좋다. 처음에는 기가 약하게 느껴지지만, 수련이 진전됨에 따라 점점 더 강한 기가 나가는 것을 느낄 수 있다.

이 수련을 할 때는 나무 뒤편에 다른 사람이 없어야 한다. 또한 두 사람이 한 나무를 마주보고 수련을 해서도 안 된다. 그리고 이 수련은 사람을 상대로 수련해서도 안 된다. 어떤 나무와 마주섰을 때 혹 마음에 편치 않은 생각이 들면 그 나무를 상대로 수련하지 말고, 다른 나무를 찾아서 수련을 하도록 한다.

검지랍동(劍指拉動)

이 수련 동작은 십지종향절할을 응용한 수련으로 두 손가락 끝으로 나무를 자르는 것이다. 동작은 십지종향절할과 같으며 손 자세만 약간 다르다. 손의 모양은 둘째, 셋째 손가락만 펴고 나머지 세 손가락을 살짝 거머쥔 형태이다. 이러한 손 자세로 십지종향절할과 똑같은 동작을 하면 된다(사진 ①, ②).

호흡 역시 십지종향절할과 같다. 의념도 십지종향절할과 같게 하되, 나

사진 ①

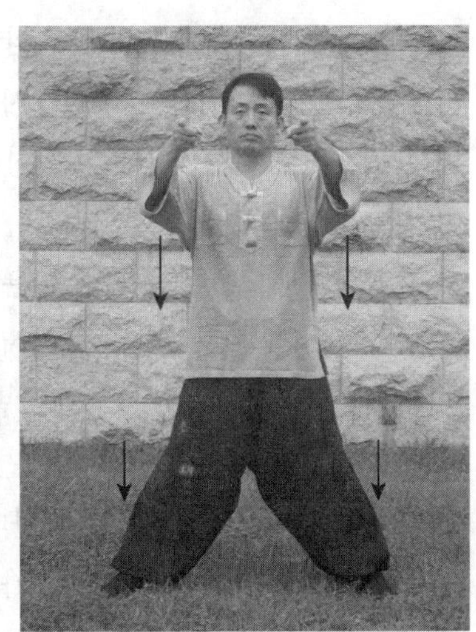

사진 ②

검지랍동

무에 구멍을 뚫는다는 의념을 갖도록 한다.

더 높은 단계에서는 검지(둘째) 손가락만을 펴고 같은 동작을 수련한다.

포구장(抱球掌)

쌍수상하랍동 및 십지종향절할을 응용한 수련으로 포구장(抱球掌)이 있다. 평형공의 응용 동작은 시공간상 제약으로 일반인들이 쉽게 수련할 수 없는 단점을 보완하여, 언제 어디서나 수련을 할 수 있도록 한 것이다. 특히 염결법(念訣法)을 가미하여 수련을 하면 기감(氣感)이 뛰어나고 효과가 더욱 크다. 평형공은 여러 참장공 자세로 수련이 가능하며, 여러 보법(步法)을 결합해서 수련하면 뛰어난 효과가 있다.

두 발을 어깨넓이보다 약간 넓게 벌리고 서서 심신을 방송(放松)한다. 그리고 두 손을 손바닥이 마주보게 해서 위로 올렸다가 두 손 사이에 기(氣)로 된 큰 공(氣球)을 안았다고 생각하고 서서히 아래로 무릎 높이까지 내리면서 동시에 무릎도 굽힌다(십지종향절할 사진 ①과 동일).

이렇게 자세를 취한 후에 옥액 삼키기를 한다. 그런 다음 손을 위로 올리면서 무릎을 편다(십지종향절할 사진 ②와 동일). 그리고 다시 손을 내리면서 무릎을 굽히는 동작을 반복한다. 이때 팔꿈치는 완전히 펴지 않으며 위아래로 움직일 때도 펴지거나 굽혀지지 않도록 한다. 손가락은 펴서 자연스럽게 모은다. 손가락 끝은 정면을 향하게 한다. 손을 위로 올리며 무릎을 펼 때는 천천히 숨을 마시면서 기를 흡입한다는 의념으로 전신의 모공(毛孔)을 통해 우주의 기를 받아들이고, 손을 아래로 내리면서 무릎을 굽힐 때는 천천히 숨을 토하면서 전신 모공을 통해 체내의 탁기(濁氣)를 내보낸다는 의념을 갖도록 한다.

이 때 결(訣)을 읽는 방법은 두 가지가 있다. 하나는 숨을 마시거나 토할 때마다 매번 결을 읽는 방법이 있고, 또 하나는 숨을 마실 때만 결을 읽는 방법이 있다. 결은 한 글자씩 읽는다. 수련을 마칠 때는 두 손을 하단전에 포개 놓고 잠시 호흡을 조절한 후 옥액을 삼켜 해당 규(竅)로 보내고 나서 수공을 한다.

3) 제3식 십지횡향절할(十指橫向切割)

수련 동작

이 동작은 양 손끝에서 나오는 기(氣)로 나무를 횡(橫)으로 자르는 것이다. 먼저 수련 준비자세를 취했다가 손바닥을 아래로 향하게 해서 두 팔을 앞으로 뻗는다. 양 손끝은 정면의 나무를 향하게 하고, 두 손의 간격은 어깨넓이 정도로 한다. 그리고 두 손을 양옆에서 몸 중앙을 향해 수평(橫)으로 밀어서 몸의 정중앙에서 두 손이 위아래로 놓이게 하는데, 윗손의 손바닥과 아랫손의 손등은 서로 닿지 않고 약 5센티미터 정도 간격이 되게 하고 서로 평행이 되도록 한다(사진 ①, 윗손은 왼손과 오른손 중 어느 손도 무방하다).

겹친 두 손을 그대로 가슴앞으로 당겨왔다가(사진 ②), 가슴 가까이에서 두 손을 좌 · 우로 수평이 되게 어깨넓이 정도로 옆으로 벌린다. 그리고 다시 두 손을 앞으로 약간 뻗는다(사진 ③). 그리고 나서 처음과 같이 두 손을 위아래로 겹치게 해서 횡으로 나무를 베는 동작을 한다(사진 ④ → 사진 ①).

무릎은 두 손 날로 한 번 자를 때마다 조금씩 굽히며 내려가고, 다 내려갔으면 다시 위로 조금씩 무릎을 펴서 올라오면서 수련을 한다. 한 번 내려가거나 올라 갈 때마다 되도록 얇게 횡으로 많이 자를수록 좋다. 약식으로 할 때는 두 손날로 자를 때 무릎을 굽히고, 두 손을 벌리며 무릎을 편다(사진은 약식 동작임).

이렇게 수십 회 이상 반복을 한 후 수련을 마칠 때는 자세를 바로 하고 방송(放松)을 했다가 다음 식으로 들어가거나 무극참장(無極站椿)을 한다.

사진 ①　　　　　　　　　　사진 ②

사진 ③　　　　　　　　　　사진 ④

제3식　십지횡향절할

호흡, 의념 및 유의사항

이 수련 역시 동작과 호흡이 일치해야 한다. 두 손을 양옆에서 몸 중앙으로 모으며 나무를 자를 때는 서서히 숨을 토한다. 그리고 다시 서서히 숨을 마시면서 두 손을 가슴쪽으로 끌어 당겼다가 옆으로 벌리고 앞으로 뻗는다.

동작을 할 때 의념은 양 손가락 끝에서 나온 기로 나무를 관통해서 횡으로 자른다고 생각을 한다. 자를 때는 얇게 자를수록 좋다.

이 수련의 유의사항은 앞의 십지종향절할과 같다.

4) 제4식 쌍추장(雙推掌)

수련 동작

먼저 준비자세를 취했다가 천천히 두 팔을 올리고, 두 손끝은 정면의 나무를 향하게 한다. 두 손의 간격은 어깨넓이보다 약간 넓게 하고, 손바닥은 아래를 향하게 한다. 양손을 몸통쪽으로 천천히 평행으로 당긴다(사진 ①). 두 손이 옆 가슴 가까이 오면 동작을 멈추고 다시 손목을 뒤로 꺾어서 손끝이 하늘을, 손바닥이 정면을 향하게 하고는 앞으로 천천히 밀어낸다. 손바닥을 다 민 상태에서도 팔꿈치를 완전히 쭉 펴지 말고 약간 굽힌 상태에서 동작을 멈춘다(사진 ②). 그리고 또 다시 손목을 펴서 손끝이 나무를 향하게 하고 서서히 앞으로 당긴다.

이 동작도 앞의 십지횡향절할과 마찬가지로 한 번 손을 당길 때마다 조금씩 무릎을 굽히고, 완전히 다 굽혔으면 다시 반대로 조금씩 무릎을 펴서 일어나면서 동작을 한다. 약식으로 할 때는 두 손을 당길 때 무릎을 펴고, 두 손바닥으로 밀 때 무릎을 굽힌다(사진은 약식 동작임).

호흡, 의념, 효과 및 유의사항

쌍추장을 수련할 때도 동작과 호흡이 일치해야 한다. 두 손을 가슴쪽으로 끌어당길 때에는 동시에 숨을 마시고, 앞으로 밀어낼 때는 숨을 토

사진 ①

사진 ②

제4식 쌍추장

한다.

특히 두 손을 가슴쪽으로 끌어당길 때는 나무(氣기둥)를 자신의 몸쪽으로 엎어지도록 당긴다는 의념을 갖고 당기도록 하고, 앞으로 내밀 때는 나무를 뒤로 넘긴다는 생각을 갖도록 한다.

쌍추장 수련의 효과는 다음과 같다. 먼저 내기(內氣)를 외부로 발사하는 능력, 즉 발공(發功) 능력을 키운다. 마실 때는 기(氣)가 들어오고, 이 기는 우리 체내에서 기(炁)로 바뀌었다가 토할 때는 기(氣)가 방출된다. 그리고 손을 앞으로 내밀 때는 체내의 탁기(濁氣)가 외부로 배출되는 작용을 한다. 아울러 폐활량이 증대된다. 이 동작은 특히 폐에 좋으며, 호흡기 질환의 치유효과가 크다.

이 수련을 할 때의 유의사항은 다음과 같다. 풍습(風濕), 관절염 환자는 하루에 2시간 이상 수련을 해야 한다. 그러면 탁월한 치료효과가 나타난다. 그리고 소세포인장암(小細胞鱗壯癌: 피부암의 일종) 환자는 이 수련을 하지 말아야 한다. 피부와 모공에 좋지 않은 영향을 미칠 수 있기 때문이다.

쌍추장의 실내 수련법

실내에서 하는 쌍추장의 동작은 자연물을 대상으로 하는 쌍추장과 동작은 완전히 같다. 다만 의념이 다르다. 두 발을 어깨넓이보다 약간 넓게 벌리고 서서 심신을 완전히 방송한다. 두 손을 천천히 눈높이 정도로 올려서 손목을 뒤로 꺾어 손가락 끝은 위로, 손바닥은 정면을 향하게 한다. 그리고 무릎을 굽혀 앉으면서 마보식 자세를 취한다. 허리는 곧게 세우고 팔꿈치는 완전히 펴지 않고 약간 굽힌 상태로 동작을 한다.

낮게 앉은 자세에서 옥액 삼키기를 한다. 그리고 천천히 무릎을 펴면서 꺾었던 손목을 곧게 펴서 두 손을 겨드랑이쪽으로 당긴다. 이때 숨을 마시면서 전신 모공을 통해 사면팔방의 기가 들어온다는 의념을 가지며 끌어당긴다. 그리고 손의 손목을 꺾어 앞으로 밀면서 무릎을 굽히고 앉는다. 동시에 숨을 토하면서 전신 모공을 통해 체내의 탁기를 사면팔방으로 내보낸다는 의념을 갖는다.

결을 읽는 방법은 포구장(抱球掌)과 같다. 수십 회 이상 반복 수련을 한 후 수련을 마칠 때는 두 손을 하단전에 포개 놓고 호흡 조절을 한 다음에 옥액을 삼켜서 해당 규(竅)로 보내고 수공을 한다.

허보(虛步) 쌍추장

허보식 자세에서 전후로 보공(步功: 제5장 5절 참조)을 하며 쌍추장을 수련할 수가 있다. 이때도 손동작과 호흡은 같다. 다만 뒤로 물러나거나 앞으로 나가며 두 손을 뒤로 당기고, 허보식 자세를 취한 후 하체를 정지한 상태에서 두 손을 앞으로 민다.

더 높은 단계에서는 허보식으로 앞이나 뒤로 이동을 한 후에 다시 앞

무릎을 굽히고 뒷무릎을 편 궁보식(弓步式) 자세를 취하면서 두 손을 앞으로 밀도록 한다.

대인(對人) 쌍추장

쌍추장은 2인이 함께 수련할 수도 있다. 서로 마주 서서 한 사람은 허보식으로 뒤로 물러나며 두 손을 뒤로 당기고, 동시에 한 사람은 앞으로 나오며 앞사람을 향해 두 손을 민다. 이때 미는 사람은 의념으로 자신의 기(氣)를 상대방에게 보내고, 당기는 사람은 의념으로 상대방의 기를 자신에게 끌어오도록 한다. 이와 같이 보공을 하며 서로 동작을 주고 받도록 한다.

5) 제5식 단벽장(單劈掌)

제4식까지의 평형공은 상하좌우가 균형이 되는 수련법이다. 그러나 제5식 단벽장은 유일하게 좌우가 불균형인 불평형의 평형공이다. 우리는 이 불평형의 공법을 통해 인체의 균형 능력뿐 아니라 대뇌의 균형 능력을 높여주며 정경(正經)과 부경(副經)이 평형을 이룰 수 있다.

단벽장은 평형공의 모든 동작이 종합된 것이다. 이 동작을 정확히 하는가에 따라 평형공을 잘 체득했는지를 알 수 있다. 평형공의 모든 동작들은 내가권법(內家拳法)을 분해한 동작이지만 특히 단벽장은 방어와 공격의 뛰어난 무술 원리가 담겨 있다.

수련 동작

단벽장 역시 준비 자세를 취했다가 동작을 시작한다. 먼저 오른손을 올려 제1식과 같이 손바닥 장심(掌心)이 나무를 향하게 하고, 왼손은 손바닥을 아래로 해서 지면과 수평이 되게 하여 몸 정중앙의 하단전 앞에 놓는다. 이때 왼손의 손가락 끝은 나무의 중심을 향하게 한다(사진 ①).

그리고 위의 오른손을 천천히 아래로 내리면서(제1식과 동일함) 아래의 왼손을 손가락 끝이 나무를 향해 있는 그대로 몸의 정중앙선을 따라 수직으로 위로 올린다. 손의 높이는 자신의 눈높이를 초과하지 않도록 한다. 이 동작과 함께 무릎도 천천히 굽힌다. 상체는 곧게 세운 상태를 유지한다(사진 ②).

그리고 아래위에 있는 손을 서로 반원(半圓)을 그리며 위치가 반대로 되게 돌려준다. 즉 위 중앙에 있던 왼손은 위에서 아래로 반원(시계바늘 반대방향으로)을 크게 그려 오른손의 위치와 반대가 되는 위치로 내린다. 동시에 아래에 있던 오른손(오른쪽 무릎 위에 있음)은 아래에서 위로(시계바늘 반대방향으로) 원을 크게 그려 위에 있던 왼손과 같은 위치(몸의 정중앙 시선 높이)로 올려놓는다(사진 ③).

다시 이 자세에서 가운데 위쪽에 있는 오른손은 손가락 끝이 나무를 향하게 하고, 아래의 왼손 역시 손바닥 장심이 나무를 향한 상태에서 두 손을 수직으로 위 아래로(서로 반대방향으로) 이동시킨다. 이때는 무릎을 펴면서 서서히 일어난다. 두 손의 동작은 동시에 이루어지도록 한다(사진 ④).

그리고 다시 위아래의 손을 수직으로(서로 반대방향으로) 교차하여 가운데 왼손이 위로 올라가고, 오른손이 아래로 내려오게 한다. 동시에 무릎을 굽혀서 자세를 낮춘다(사진 ③). 이와 같은 동작을 수십 회 이상 반복한다(사진 ③→사진 ②→사진 ①→사진 ②→사진 ③→사진 ④→사진 ③ …).

두 손의 동작이 원을 그리며 좌우로 바뀌는 것은 가운데 있던 손이 아래로 내려왔다가 다시 위로 올라갔을 때(중앙에 있는 손이 항상 위에 있을 때)이며, 두 손 모두 반원을 그리며 위 아래로 교체한다. 가운데 있는 손이 위 아래로 움직일 때도 항상 손끝은 정면의 나무를 향하고 손바닥은 항상 지면과 수평이 되며, 반대쪽 손은 손바닥 장심이 항상 나무를 향해야 한다.

제5식 단벽장

무릎을 굽히고 펴는 기준은 중앙에 있는 손이다. 가운데 있는 손이 아래로 내려올 때 동시에 무릎을 펴고, 위로 올라갈 때 동시에 무릎을 굽힌다. 특히 이는 손동작이 바뀔 때도 멈추지 않고 자연스럽게 연결이 되도록 해야 한다.

수련을 마칠 때는 무릎을 펴고 두 손을 내려 자연스럽게 섰다가 다음 식으로 들어가거나 무극참장을 한다.

호흡, 의념 및 효과

단벽장 역시 호흡과 동작이 일치해야 한다. 동작을 하면서 무릎을 펼 때에는 언제나 숨을 마시고, 무릎을 굽힐 때에는 숨을 토한다.

특히 두 손이 위아래로 움직일 때 의념은 가운데 있는 손끝과 옆에 있는 왼손(혹은 오른손)의 장심을 따라 나무의 기도 같은 방향으로(위아래로) 동시에 움직인다는 생각을 하도록 한다.

이 수련은 중풍과 반신 불수, 관심병의 예방 및 치료에 큰 효과가 있다. 특히 사지(四肢)를 제대로 움직이지 못하는 사람에게 효과가 좋다. 병으로 누워서 움직이지 못하는 사람도 부축하지 않고 일어날 수 있게 해준다 (환자는 무릎을 약하게 굽히면서 수련하고, 일어서지 못하는 사람은 앉은 자세에서 먼저 손동작만 수련하면 된다). 이 수련은 특히 노인에게 좋으며, 노인성 질환에도 큰 효과가 있다. 또한 이 수련을 열심히 하면 무술로서 자기 방어가 가능하다.

단벽장(單劈掌)의 실내 수련법

실내에서 하는 단벽장 동작도 동작은 같고 의념만 다르다. 즉 숨을 마실 때는 전신 모공을 통해 사면팔방의 기가 몸 안으로 들어오고, 토할 때는 체내의 탁기(濁氣)가 전신 모공을 통해 사면팔방으로 배출된다는 의념을 갖는다. 두 손을 바꿀 때는 마치 큰 공을 안아 돌린다는 의념으로 원을 그리면서 신속히 바꾼다.

초보자는 동작이 다소 어려우므로 염결법은 생략하고 먼저 동작을 정확하게 익혀야 한다. 동작이 완전히 익숙해지면 염결법을 병행하도록 한다. 결을 읽는 방법은 앞의 수련법과 동일하다.

수련을 마칠 때는 무릎을 펴고 서서 두 손을 하단전에 포개고, 호흡을 조절한 후에 옥액을 삼켜 하단전(해당 규)으로 보내어 수공을 한다.

허보(虛步) 단벽장

이 동작 또한 마찬가지로 여러 가지 보법과 결합해서 수련할 수 있다. 허보식으로 전진 혹은 후진하는 보를 밟으며 수련을 할 경우에는 두 가지 방법으로 수련할 수 있다. 우선 두 팔로 반원을 그려서 위치를 바꿀 때만 보(步: step)를 밟기도 하고, 또는 매 동작마다 보를 밟으며 수련을 할 수도 있다.

6) 제6식 쌍추맥(雙推脈)

제5식까지의 기본 동작은 하체가 고정된 자세(마보식)로 수련을 하지만 이 식은 전진(前進) 혹은 후진(後進)하는 허보식의 보(步: step)를 밟으며 동작을 한다. 이 수련 역시 천천히 할수록 효과가 크다.

수련 동작

먼저 준비식을 한 다음 왼발을 한 걸음 뒤로 물려서 허보식의 자세를 취한다(오른발을 먼저 해도 상관이 없다). 동시에 두 손을 앞으로 뻗어서(사진 ①) 마치 물건을 들어올리듯이 원을 그리며 머리 위로 높이 올린다(사진 ②). 그리고 머리 위에서 두 손바닥을 포갠 채로 임맥(任脈: 몸 앞쪽의 중앙선)을 따라 하단전까지 내린다(사진 ③).

그리고 다시 하단전 부위에서 포갠 두 손바닥을 수평으로 오른쪽을 향해 약간 옆으로 밀었다가 다시 포개었던 두 손을 꽃봉오리처럼 양옆으로 벌려서 다리와의 간격을 각각 5센티미터 정도로 하고 발을 감싸듯이 하

사진 ①　　　　　사진 ②

사진 ③　　　　　사진 ④

제6식　쌍추맥

며 발가락 끝까지 밀고 내려간다. 이때 두 손바닥의 장심(掌心)은 다리의 중앙을 향하며, 벌린 손은 손목이 밖으로 꺾인 상태에서 손목 부분이 좁고 손가락 부분이 넓게 한다. 시선은 손을 따라 움직이고, 몸의 무게 중심은 항상 뒷발에 둔다(사진 ④).

발끝까지 내렸던 두 손을 조금 더 벌리며 앞으로 뻗었다가 다시 처음과 같이 머리 위로 높게 올리고 동시에 앞발을 들어 뒤로 물러서며 자세가 반대로 되게 한다. 발을 옮길 때는 발바닥이 지면과 수평이 되도록 하며 자세는 무릎을 굽혀서 항상 낮은 자세를 유지하도록 한다(동작이 끝날 때까지 계속 낮은 자세가 유지되어야 한다). 앞발은 발가락 끝이 앞을 향하게 하고, 뒷발은 45도 옆을 향하도록 한다. 그리고 다시 두 손을 포개어서 임맥(任脈)을 따라 하단전으로 내렸다가 옆으로(왼발 방향으로) 약간 밀어온 후에 두 손을 서서히 벌렸다가 두 손바닥으로 발을 감싸듯이 하면서 처음과 똑같이 발가락 쪽으로 밀어 내린다.

쌍추맥 동작은 먼저 삼보공(三步功)으로 수련한다. 즉 뒤로 3보 물러나며 동작을 하고 다시 앞으로 3보 전진하며 수련을 하는데, 이를 여러 차례 반복한다. 처음에는 3보씩 앞뒤로 움직이지만 수련이 깊어지면 6보, 12보로 늘려서 할 수가 있다.

수련을 마칠 때는 앞발(혹은 뒷발)을 당겨서 두 발이 평행이 되게 하고, 두 손을 내려 자연스럽게 섰다가 다음 식으로 들어가거나 무극참장(無極站椿)을 한다.

호흡, 의념과 효과

손을 앞으로 뻗어서 머리 위로 올렸다가 임맥을 따라 하단전 부위로 내릴 때에는 계속해서 숨을 마신다. 그리고 손을 단전에서 옆으로 밀 때는 잠시 호흡을 멈추었다가 다리 아래로, 내릴 때는 계속해서 숨을 토한다. 손을 위로 올릴 때부터는 숨을 마시기 시작한다.

앞에 있는 나무의 기(氣)를 끌어와서 머리의 천문(天門: 百會)으로 받아들인다는 의념으로 두 손을 들어올리고, 다시 천문의 기를 하단전으로 내려서 모은다는 마음으로 두 손을 포개서 내린다. 그리고 다리(앞발)을 따라 두 손을 밀어 내릴 때는 체내의 기(氣)를 지문(地門: 용천)을 통해 밖으로 배출한다는 의념을 갖도록 한다. 동작을 마치고 나면 나무를 등지고 서서 무극참장으로 수련을 마무리한다.

이 수련 또한 인체의 여러 경락과 임맥(任脈)을 소통시키는 효과가 있다. 그리고 몸 안으로 우주의 기를 받아들이고 몸안의 탁기를 내보내게 된다. 이 수련은 특히 임맥(任脈)상에 작용이 크며, 내장의 독성을 배출하는 데 탁월한 효과가 있어서 간장, 비장, 위장 등의 질병 치료에 효과가 좋다. 이 동작을 잘 익히면 타인을 치료할 수 있는 능력을 갖게 된다. 비위(脾胃)가 안 좋은 사람은 왼발부터, 간담(肝膽)이 안 좋은 사람은 오른발부터 물러나며 수련을 시작한다. 주위에 큰 나무가 없을 때는 풀밭에서 쌍추맥 수련을 해도 좋다.

마보식(馬步式) 쌍추맥(雙推脈)

쌍추맥은 마보식 자세로 연마해도 된다. 먼저 두 발을 어깨넓이보다 넓게 벌리고 마보식 자세로 서서 심신을 완전히 방송한다. 두 손을 무릎 부근까지 내려 손바닥이 아래를 향하게 하고 동시에 무릎도 굽힌다. 허리는 곧게 편다.

이 자세에서 옥액 삼키기를 한다. 그리고 나서 무릎을 펴면서 두 손을 머리 위로 천천히 올려서 양 손끝을 포개어 손바닥이 천문(天門)을 향하게 한다. 즉 올리는 손은 손바닥을 위로 하여 어깨넓이보다 약간 넓은 정도로 벌려서 무언가를 퍼담아 올리듯 하고, 위로 가면서 두 손을 모아 머리 위에서 두 손바닥을 포개 양 손바닥이 천문을 향하게 한다. 이때 올리는 손은 무릎 앞에서부터 머리 위로 원을 그리게 된다.

그리고 포갠 손을 천천히 임맥(任脈)을 따라 하단전까지 내린다. 이때 두 손바닥은 임맥을 향하게 한다. 하단전에서 두 손을 풀어서 좌우 옆으로 밀고 손바닥의 방향을 바꾸어 아래로 향해 양손을 각각 다리 아래쪽으로 쭉 밀어내면서 동시에 같이 무릎을 굽힌다. 역시 허리는 곧게 세운다. 이러한 동작을 여러 번 반복하면서 수련을 한다.

굽혔던 무릎을 펴면서 두 손을 위로 올릴 때 숨을 마시기 시작해서, 두 손을 포개 하단전으로 내릴 때까지 계속해서 마신다. 하단전에서 양옆으로 벌릴 때는 숨을 잠시 멈추었다가 양다리 아래쪽으로 밀어낼 때는 숨을 토한다. 두 손을 올리고 포개서 머리 위부터 하단전으로 내릴 때는 천문(天門)을 통해 우주의 기가 들어와 임맥을 따라 하단전에 모인다는 의념을 갖도록 한다. 하단전에서 두 손을 다리 아래쪽으로 내리밀 때는 체내의 탁기가 발의 경맥(經脈)을 따라 내려가 지문(地門)을 통해 몸 밖으로 배출되어 지하로 들어간다는 의념을 갖도록 한다.

결(訣)을 읽는 방법은 앞의 수련법과 동일하다.

수련을 마칠 때는 무릎을 펴고 서서 두 손을 하단전에 포개놓고 호흡을 조절한 다음 옥액을 삼켜 해당 규(竅)로 보낸 후 수공(收功)을 한다.

7) 제7식 쌍압장(雙壓掌)

수련 동작

이 동작은 원래 전진도(全眞道)의 주요 공법인 팔괘구궁보(八卦九宮步)에서 수련하는 동작으로 평형공처럼 응용할 수가 있다. 두 발을 어깨넓이 보다 약간 넓게 벌리고 서서 심신을 방송한다. 두 손을 들어서 가슴 높이로 올리고 손목을 뒤로 꺾은 상태로 두 손의 장심을 마주 대서 합장(合掌)을 한다. 허리는 자연스럽게 편다.

옥액 삼키기를 한 후에 서서히 숨을 깊이 마신다. 그리고 두 손을 옆으로 수평이 되게 천천히 벌리면서 무릎을 굽힌다. 동시에 숨을 토하면서 전신 모공을 통해 사면팔방으로 탁기를 내보낸다는 의념을 갖는다. 그리고 다시 두 손을 수평으로 당겨서 가슴 앞에 모아 합장을 하면서 무릎을 편다. 동시에 숨을 마시면서 전신 모공을 통해서 사면팔방의 기를 흡입하는 의념을 갖도록 한다.

결을 읽는 방법이나 수련의 마무리는 앞의 식과 동일하다.

허보(虛步) 쌍압장

쌍압장 역시 허보식으로 전진 혹은 후진하는 보(步)를 밟으며 수련할 수 있다. 팔과 호흡은 기본 수련과 같다. 다만 토할 때 팔을 양옆으로 벌리면서 후진(혹은 전진)하는 보를 밟는다(사진 ①). 그리고 자세를 잡은 후에 팔을 모아 합장을 하면서 숨을 마신다(사진 ②).

사진 ①

사진 ②

쌍압장

제 5 장

●

동공(動功)

1. 동공이란 무엇인가

동공의 의미

동공(動功)은 역동적으로 몸을 움직이면서 하는 수련이다. 동공에는 수많은 종류가 있으며, 각 문파(門派)마다 다양한 동공 수련법이 있다.

기실 전통적인 여러 몸짓들은 모두 동공의 일종이라고 할 수 있다. 고전무용이나 전통무술의 몸짓은 모두 기의 원리를 바탕으로 만들어진 동공이며, 우리의 탈춤이나 민속놀이도 바로 동공이다. 고전무용에서 손목이나 손가락을 슬쩍 튕기는 동작도 기의 원리를 체득하고 나면 그 깊은 묘미를 알게 된다. 나아가 '삶이 곧 도(道)' 라는 말처럼, 우리의 일상 생활 일거수 일투족─일을 하거나 말을 하거나 걷는 것 등─모두 동공과 관련이 있으며, 광의의 동공이라고 할 수 있다.

동공의 종류

동공에는 운기(運氣) 여부에 따라 크게 두 가지 종류가 있다. 우선 특별한 운기를 하지 않고 그냥 동작만 하는 동공이 있으며, 또 한 가지는 의념으로 운기를 하면서 하는 동공이 있다.

후자의 대표적인 것으로는 동공팔식(動功八式)이 있으며, 전자의 경우에는 기무용(氣舞)이나 기무술(氣武), 기체조 등이 있다. 또한 옛 스승들은 일상 생활과 관련한 여러 가지 수련법도 만들어 놓았는데, 이 중에서 걸어가면서 하는 수련인 보공(步功)이나 절을 하면서 하는 수련인 배공(拜功) 등이 있다. 이들은 전자에 속하는 중요한 동공 수련법이다.

각 문파의 전통적인 동공들은 대부분 휘고 감기고 도는 기의 흐름을 형상화한 것으로 동작 자체에 운기 효과가 담겨 있고, 특히 기감(氣感)이 뛰어난 것이 특징이다.

수련 준비와 마무리

동공을 시작할 때는 먼저 다음과 같이 수련 준비를 한다. 자세는 두 발을 어깨 넓이 정도로 벌리고 편안하게 선다(이때 무릎을 약간 굽히면 더욱 좋다). 심신을 방송(放松: 이완)하고 의념으로 삼문(三門)을 연 후에 신광운행(神光運行)과 내시반조(內視返照)를 한다. 즉 시선을 정면 한 지점에 고정시키고 응시하였다가 그 지점의 빛을 상단전(上丹田)으로 끌어당긴다. 그리고 나서 눈을 감고 마음의 눈으로 상단전의 빛을 내시(內視)하였다가 하단전(혹은 해당 竅)으로 보낸다. 그리고 옥액을 삼켜서 하단전(또는 해당 규)으로 보낸다. 그리고 나서 동공을 시작한다. 수련을 마칠 때는 편안하게 서서 잠시 호흡을 조절한 후에 수공(收功)을 하면 된다.

유의사항

동공 수련 중에는 몸을 부드럽게 하고 특히 허리를 펴며, 심신을 완전히 방송하여 기의 유통과 집산(集散)이 잘 되도록 해야 한다. 혀는 계속 입 천장에 붙여서 임맥과 독맥의 소통이 원활하게 하고 기의 흐름이 끊기지 않도록 한다.

정신(神)이 맑아지면 형체(形)가 안정되고, 형체가 안정되면 기가 원활하게 소통될 수 있다. 따라서 수련 중에는 정신을 집중하고 잡념을 배제하면 기가 안정되어 머리가 맑아지고 천지와 혼연일체가 되는 것을 체험하게 된다.

호흡은 특별한 요구가 없는 한 고요하고 자연스럽게 하면 된다(숨은 언제나 코로만 쉰다).

2. 동공팔식

1) 동공팔식의 의미와 유래

의미와 유래

동공팔식은 원극공(元極功) 장문인 장지상(張志祥) 선생이 전래의 태일도(太一道) 수련법을 현대적으로 체계화한 수련법이다. 이는 동작이 간단하고 쉬워서 누구나 연마할 수 있으며, 기감(氣感)과 함께 수련 효과가 뛰어난 것이 장점이다.

동공팔식은 내기(內氣)가 끊임없이 기경팔맥(奇經八脈)과 십이정경(十二正經)으로 잘 소통되도록 하며, 전신의 각 장부·기관과 교류하게 한다. 안으로는 내장에, 밖으로는 피부와 모공에 영향을 주어 오장육부 간의 조화를 유지하게 하고 우리의 몸과 외부 환경 사이에도 조화와 통일을 이루게 한다. 즉 동공팔식은 열리고 닫히고, 모이고 흩어지는 각 식의 여러 동작을 통제하여 기혈(氣血)을 조화시키고 음양이 평형을 이루도록 하며, 경맥을 소통시키고 오장육부를 조화시키며, 관절의 운동을 촉진하여 사지(四肢)를 관통시킴으로써 체내의 기(氣)를 조절한다.

동공팔식은 생화반(生化返: 생성, 변화, 회귀)의 법칙에 따라 먼저 명(命:

육체)을 수련하고 대사계(代謝系)를 조절하며, 아울러 정신계(精神系)를 발전시켜 성(性: 본래 마음)이 동(動)하고 명(命)이 정(靜)함으로써 성명(性命)이 서로 합하게 하는 중요한 수련법이다.

유의사항

먼저 동작을 원활하게 할 수 있도록 잘 익혀야 한다. 그리고 동작과 기(氣)의 운행이 일치되게 배합시키고 나아가 결(訣)[1]을 기의 운행에 융화시킨다. 수련 중에 몸의 변화를 잘 감지하고 부단히 그 동작의 공능(功能)과 목적을 체험하여 깨달아야 한다. 그리고 수련은 제1식부터 차례대로 하는 것이 보다 효과적이다.

동작을 할 때는 언제나 괄약근(항문 근육)을 수축하고 발가락이 땅에 박힌 듯이 하여 숨은 힘을 관통시키도록 한다. 괄약근 수축은 억지로 힘을 쓰는 것이 아니라 동작에 따라 자연스럽게 조절한다. 괄약근 수축은 기의 상승을 돕고 미려관(尾閭關)과 독맥(督脈)을 여는 데 도움을 주며, 요추(腰椎)를 바르게 해준다. 열 발가락이 땅에 박힌 듯이 디디면 여러 경락(經絡)이 활동하여 지기(地氣)를 잘 흡수할 수 있다.

수련 중에는 각 동작에 의념을 집중하여 마음에서 규(竅), 규에서 사지(四肢)·백해(百骸)에 이르기까지 상하를 고루 돌보아 기(氣)가 흩어지지 않게 해야 한다. 규에 마음을 고정시키고 눈은 손을 따라 함께 움직이게 한다. 수련이 심화되면 마음과 규 그리고 손은 저절로 하나로 융화가 된다.

수련 중에 호흡은 편안하고 자연스럽게 한다. 수련이 진전됨에 따라 모공이 열려서 전신의 모공호흡으로 바뀌게 된다.

수련시 유의사항은 다음과 같다.

---

1) 결(訣)에 대해서는 제6장 4. 염결법을 참고할 것.

첫째, 외부의 육체적 운동을 통해 내부의 기혈(氣血)이 원활하게 활동해야 한다. 그러므로 동작은 부드러운 가운데 실(實)하고 원만해야 한다. 또한 동작이 정확하고 편안해야 기가 잘 통할 수 있다.

둘째, 동(動)과 정(靜)을 결합하고 강(强)과 유(柔)를 겸해야 한다. 또한 상하가 통일되고 좌우가 잘 배합되어 일거일동이 조화를 이루도록 해야 한다.

셋째, 동작 중에는 의념으로 규(竅)나 운기노선(運氣路線)를 지키며 시종일관 결(訣)을 읽는 것이 보다 효과적이다. 결을 읽는 속도는 각자 자신에게 맞게 하되, 유쾌하고 가벼운 느낌이 나야 한다.

수련 방법

각각의 식(式)은 기본적으로 10번 수련을 하여 8식까지 총 80번 수련하는 것을 원칙으로 한다. 이것이 잘 되면 수련의 양을 점진적으로 늘려서 160번 또는 그 이상 수련을 할 수 있다.

처음 수련을 할 때는 횟수를 스스로 조정한다. 수련 후 심신이 편안하고, 단전과 온몸에 힘이 넘치는 느낌이 드는 상태일 때가 자신에게 맞는 표준량이다. 처음에 너무 무리하게 수련을 하면 혹 어지럽거나 메스꺼운 현상이 나타나기도 하는데, 이는 몸 안에 많은 새로운 기가 들어와서 나타나는 현상으로 수련의 양을 조절하면 곧 사라지게 된다.

수련은 유연하고 자연스럽게 하며 숨은 힘(氣)을 사지(四肢)에 관통시키고 전신에 통하게 해야 한다.

제1식부터 차례로 연습하여 제8식까지 다 익힌 후에는 여덟 가지 식을 처음부터 끝까지 연속적으로 수련할 수도 있고, 상황에 따라 어느 한 식이나 몇 개의 식을 선택하여 수련할 수도 있다.

동공의 동작 중에 좌에서 우로 하는 것은 모두 남자의 수련방법이며, 여자는 그와 반대로 우에서 좌로 동작을 한다.

2) 동공팔식

(1) 제1식 양도음장(陽導陰長)

이 식은 하단전에 축기(蓄氣)를 목적으로 하며, 동공팔식 모든 동작의 관건이다. 이 동작을 잘 하게 되면 나머지 동작들도 쉽게 할 수 있다.

동작

편안하게 서서 수련 준비를 한 후 두 손을 들어서 양옆구리에서 원을 그리면서 손등이 마주 닿게 해서 하단전 앞에서 모은다(사진 ①). 그리고 하단전 앞에 모은 손을 그대로 임맥(任脈)을 따라 위로 올려 천돌혈(天突穴: 목 아래 함몰부) 앞에서 마주 붙였던 손등을 옆으로 벌려서 손끝이 맞닿게 한다(사진 ②). 이 때 손목은 반듯하게 펴고 서로 맞닿은 손끝은 천돌혈 앞에 위치하며 양팔꿈치 사이는 일직선이 된다.

계속해서 손바닥을 정면으로 향하게 해서 눈높이까지 올리고 다시 위로 향하게 해서 하늘을 떠받치듯이 머리 위로 뻗어 올린다. 이 때 허리와 목도 뒤로 젖히고, 시선은 손등을 향하게 한다(사진 ④). 그리고 다시 허리와 목을 바로 하여 정면을 향하게 한다(사진 ③).

다시 맞닿은 양 손끝을 벌리면서 좌우로 양 어깨와 일직선이 될 때까지 내린다. 이 때 손바닥은 위에서 꺾인 그대로 내려와 양옆을 향한다(사진 ⑤). 그 자세에서 양 손목을 한 번 더 살짝 꺾는다.

그리고 위로 꺾여 있던 손목의 힘을 빼서 자연스럽게 손목을 아래로 늘어뜨린다(사진 ⑥). 그러면서 두 손을 내려서 하단전을 끌어안듯이 두 손의 인문(人門)을 포개어 하단전에 놓는다. 두 손을 포갤 때 남자는 오른손을 밖으로(여자는 왼손을 밖으로) 해서 포갠다(사진 ⑦).

두 번째 동작을 할 때는 그대로 단전에 포갰던 두 손을 옆으로 벌려서

사진 ①

사진 ②

사진 ③

사진 ④

사진 ⑤

사진 ⑥

사진 ⑦

제1식 양도음장

양 옆구리 근처에서 손목을 한 바퀴 돌려서 단전 앞에서 다시 손등을 대고 처음과 똑같이 동작을 하면 된다.

운기노선(運氣路線)

두 손으로 원을 그려서 하단전 앞에 손등을 마주 대놓을 때 지문(地門)을 통해 들어온 지기(地氣)는 다리 안쪽 음경맥(陰經脈)을 따라 하단전으로 모인다. 그리고 두 손을 임맥을 따라 천돌혈로 올릴 때 하단전의 기도 함께 임맥을 따라 천돌혈로 올라간다.

두 손을 머리 위로 올릴 때 천돌의 원기는 양쪽으로 갈라져 양손의 음경맥을 따라 인문(人門)까지 올라간다. 그리고 두 손을 옆으로 벌려서 내릴 때 인문의 기는 다시 양손 음경맥을 따라 내려와 천돌혈에 모이게 된다. 이때 손목을 약간 더 뒤로 꺾으면 인문에 자극이 오며, 몸 안의 폐기(廢氣)·탁기(濁氣)가 인문을 통해 밖으로 배출된다. 그리고 나서 손목을 아래로 향하고 팔을 내려서 하단전으로 모을 때 천돌의 기는 다시 임맥을 따라 하단전으로 내려온다.

여러 차례 수련한 후 마칠 때는 두 손을 하단전에 포개고 옥액을 삼켜 하단전으로 보낸 후 수공(收功)을 한다.

수련 효과

이 식은 임맥(任脈)과 독맥(督脈)을 관통시켜 전신의 음양(陰陽)을 통솔하고 양이 인도하여 음이 자라게 한다. 구체적인 수련효과는 다음과 같다.

우선 손가락·손바닥으로 기가 많이 모이므로 이 부위가 저리고 열이 나며, 전신에서도 열이 난다. 또한 천문(백회), 지문(용천), 인문(노궁), 하단전이 모두 약동을 하며 열이 난다. 인문에서 향기가 나기도 한다. 특히 남자는 왼손, 여자는 오른손에서 처음에는 연하게 향내가 나다가 나중에는 짙게 난다. 또한 임맥과 독맥이 소통되어 천지와 상통하고 발이 땅에 뿌리를 박고 머리가 하늘을 뚫는 듯하며, 하늘을 떠받치고 땅 위에 우뚝 솟은 듯한 기백(氣魄)이 나타난다.

아울러 임맥과 독맥의 소통을 통해 사지를 관통하고 승강, 개합(開闔)하며 (탁한 옛 기를 배출하고 맑고 깨끗한 새 기를 받아들인다(吐故納新)의 공능(功能)을 갖게 된다. 또한 기관지염, 기관지 확장, 기침, 천식, 규폐증, 감기 등 폐 질환과 심장의 질병을 치료할 수 있다.

수련 중에는 몇 가지 유의사항이 있다. 우선 고혈압, 관심병과 천식이

심한 환자는 수련시 손을 위로 올려 쭉 펼 때 전신을 느슨하게 하고 인문 (人門: 노궁)으로 우주의 기를 받아들여야 하며, 아래로 내릴 때는 의념으로 인문을 통해 탁기(濁氣)를 배출하도록 해야 한다.

수련의 기준은 기가 경맥(經脈)과 사지를 관통하는 감이 있는가 하는 것이다. 이 층차의 공부는 하단전을 주요 기지(基地)로 하여 기의 운행을 통제하는 것이다. 그러므로 시작과 끝은 모두 하단전으로 귀착된다.

(2) 제2식 음양교합(陰陽交合)

이 식은 허리를 중심으로 좌우로 돌리는 운동을 하여 대맥(帶脈)을 관통시킨다. 이로써 여러 경맥을 총체적으로 제어하고 오장(五臟)을 조절하여 대뇌와 상통하고 서로 돕게 함으로써 전신의 음양이 상합(相合)되게 한다.

동작

차려 자세에서 손바닥을 아래로 향한 채 두 손을 위로 천천히 올린다. 손가락은 정면을 향하며, 올린 손 높이는 가슴 높이 정도가 되게 하고 어깨 높이를 초과하지 않는다(사진 ①).

먼저 두 손을 왼쪽으로 서서히 180도 돌린다(여자는 반대로 오른쪽으로 돌린다). 손 높이는 처음 그대로를 유지하여 지면과 수평이 되게 돌리고 몸통, 고개와 시선은 손을 따라 돈다. 두 발은 마치 깊이 뿌리를 박은 나무처럼 움직이지 않는다(사진 ②).

다시 두 손을 앞과 같은 방법으로 오른쪽으로 360도 돌린다. 그리고 다시 왼쪽으로 360도 돌리고, 또 오른쪽으로 360도 돌리는 것을 반복해서 한다.

사진 ① 사진 ②

제2식 음양교합

운기노선(運氣路線)

의념으로 천문(天門)을 통해 천기(天氣)를 받아 임맥을 따라 아래로 내려 중단전으로 모으고 지문(地門)으로 지기(地氣)를 받아 발 안쪽 음경맥을 따라 올려서 하단전으로 모은다.

그리고 두 손을 천천히 올리면서 의념으로 하단전의 기를 올려 중단전의 기와 합한다. 두 손을 왼쪽으로 180도 돌릴 때 중단전의 기는 대맥(帶脈)을 따라 왼쪽으로 대횡, 천추, 대맥, 경문, 지실, 신유, 명문을 돌아 다시 오른쪽의 신유, 지실, 경문, 대맥, 천추, 대횡을 거쳐서 360도 돌아서 제자리(중단전)로 돌아온다.

두 손을 오른쪽으로 360도 돌릴 때 중단전의 기는 오른쪽으로 360도 돌아서 제자리로 온다. 그리고 다시 왼쪽으로 360도 돌릴 때 중단전의 기는 왼쪽으로 360도 돌아서 제자리로 온다. 이렇게 두 손이 도는 방향과 같은 방향으로 중단전의 기는 대맥을 따라 돌아서 다시 중단전으로 돌아오기를 순방향, 역방향으로 반복한다.

마무리를 할 때는 오른쪽으로 360도 돌렸던 두 손을 왼쪽으로 180도 돌려서(여자는 반대로 오른쪽으로 돌림) 정면으로 오게 한 다음 아래로 내릴 때 이와 함께 중단전의 기를 하단전으로 내린다.

그리고 두 손을 하단전에 포개 놓고 옥액을 한 모금 삼켜서 하단전으로 보낸 후에 수공(收功)을 한다.

수련 효과

이 식을 수련하면 다음과 같은 수련 효과가 있다. 우선 허리와 손을 돌릴 때 손에서 바깥으로 기가 나가면서 파동을 하는 감각이 손에 생긴다. 또한 중단전과 명문이 약동하고, 이를 따라 대맥에 열이 생긴다.

이 수련은 대맥을 관통시켜 허리병, 신장 질병, 어지럼증, 두통, 경추(頸椎) 질병 등을 치료할 수 있고, 하체가 허약하거나 마비된 경우에도 치료 효과가 있다. 특히 여성들의 대하, 생리불순 등에도 좋은 효과가 있다.

이 식을 수련할 때는 몇 가지를 유념해야 한다. 이 식을 처음 수련할 때 혹 어지럽거나 메스꺼운 증세가 나타날 수도 있는데 이런 증세가 심하면 수련의 양을 줄이고, 가벼울 경우 며칠간 계속 수련을 하면 없어진다. 또한 수련을 할 때는 동작을 완만하게 해야 한다. 경솔하게 하다 보면 하체가 불안정하게 된다.

그리고 손을 좌우로 돌릴 때는 반드시 360도가 되게 돌린다. 또한 좌우로 돌리는 것은 허리를 축으로 하며, 머리·눈·허리는 손을 기준으로 일체가 되어 움직이게 한다.

(3) 제3식 음극양생(陰極陽生)

이 식은 허리를 앞으로 굽히고 뒤로 젖혀 척추의 마디마디를 원활히 움직이게 하는 것으로 세심하게 체득해야 한다. 이 수련을 통해서는 양교맥(陽蹻脈)과 음교맥(陰蹻脈)을 소통시켜 임맥과 독맥으로 돌아가게 한다.

수련 동작

인문(人門)을 연 후에 두 손을 들어서 허리 뒤의 양쪽 신장(腎臟) 부위에 댄다(사진 ①). 다리는 곧게 펴고 고개를 뒤로 젖혔다가 허리를 천천히 앞으로 최대한 굽히고 나서 고개를 아래로 떨군다(사진 ②). 허리를 굽힐 때 척추는 아래서부터 차례대로 위로 올라가면서 굽힌다는 생각으로 굽히면 된다.

허리를 펴서 뒤로 젖힐 때는 목부터 먼저 들고나서 차례로 내려가면 척추를 편다는 생각으로 펴고, 계속해서 뒤로 젖혀서 더 이상 젖힐 수 없을 때까지 최대한으로 뒤로 젖힌다(사진 ③).

운기노선(運氣路線)

허리를 앞으로 굽힐 때는 지문(地門)으로부터 지기를 흡수하여 다리의 바깥쪽 양경맥을 따라 미려관으로 올린다. 반대로 허리를 뒤로 젖힐 때는 지문으로부터 지기를 흡수하여 다리의 안쪽 음경맥을 따라 하단전으로 올린다

수련을 마칠 때는 뒤로 젖혔던 허리를 바르게 세우고, 두 손을 하단전에 포개어 놓은 상태에서 의념으로 미려관의 기를 몸통(修命線)을 관통하여 하단전으로 당겨와 하단전의 기와 합한다. 그 다음에 옥액을 삼켜 하단전으로 보내고 수공을 한다.

사진 ①

사진 ②

사진 ①

제3식 음극양생

수련 효과

이 식의 수련효과는 다음과 같
다. 우선 인문에 열이 나서 직접
신장에 영향을 미쳐 정기(精氣)를
생성하고 허리를 강하게 하며 골
격을 튼튼하게 한다. 아울러 미려
관이 붓고 통증이 생기는 경우가
있는데 이는 양기(陽氣)가 격발된
결과이다.

또한 신장 질병, 하체관절 질환
등의 치료에 효과가 있으며, 잠을
못자거나 잠이 너무 많은 경우에
도 정상으로 조절해 준다. 그리고
근육을 강하게 해 준다.

아울러 수련시 유의할 사항이 있다. 두 손은 반드시 양신장(腎臟) 부위에 붙인다. 즉 인문으로 온몸의 운동을 제어하는 동시에 인문의 기를 신장에 보낸다. 그리고 동작을 할 때 무릎을 굽히지 말아야 한다.

(4) 제4식 원양초발(元陽初發)

이 식은 음유맥(陰維脈)과 양유맥(陽維脈) 두 맥을 동원시켜 음양 경맥의 혈기, 성쇠를 조절하고 임맥과 독맥을 소통시켜 원양의 기를 발생시키는 수련이다.

수련 동작

먼저 두 주먹을 가볍게 쥐어 양 옆구리에 놓는다(사진 ①). 그리고 오른손 주먹을 펴고 손바닥이 앞쪽을 향하게 해서 앞으로 쭉 밀듯이 뻗었다가(사진 ②) 손목을 반바퀴 돌려 주먹을 쥐어 허공의 기(氣: 구체적으로는 원기, 원광, 원음)를 손에 장악한 후 힘껏 몸통 쪽으로 잡아당긴다(사진 ③)(여자는 왼손으로 한다). 동시에 고개를 뒤로 돌려 왼발 뒤꿈치를 보면서 두 발뒤꿈치를 살짝 들었다가 쿵— 하고 놓는다(사진 ④).

다시 왼손을 앞으로 뻗어서 똑같은 동작을 취한 후에 고개를 뒤로 돌리고 오른발 뒤꿈치를 보면서 두 발뒤꿈치를 살짝 들었다가 다시 쿵—하고 놓는다.

운기노선(運氣路線)

오른손으로 주먹을 쥐어 당기고 두 발뒤꿈치를 들었다가 놓을 때, 원기는 지문(地門)으로부터 다리의 음경맥(陰經脈)을 따라 하단전으로 모인다는 의념을 갖도록 한다. 그리고 왼손으로 주먹을 쥐어 당기고 두 발뒤꿈치를 들었다가 놓을 때, 원기는 지문으로부터 다리의 양경맥을 따라 미려

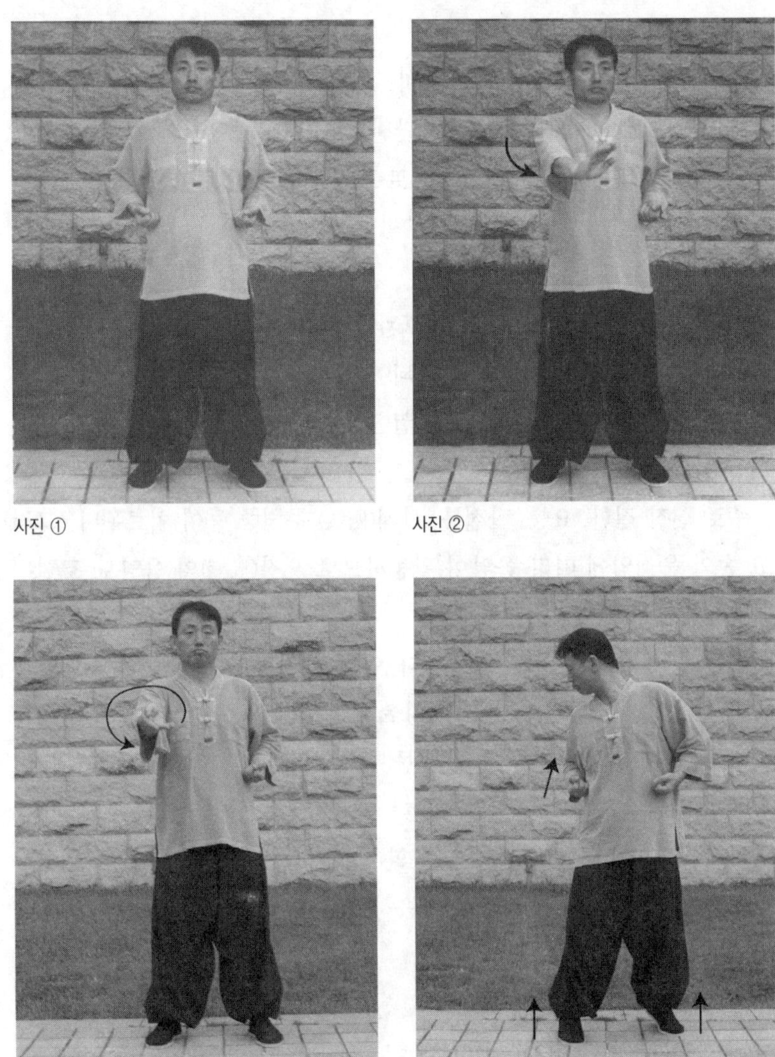

사진 ① 사진 ②

사진 ③ 사진 ④

제4식 원양초발

관으로 모인다는 의념을 갖는다.

수련을 마칠 때는 고개와 몸을 바로 하고 두 손을 하단전에 포개 놓은 후에 의념으로 미려관의 기를 하단전으로 당겨 하단전의 기와 합한다. 그리고 나서 옥액을 삼켜 하단전으로 보낸 후 수공을 한다.

수련 효과

이 식을 수련하면 다음과 같은 효과가 있다. 우선 손발의 힘이 크게 증가된다. 그리고 신장 기능이 강화되어 성기가 발기하는 현상이 있고 성기능이 강화된다. 또한 척추에 발열현상이 나타나고 두 손에 향기가 짙어진다.

주로 신장 질환, 요통, 관절통, 사지(四肢) 무력증 등이 치료된다. 그리고 손의 움직임에 따라 음양이 활동하므로 오장(五臟)의 음양도 조절된다.

아울러 몇 가지 유의 사항이 있다. 우선 성기가 발기하는 현상이 있어도 당황하거나 조장하지 말고 의지로 극복하며 마음을 청정하게 갖도록 한다. 처음에 뒤꿈치를 구를 때 진동으로 머리가 어지러울 수 있는데, 며칠 수련을 계속하면 자연히 소멸된다.

허리가 아프거나 관절염이 있는 환자는 처음에 통증이 더 심해질 수도 있는데, 이것 역시 며칠 수련을 계속하면 통증이 경감된다. 이는 병이 나아지는 현상이다.

(5) 제5식 음양조화(陰陽調和)

이 식은 전신의 12경맥(經脈)을 조화시켜 서로 화합, 운화(運化)하게 하는 수련이다.

수련 동작

손바닥을 위로 향해서 두 손을 옆구리에 붙인다. 열 손가락과 열 발가락은 펴서 느슨하게 방송을 한다(사진 ①).

그리고 손가락을 천천히 말아서 손에 물건을 쥐듯이 꼭 쥔다. 말아 쥔 손가락을 엄지로 감싸 쥐면서 동시에 발가락에도 힘을 주어 땅속으로 박아 넣듯이 한다(사진 ②). 다시 열 손가락을 천천히 펴는데 마치 용수철이 튕기듯이 하고, 동시에 발가락도 힘을 빼고 느슨하게 한다(사진 ①). 동작을 반복하는 중 상체에 자발공(自發功) 현상이 나타나게 되는데 그러면 자연스럽게 상체를 앞뒤로 움직이도록 한다.

운기노선(運氣路線)

열 손가락을 말아 쥐고 발가락에 힘을 줄 때는 인문(人門)이 동원한 체내의 기(氣)와 지문(地門)에서 흡수한 지기(地氣)를 하황정에 보내 합하게

사진 ①

사진 ②

제5식 음양조화

한다. 그리고 열 손가락을 펴고 발에 힘을 빼서 느슨하게 할 때, 인문과 지문이 숨을 내쉬는 것과 같이 하여 체내의 탁기(濁氣)를 배출한다.

수련을 마칠 때는 기를 하황정으로 모은다. 그리고 다시 그 기를 하단전으로 당겨 오고 옥액을 삼켜 하단전으로 보낸 후 수공을 한다.

수련 효과

이 식을 수련하면 다음과 같은 효과가 있다. 우선 손가락과 발가락의 힘이 배로 증가한다. 그리고 전신에서 열이 나고 하단전, 미려관, 하황정에 박동감이 생긴다. 아울러 하황정을 내시(內視)하면 밝은 빛을 볼 수가 있다.

손가락과 발가락의 운동으로 내장을 조절하고 음양을 조화시켜 조혈(造血)기능이 증진되며, 12정경과 기경8맥을 통하게 하여 신체를 조절하는 작용을 한다. 이로 인해 간담(肝膽), 비위(脾胃) 등의 병을 치료하고 관절염과 부인병을 고칠 수가 있다.

아울러 몇 가지 유념할 사항이 있다. 발과 다리는 연꽃 뿌리가 땅에 뿌리를 박듯이 곧게 하며 상체는 자연스럽게 흐름을 따라 앞뒤로 움직인다. 손가락과 발가락을 구부릴 때는 온몸에 힘을 주어 긴장을 시키고, 펼 때는 온몸을 이완시킨다. 이 식은 기경8맥을 소통시킨 후 12정경과 유기적인 조화를 이루는 데 관건이 되는 식이므로, 정확하게 수련을 해야 그 목적에 도달하고 전반적인 동작의 기초를 닦을 수 있다.

(6) 제6식 음양개태(陰陽開泰)

이 식은 기를 동원하여 12경맥을 따라 임맥과 독맥을 관통시켜 전신을 안정되게 하는 수련이다. 수련을 잘하면 천문, 지문, 인문과 제1중단전, 명문(命門)의 다섯 개 혈규(穴竅)에 선천호흡(先天呼吸) 기능이 회복된다.

이외에 눈, 귀, 코, 입도 하황정의 통제로 삼원(三元)을 발동시켜 안에서 발생되고 밖에서 받아들이기에 전신의 기감(氣感)이 충만해지며 우주의 기와 하나로 관통이 된다. 따라서 영감(靈感)이 발생되고 특이공능(特異功能)이 생길 수가 있다.

수련 동작

두 손은 가볍게 주먹을 쥐어 옆구리에 대고 무릎을 굽혀서 평마보식 자세로 선다. 상체는 곧게 한다. 먼저 오른손(여자는 왼손) 주먹에 힘을 빼고 방송한 상태로 들어서 앞으로 내지르듯이 뻗는다. 동시에 고개를 왼쪽으로 돌려서 왼쪽 어깨를 본다. 뻗은 손의 손등은 위를 향하게 한다(사진 ①).

그리고 오른손 주먹을 꽉 틀어쥐고 힘차게 몸통 쪽으로 끌어당기며 동시에 왼손 주먹을 방송한 상태로 힘없이 앞으로 뻗는다. 이 때 고개는 오른쪽으로 돌려서 오른쪽 어깨를 본다(사진 ②). 다시 왼손 주먹을 꽉 틀어쥐어 몸통 쪽으로 당기고 동시에 오른손 주먹은 방송한 상태로 힘을 빼고 앞으로 내뻗는다. 고개는 왼쪽으로 돌려서 왼쪽 어깨를 본다(사진 ①).

이와 같은 동작을 여러 번 반복한다.

운기(運氣)와 수공

오른손을 앞으로 뻗고 왼쪽 어깨를 볼 때는, 지문(地門)으로 들어 온 지기(地氣)는 발의 음경맥을 따라 하단전에 모인다. 그리고 왼손을 앞으로 뻗고 오른쪽 어깨를 볼 때, 지문으로 들어온 지기는 발의 양경맥을 따라 미려관에 모인다.

수련을 마칠 때는 목과 허리를 바로 하고 두 손을 하단전에 포개 놓는다. 그리고 의념으로 미려관의 기를 하단전으로 당겨서 하단전의 기와 합한다. 그 다음 옥액을 삼켜 하단전으로 보내고 수공을 한다.

사진 ①

사진 ②

제6식 음양개태

수련 효과

이 식의 수련 효과는 다음과 같다. 우선 규(竅: 하단전, 미려관, 하황정)가 열려 열이 나고 뛰는 감이 난다. 그리고 정력이 왕성해지며 지력(知力)이 증가된다. 또한 심혈관 질환, 심장 질환, 신경쇠약과 현기증, 두통이 치유된다.

아울러 몇 가지 유의사항이 있다. 이 식은 한 번에 연습을 너무 많이 하지 말아야 한다. 처음에 머리가 어지러울 수 있으므로 점차 양을 늘려 나가는 것이 좋다. 영감이나 특이공능이 나타날 때는 놀라거나 기뻐하지 말고 더욱 수련에 매진해야 한다.

주먹을 앞으로 뻗을 때는 느슨하게 힘을 뺀 상태에서 뻗고, 주먹을 힘껏 틀어 쥔 다음에는 힘을 주어서 당긴다. 당길 때는 손, 머리, 허리가 함께 연계되도록 해야 한다.

(7) 제7식 음평양비(陰平陽秘)

이 식은 충맥(衝脈)을 조절하는데, 충맥은 12경의 바다로서 12정경과 기경8맥에 다 통한다. 제6식까지의 수련을 통해 음양이 기본적으로 펼쳐진 기초 위에 이 식은 다시 음양을 운화(運化)하고 변화, 극화(極化)시키며 조화되게 한다. 즉 음·양이라는 것 없이 음양이 화평(和平)에 달하고 조화가 된다.

이 식은 동작이 간단하지만 동공8식의 정수(精髓)를 모은 것으로 기(氣)가 상층에 도달하여 정적(靜的)인 중에 생화반(生化返)을 하고, 동(動)과 정(靜)이 서로 융합된다. 마음으로 수련을 하며 천지(天地)의 정기(精氣)를 수련자 자신의 몸에 흡입한다.

수련 동작

편안하게 서서 두 손은 뒷짐을 진다. 이때 오른손은 가볍게 주먹을 쥐고 왼손으로 오른손을 잡아 왼손등을 미려관에 붙인다(사진 ①, ②). 의념으로 천지(天地)와 삼문(三門)을 관통하고 다시 하황정과 통하게 한다.

운기노선(運氣路線)

지문(地門)을 소통시켜 발의 삼음경(三陰經)과 하황정을 관통하고 합치게 하며 지문으로 기를 흡수해서 충맥을 따라 끊임없이 상승하여 하황정으로 들어가게 한다. 이 식에서 특히 중요한 것은 인체(소우주)와 대우주의 합일이다. 두 발은 땅속 깊이 뿌리박은 나무처럼 하고 머리는 하늘 끝까지 닿아 하늘이 무너져도 받들 수 있듯이 하체에 숨은 힘을 주어 기를 관통시킨다. 그리고 다음과 같은 의념으로 수련을 한다.

"나는 하늘을 머리에 이고 땅을 딛고 있다. 두 발은 땅속 깊이 지구 중심에 닿았고, 머리는 하늘 높이 구중천(九重天)에 닿았다. 하늘은 내가 없으면 무너지고 땅은 내가 없으면 내려앉으며, 인간은 내가 없으면 세계를 이루지 못한다. 나는 천지(天地)의 흉금(胸襟)과 일월(日月)의 광휘(光輝)와 대해(大海)의 용량(容量)을 가졌다. 정기(精氣)가 호연(浩然)하면 만병(萬病)이 없어지고 병기(病氣)가 침범하지 못한다. 나는 마음대로 천지를 쥐었다 폈다 하노라.

나는 기 안에 있고, 기는 내 안에 있다. 나는 빛(光) 안에 있고, 빛(光)은 내 안에 있다. 나는 음(音) 안에 있고, 음(音)은 내 안에 있다. 나는 만물 안에 있고, 만물은 내 안에 있다. 이제 더 이상 나(我)도 없고 남(他)도 없도다. 나는 천지(天地) 간에 있으며, 천지의 주인(主人)이다. 천지는 내 마음이며, 천지의 마음이 곧 내 마음이다. 나는 천지를 자유로이 움직이고, 일월(日月)과 함께 빛나고 있다."

이와 같은 의념을 마음에 새기며 한동안 서 있는다. 수련을 마치려면

사진 ①

사진 ②

제7식 음평양비

의념으로 하황정의 기를 당겨 하단전에 모으고 옥액을 삼켜 하단전으로 보낸 후 수공을 한다.

수련 효과

이 수련은 충맥(衝脈)을 조절한다. 충맥은 '12경의 바다', '오장육부의 바다'라고 부른다. 상행(上行)하여 여러 양(陽: 양경맥)이 스며들고 하행(下行)하여 수족(手足)의 음(陰: 음경맥)이 스며든다. 위로 머리에 이르고 아래로 발에 이르러 전신을 관통시키니 혈기(血氣)의 요해처가 된다.

제7식의 수련 효과는 다음과 같다. 기(氣)는 심장과 간(肝), 담(膽)을 관통하여 장부의 기능이 강화되며 담력(膽力)이 커진다. 그리고 사기(邪氣)가 제거되고 정기가 충만해지므로 말성(末性)이 사라지고 본성(本性)이 계발되며 체질이 강화되고 기질이 바뀐다. 아울러 호연지기(浩然之氣)가 배양되므로 마음이 넓어지고 사상(思想)의 경지가 한층 높아지게 된다. 또한 심령(心靈)이 정화되어 마음, 정서상 제 질병이 예방, 치료된다.

그리고 두 눈이 빛나고 위광(威光)이 번쩍이며 또한 신장(腎臟) 기능이 증강되고 생육 장애와 월경불순 등이 스스로 조절된다.

이 식의 수련에는 유의 사항이 있다. 이 식은 무형 중에 공능(功能)이 나타나기에 처음 수련을 할 때는 제대로 하기가 쉽지 않으므로, 의념을 정확히 하여야 한다. 그리고 다리는 힘을 주어 기를 관통시키되, 전신을 방송하여 기가 통하지 않는 곳이 없게 해야 한다.

(8) 제8식 혼돈초개(混沌初開)

제8식은 동공 수련의 정화(精華)이다. 전술한 동공 7가지 식(式)을 기초로 기(氣)를 근원으로 돌려보내, 위로 아래로 전신에 소통시켜서 일체로 합일(合一)되게 한다. 기가 온몸의 모공(毛孔)을 관통시켜서 다층차(多層

火)의 입체적 운행노선이 형성되며, 위로 올릴 때에 혼돈(混沌)이 처음 열리고 아래로 앉을 때에는 천지(天地)가 자신의 몸 안으로 들어와 신천지가 열리게 된다.

수련 동작

자연스럽게 서면 4정(四正: 천문, 지문, 명문, 중단전)의 호흡계통이 열려 부단히 천지의 영기(靈氣)를 흡수하게 된다(초보자는 이러한 상상을 한다). 먼저 두 손을 모아 가슴 앞에서 합장(合掌)을 한다(사진 ①). 그리고 천천히 위로 올린다. 팔을 완전히 곧게 펴서 하늘을 찌를 듯이 한다(사진 ②).

그리고 나서 두 손을 벌려서 손바닥으로 하늘을 떠받치듯이 하고, 다시 옆으로 벌려서 두 팔이 일직선이 되도록 내린다(사진 ③). 손바닥은 아래로 향한다. 그리고 두 손의 손목을 아래로 늘어뜨려서 내리면서 서서히 무릎을 굽혀서 쪼그려 앉는다(사진 ⑤). 완전히 쪼그려 앉으면 두 팔은 양 무릎 밖으로 벌린 상태가 된다. 이때 머리는 바로 세우고 허리는 곧게 편다(사진 ⑥).

그리고 두 팔로 무릎을 안고나서 두 손을 모아 합장을 한다(사진 ⑦). 그리고 합장한 두 손을 천천히 올리면서 무릎도 함께 서서히 편다(사진 ⑧). 무릎을 완전히 곧게 펴면서 합장한 손을 계속 높이 올려서 위를 찌른다(사진 ①).

이와 같은 동작을 반복해서 여러 차례 한다. 수련을 마칠 때는 무릎을 굽히지 말고, 합장해서 위로 올렸던 손을 원을 그리며 내려서 하단전에 포개어 놓는다.

운기노선(運氣路線)

두 손을 합장하여 위로 올릴 때는 우주의 혼돈(混沌)이 처음 열려 천지

사진 ①　　　　사진 ②

사진 ③　　　　사진 ④

사진 ⑤　　　　사진 ⑥

사진 ⑦　　　　사진 ⑧

제8식　혼돈초개

(天地)와 나 자신이 하나로 이어져 온몸으로 하늘의 기(氣)가 통한다는 의념을 갖도록 한다. 무릎을 굽혀서 앉을 때는 천지가 내 몸 안으로 들어온다는 의념을 갖는다. 동시에 전신의 모공(毛孔)으로 하늘, 땅의 기를 흡수하여 3개 기지(하단전, 미려관, 하황정)로 보낸다.

그리고 두 손으로 합장(合掌)을 하면 전신의 내외(內外)가 화합하여 혼돈체(混沌體)를 이룬다. 그리고 다시 무릎을 펴고 일어서면서 전신으로 땅의 영기를 흡수하고, 두 손은 직접 하늘의 기에 통하여 혼돈이 격화된다.

수련을 마칠 때는 옥액을 세 번 삼켜 각각 3개 기지로 보내고 하황정에 수공(收功)을 한다.

수련 효과

이 식의 수련 효과는 다음과 같다. 우선 전신에 모공호흡(毛孔呼吸)이 촉진된다. 그리고 3개 기지(하단전, 미려관, 하황정)에 규(竅)가 형성되고, 마침내 하황정에 밝은 단주(丹珠)가 형성되어 온몸에서 빛이 나고 본성(本性)이 나타나게 된다. 아울러 원기가 전신에 충만해지며, 기가 마음에 따라 움직이게 된다. 또한 온몸에서 성향(性香)이 풍기게 된다. 그리고 비위(脾胃)의 병을 고치며, 무릎 관절염 등을 치료할 수가 있다.

이 식을 수련할 때는 유의사항이 있다. 두 손을 합장할 때 두 손의 인문(人門)은 마주 대며 살며시 힘을 준다. 그리고 무릎을 굽힐 때 머리는 바로 세우고 허리도 곧게 편다. 온몸은 완전히 두 다리에 의지하여 올렸다 내렸다를 반복한다.

3. 기무(氣舞)

1) 기무

기무의 의미

고전무용이나 무술은 모두 동공의 일종이다. 실제로 동공의 동작 중에는 고전무용이나 전통무술에서 유래한 것들이 있으며, 반대로 기공의 동공을 바탕으로 만들어진 무용이나 무술도 많이 있다. 얼핏 보기에 무용과 무술은 거리가 먼 것 같지만 무술과 무용의 근본은 하나이다. 같은 동작이라도 상대를 제압하기 위해 강하고 빠르게 쓰면 무술이 되며, 부드럽고 리드미컬하게 하면 무용이 된다. 그리고 건강을 위한 운동으로 동작을 하면, 그것이 바로 기(氣)체조이며 동공이다.

그렇다면 기무(氣舞)와 일반 무용은 어떻게 다를까? 기무는 특히 기의 흐름을 형상화한 무용이다. 기무에는 운기(運氣)의 원리가 내장되어 있어, 동작을 해보면 특히 기감(氣感)이 뛰어난 것이 특징이다.

우리의 고전무용 ― 탈춤이나 궁중무용, 처용무 등 ― 은 대부분 부드러운 원(圓)운동을 기본으로 한 기무(기무용, 기춤)이다. 이들 무용 동작들은 일정한 운기 효과가 있으며, 기공을 수련해 기감이 있는 사람은 이러한 동작들을 보다 깊은 멋이 나오게 표현할 수가 있다.

원극무

대표적인 기무로 원극무(元極舞)가 있다. 동작이 간단하며 아름다울 뿐 아니라 운기 효과도 뛰어난 원극무는 원극공(元極功)과 도가(道家)의 여러 수련법에 도인술(導引術)과 무술, 무용의 제 원리를 가미하여 체계화한 것이다. 여기는 역근법(易筋法)과 운기법(運氣法)의 원리가 담겨 있으므로, 그 동작들을 하면 전신의 경맥이 반응하여 열리게 되며, 득기(得氣)의 효과도 크다. 또한 연결 동작으로 되어 있어 초보자들도 춤을 추듯이 흥미 있게 배울 수가 있다.

원래의 원극무는 총 12식이 있는데, 여기서는 중요한 동작들만 모아서 '기무팔식(氣舞八式)'으로 재정리하였다.

수련 준비와 마무리

편안한 자세로 발을 어깨넓이의 반 정도로 벌리고 서서 온몸을 방송한다. 그리고 삼문(三門) 열기와 내시반조(內視返照), 옥액(玉液: 침) 삼키기를 한다.

수련을 다 하고 나서 마칠 때는 동작을 풀고 편안한 자세로 두 발을 벌리고 서서 두 손을 하단전에 포개어 놓고 호흡을 조절한다. 고요하게 호흡이 조절되었으면 옥액을 삼켜 하단전(혹은 해당 竅)에 보내고 수공(收功)을 한다.

연화보(蓮花步)

기무를 잘 하려면 기본 보법(步法)인 연화보(蓮花步)에 숙달이 되어야 한다. 먼저 연화보를 연습해 보자. 그래야 연화보를 밟으며 여러 가지 손동작을 하는 기무를 잘 할 수 있게 된다.

먼저 두 손은 들어서 가슴 앞에서 합장을 한다. 이때 두 손의 인문(勞宮)이 서로 닿지 않도록 약간 간격을 떼어서, 두 손이 마치 꽃봉오리 같은 모양이 되게 한다. 연화보 수련을 하는 동안 손은 계속 이러한 자세를 유지한다.

먼저 오른발을 들고, 발목을 쭉 펴서 엄지발가락만 살짝 땅에 닿은 상태로 가볍게 왼발 옆에 놓는다. 두 발 사이는 서로 닿지 않게 약간 간격을 둔다. 그리고 다시 오른발을 들어서, 발목을 꺾은 상태로 왼발의 오른쪽 45도 방향에 놓는다.

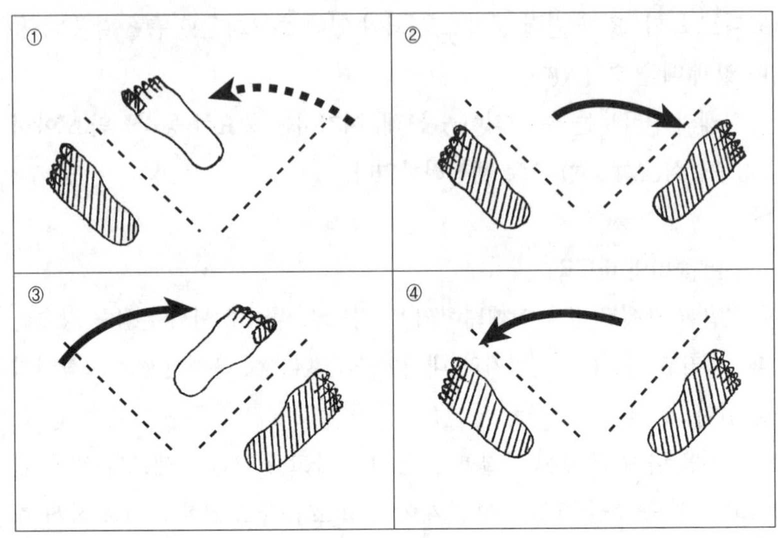

연화보(蓮花步)

　그리고 다시 왼발을 들어서 발목을 펴고 오른발 옆에 엄지발가락 끝을 가볍게 놓는다. 다시 왼발을 들어서 90도 이상 뒤로 몸을 돌려, 왼쪽 45도 방향에 놓는다. 이어서 오른발을 들어서 몸을 왼쪽으로 돌리며 왼발 옆에 엄지발가락만 바닥에 댄 자세로 놓는다. 이렇게 여러 번 반복한다. 특히 발을 들어서 움직일 때는 언제나 다른 무릎에 탄력을 주어서 가볍고 사뿐사뿐한 느낌이 들게 해야 한다.

2) 기무팔식

(1) 제1식 감로보윤(甘露普潤)

　제1식의 동작은 연화보(蓮花步)에다 손동작을 가미한 것으로 4단계로 이루어져 있다. 각 동작을 단계별로 나누어 설명하기로 한다.

① 먼저 오른발을 들어서 왼발 옆에 엄지발가락을 바닥에 댄다. 이때 차려 자세로 내려져 있던 오른손은 허리춤을 돌아 하단전(下丹田) 앞에서 손목을 꺾어 손끝이 아래로 향한 자세를 취하고, 왼손은 뒤로 돌려 손등을 미려관(尾閭關)에 댄다(사진 ①).

그리고 오른손을 임맥(任脈)을 따라 가슴의 중단전(中丹田: 전중)까지 올린 다음에 손목을 180도 안으로 돌려서 손끝이 위를 향한 채 고정시키고 잠시 정지한다(사진 ②).

② 오른발을 들어서 오른쪽으로 옮겨 놓는다. 오른손을 수직으로 계속 올려서 머리 위까지 올린 후에 팔을 쭉 편다(사진 ③). 그리고 손목을 뒤로 꺾어서 손바닥이 위를 향하게 했다가 손목을 한 바퀴 돌려서 오른손을 오른쪽 옆으로 서서히 원을 그리며 내린다(사진 ④).

③ 다시 왼발을 들어서 오른발 옆에 엄지발가락을 바닥에 대며 아래로 내린 오른손을 뒤로 돌려서 손등을 미려관에 댄다. 동시에 왼손을 앞으로 돌려서, 하단전 부위에서 손목을 꺾어 손끝이 아래를 향한 자세로 만들어서 임맥(任脈)을 따라 위로 올린다(사진 ①과 손발이 반대). 그리고 가슴(중단전) 부위에서 왼손의 손목을 안으로 돌리면서 꺾어서 손가락 끝이 위를 향하게 해서 놓는다(사진 ②와 손발이 반대).

④ 왼발을 들어 왼쪽으로 놓고 왼손을 수직으로 계속 올려서 위로 쭉 펴면서 손목을 뒤로 꺾어 손바닥이 하늘을 향하게 한다. 그리고 왼손의 손목을 돌려서 원을 그리며 아래로 내린다(사진 ③, ④와 손발이 반대).

다시 오른발을 들어서 왼발 옆에 처음과 같이 놓으면서, 왼손은 뒤로 돌려서 손등을 미려관에 대고 오른손은 앞으로 돌려서 하단전 앞에 놓는다. 계속해서 ①~④와 같은 동작을 반복한다.

사진 ①　　　　　　　사진 ②

사진 ③　　　　　　　사진 ④

제1식 감로보윤

(2) 제2식 영풍요예(迎風搖曳)

영풍요예 역시 동작을 4단계로 나눌 수가 있다.

① 오른발을 앞으로 1보 내딛고 뒷무릎을 굽힌 허보식 자세를 취하며 두 손을 양옆으로 들어올린다(사진 ①). 그리고 앞무릎을 굽히고 뒷무릎은 펴서 궁보식(발끝이 앞을 향한 평궁보식) 자세를 취하며 두 팔은 수평으로 원을 그리며 앞으로 평행이 될 때까지 모은다. 이때 두 손의 간격은 어깨넓이 보다 작게 한다(사진 ②).

② 양손을 밖으로 뒤집어 손바닥이 하늘을 향하도록 하면서 주먹을 말아 쥐고 가슴쪽으로 서서히 끌어당긴다. 동시에 발은 앞발의 무릎을 펴고 뒷발의 무릎을 굽혀서 허보식(虛步式)으로 바꾼다(사진 ③).

③ 주먹을 펴서 손목을 뒤로 꺾은 상태에서 손바닥으로 양옆을 서서히 밀면서 팔굽을 편다(사진 ④).

그리고 발을 바꾸어서 똑같은 동작을 다시 한번 한다. 즉 무릎에 탄력을 주어 연화보(蓮花步)를 하면서 왼발을 앞으로, 오른발을 뒤로 바꾼다. 그리고 궁보식 자세를 취하면서 동시에 꺾었던 두 손목을 펴고, 두 손바닥이 아래로 향하게 해서 다시 두 손을 앞으로 당겨서 모은다. 그리고 손바닥을 펴서 양옆으로 서서히 밀어준다.

(3) 제3식 하기청련(荷起淸蓮)

하기청련 또한 좌우로 각각 같은 동작을 하며, 먼저 오른쪽에서 동작을 시작한다.

① 왼발을 들어서 왼쪽 옆으로 놓고 외마보식(外馬步式) 자세를 취한다. 그리고 두 무릎을 펴면서 일어나고 동시에 두 손의 손목을 안으로 꺾어서 손등이 하늘을 향하게 하면서 오른쪽 위로 높이 들어올린다(사진 ①). 다

제2식　영풍요예

사진 ①

사진 ②

사진 ③

제3식 하기청련

시 두 손을 아래로 내리면서 두 손의 손목을 뒤로 꺾은 상태로 오른손은 오른쪽 앞으로 뻗고, 왼손은 가슴(중단전) 앞에 놓는다. 이 때 앞으로 뻗은 오른손의 높이는 시선 높이로 한다. 이와 동시에 왼발의 무릎을 굽히고 오른발의 무릎은 펴서 허보식 자세로 바꾼다(사진 ②).

② 두 발은 바닥에 뿌리를 내린 듯이 고정시키고 손 역시 같은 자세를 그대로 유지한 채 허리를 틀어서 180도 가까이 왼쪽으로 최대한 돌린다. 이 동작은 아주 천

천히 해야 한다(사진 ③).

③ 다시 왼쪽에서 위와 똑같은 동작을 한다. 즉 왼발 무릎을 펴서 일어나며 두 손을 왼쪽 위로 올렸다가 내려서 왼손은 앞에 놓고 오른손은 가슴(중단전) 앞에 놓아 사진 ①, ②와 반대 방향으로 똑같은 동작을 취한다. 즉 왼손은 왼쪽 앞에 놓고, 오른손은 가슴(중단전) 앞에 놓는다. 동시에 왼발은 무릎을 펴고, 오른발은 무릎은 굽혀서 허보식 자세를 취한다.

손과 발의 자세를 그대로 유지한 채 다시 허리를 서서히 오른쪽으로 돌려서 처음 자세로 돌아온다.

(4) 제4식 벽파탕양(碧波蕩漾)

벽파탕양 역시 좌우로 같은 동작을반복한다.

① 두 발을 어깨 넓이 반 정도로 벌리고 평행이 되게 한다. 두 팔은 앞으로 서서히 들어서 어깨 넓이 정도의 간격으로 평행이 되게 하여 어깨 높이 정도에 둔다(사진 ①). 그리고 오른발을 들어서 연화보처럼 무릎에 탄력을 주어 뒤로 빼면서 발목을 펴서 엄지발가락 끝만 바닥에 댄다. 동시에 허리를 오른쪽 뒤로 틀면서 두 손을 아래쪽으로 원을 그리며 내렸다가 위로 올리면서, 오른 팔은 쭉 뻗고 왼팔은 팔굽을 굽힌 상태로 (양손가락도 편 상태임) 어깨 높이에서 등 뒤쪽을 향해서 놓는다. 이때 고개도 뒤로 돌려서 오른손 손끝을 본다(사진 ②).

② 다시 뒷발에 탄력을 주며 들어서 처음의 자세로 돌아온다. 동시에 두 손도 아래로 원을 그리며 내렸다가 앞으로 올린 처음 자세로 돌아온다 (사진 ①).

③ 발을 바꾸어서 다시 왼발을 뒤로 빼면서 왼쪽으로 사진 ②와 같은 동작을 한다.

④ 다시 뒤로 뻗은 뒷발을 들어서 앞으로 돌아온다. 이는 사진 ①과 같은 동작이다.

사진 ①   사진 ②

제4식 벽파탕양

(5) 제5식 우후신하(雨後新荷)

우후신하 또한 먼저 오른쪽으로 동작을 하고 나서 방향을 바꾸어 왼쪽으로 똑같은 동작을 한다.

① 오른발을 오른쪽으로 넓게 벌려서 외마보식(外馬步式) 자세를 취한 후에 오른손을 오른쪽으로 쭉 뻗는다. 그리고 나서 왼손의 손바닥으로 오른팔의 어깨에서부터 손가락 끝까지 양경맥(陽經脈)을 따라 내려오면서 안마를 한다. 이때 안마공 동작은 손바닥이 직접 팔에 닿지 않는 격공안마(隔空按摩)의 동작이다. 동시에 발은 오른발 무릎을 굽히고 왼발 무릎은 쭉 펴서 궁보식(弓步式) 자세를 취한다(사진 ①).

사진 ①　　　　　　사진 ②

사진 ③　　　　　　사진 ④

제5식 우후신하

② 왼손을 오른손 손가락 끝에서 아래로 돌려서 겨드랑이까지 올라오면서 오른손의 음경맥(陰經脈)을 안마한다. 이때 발은 오른발 무릎을 펴고 왼발 무릎을 굽혀서 허보식 자세로 바꾼다(사진 ②).

③ 팔을 안마한 왼손을 이마로 가져와 손가락을 약간 굽혀서 빗처럼 만든 상태로 머리 위로 올려서 뒷머리로 돌아 목까지 '머리 빗기'(역시 격공 안마)를 한다(사진 ③).

④ 그리고 다시 오른손으로 똑같이 머리빗기를 하며, 동시에 허리를 왼쪽으로 돌려서 몸 전체를 왼쪽으로 향하게 한다(사진 ④).

⑤ 이번에는 왼쪽 방향으로 위와 같은 동작을 순서대로 한다. 즉 왼손을 왼쪽 앞으로 쭉 뻗고 발을 궁보식으로 바꾸면서 오른손 손바닥으로 왼팔 어깨에서 손끝까지 양경맥을 안마한다. 그리고 오른손을 왼손의 끝에서 겨드랑이까지 음경맥을 안마한다. 이때 발은 왼발 무릎을 펴서 허보식 자세로 바꾼다. 그리고 오른손을 들어서 머리 빗기를 하고 나서 다시 허리를 오른쪽으로 돌리면서 왼손으로 다시 한번 머리 빗기를 한다.

(6) 제6식 편편기무(翩翩起舞)

편편기무 역시 좌우로 같은 동작을 반복한다. 먼저 오른쪽으로 동작을 한다.

① 오른발을 들어 연화보로 무릎에 탄력을 주며 45도 오른쪽 방향 앞에 놓고 두 손을 손바닥이 아래로 향하게 해서 아래로 뻗는다. 이때 발의 자세는 앞 무릎을 굽혀 궁보식으로 한다(사진 ①).

② 그리고 손목을 밖으로 돌려서 손바닥을 뒤집으며 새끼손가락부터 차례로 주먹을 말아서 쥔다. 그리고 손바닥이 위로 향해 주먹을 쥔 상태에서 두 주먹을 끌어당겨서 옆구리에 대면서, 동시에 앞으로 나갔던 발을 당겨와서 차려 자세를 취한다(사진 ②).

③ 그리고 나서 왼발을 앞으로 내딛고 허리를 왼쪽으로 돌려서 틀면서 무릎을 굽혀서 외등산식(外登山式: 蓮花式)의 자세를 취한다. 그리고 두 손을 왼쪽 뒤로 뻗어서 왼손은 쭉 펴고 오른손은 팔굽을 굽힌 상태로 손바

사진 ①　　사진 ②

사진 ③　　사진 ④

제6식 편편기무

닥을 위로 향하게 하여 가슴 앞에 놓고 주먹을 편다. 주먹을 펼 때는 엄지
손가락부터 검지, 중지손가락 차례대로(주먹을 쥘 때와 반대로) 편다(사진
③, ④).

④ 다시 왼발을 들어 처음의 차려 자세로 돌아오면서 손도 아래로 내려 편안한 차려 자세를 취한다(사진 ②에서 팔을 내린 자세).

⑤ 이번에는 왼쪽으로 똑같은 동작을 한다. 왼발을 들어서 45도 왼쪽 앞으로 놓고 두 손을 아래로 뻗으며 오른쪽과 동일한 동작을 반복한다.

(7) 제7식 금련성개(金蓮盛開)

금련성개도 역시 좌우로 같은 동작을 반복한다. 보법(步法: step)은 제1식과 같은 연화보이다.

① 오른발을 들어서 왼발 옆에 엄지발가락 끝만 바닥에 닿게 해서 놓는다. 두 손을 옆으로 들었다가 팔을 비틀며 둥글게 원을 그려서 모아 하단전 앞에서 두 손등을 마주 댄다(사진 ①). 그리고 두 손을 그대로 위로 임맥(任脈)을 따라 가슴(중단전) 부위까지 올린 다음 두 손끝을 붙인 채 위로 올려서 손끝이 위를 향하게 하고, 두 손을 모아 꽃봉오리 모양으로 만든다(사진 ②).

② 다시 오른발을 오른쪽으로 옮기고 나서, 두 손을 마치 꽃이 피어나듯이 손바닥 간격을 벌리면서 수직으로 위로 올린다(사진 ③). 다 올린 후 손바닥을 위로 향한 채 두 손의 엄지손가락을 대고 손목을 돌려서 두 손가락 끝(중지)을 마주 댄다.

③ 그리고 두 손은 손목을 밖으로 꺾은 상태로 원을 그리면서 양옆으로 내린다(사진 ④). 동시에 왼발을 들어 오른발 옆에 엄지발가락 끝만 바닥에 닿게 놓는다.

④ 다시 두 손목을 안으로 꺾으며 하단전 앞에서 손등을 마주 댄다(사진 ①과는 발자세만 반대). 그리고 두 손을 그대로 올려 가슴 앞에서 손 모양을 꽃봉오리 모양으로 만든다(사진 ②와는 발자세만 반대).

⑤ 다시 왼발을 들어 180도 왼쪽으로 돌려서 놓고, 두 손은 꽃이 피듯

사진 ①

사진 ②

사진 ③

사진 ④

제7식 금련성개

손바닥의 간격을 벌리면서 수직으로 위로 올린다. 다 올린 후에 엄지손가락을 대며 두 손목을 돌려서 손바닥이 위를 향하게 한 채 두 손끝을 마주 댄다. 그리고 두 손을 벌려서 원을 그리며 옆으로 내린다.

⑥ 다시 오른발을 들어서 왼발 옆에 처음과 같이 엄지발가락만 바닥에 놓으면서, 두 손을 뒤집어 하단전 앞에서 손등을 마주 댄다. 그리고 두 손을 위로 올려 가슴 앞에서 꽃봉오리처럼 만들어서 ①~⑤의 동작을 반복한다.

(8) 제8식 심련발랑(心蓮發朗)

심련발랑 역시 좌우로 같은 동작을 하며, 이 식은 유일하게 좌우 각각 8단계의 동작으로 구성되어 있다.

① 두 손을 모아 가슴(중단전) 앞에서 합장을 한 자세에서 시작한다(사진 ①). 무릎에 탄력을 주는 연화보(蓮花步)로 오른발을 45도 오른쪽 앞으로 내디디면서 오른발 무릎을 굽힌 궁보식 자세를 취하면서, 합장한 두

사진 ①

사진 ②

사진 ③　　　　　　사진 ④

사진 ⑤　　　　　　사진 ⑥

제8식　심련발랑

손으로 앞을 향해 찌른다(사진 ②).

　② 그리고 오른발을 끌어당기며 두 손도 당겨서 합장을 하여 처음과 같이 가슴 앞에 놓는다(사진 ①).

③ 다시 왼발을 45도 왼쪽으로 내디디면서 왼무릎을 굽혀서 궁보식을 취하면서 두 손도 앞으로 찌른다(사진 ③).

④ 그리고 왼발을 끌어당겨 처음 자세로 돌아오고 두 손도 다시 당겨와 가슴 앞에 합장한 채로 놓는다(사진 ①).

⑤ 다음에는 오른발을 옆으로 벌리며 두 손으로 정면 위쪽을 향해 찌른다(사진 ④).

⑥ 다시 손과 발을 거두어서 처음 자세로 돌아온다(사진 ①).

⑦ 그리고 왼발을 들어 오른발 뒤쪽 45도 방향으로 빼면서 무릎을 굽혀서 외등산식(外登山式) 자세를 취한다. 동시에 합장한 두 손은 위로 올린다(사진 ⑤).

⑧ 위로 올린 두 손을 옆을 벌려서 원을 그리며 아래로 내렸다가 다시 합장을 하면서 올려서 우측 가슴 앞에 놓는다(사진 ⑥).

⑨ 이번에는 왼쪽 방향으로 바꾸어 ①~⑧까지 똑같은 방법으로 반복한다. 즉 외등산식으로 앉은 자세에서 왼발을 45도 왼쪽으로 내디디면서 두 손을 모아서 찌르고 제자리로 돌아오며, 다시 오른발을 45도 오른쪽으로 내디디면서 두 손을 모아서 찌르고 제자리로 돌아온다. 그리고 왼발을 옆으로 벌리고 두 손을 앞 위쪽으로 찔렀다가 돌아온다. 다시 오른발을 왼발 뒤쪽 45도 방향으로 빼면서 외등산식 자세를 취하고 동시에 두 손을 위로 올렸다가 양옆으로 원을 그리면서 내리고 다시 합장을 하며 올려서 좌측 가슴 앞에 놓는다.

4. 여러 가지 동공과 기무

동공에는 많은 수련법이 있다. 그 중에서 몇 가지 중요한 기무 동작들을 소개한다. 이는 축기(蓄氣)효과와 기감(氣感)이 뛰어나며, 일상생활에

사진 ①

사진 ②

사진 ③

용틀임

서도 건강이나 호신(護身) 등에 활용할 수 있다.

1) 용틀임(龍飜手)

편안하게 마보식(馬步式) 자세로 서서 두 손을 들어 가슴 앞에서 두 손등이 마주 보게 한다(사진 ①). 그리고 두 손의 손가락을 편 상태에서 두 손 모두 '밖으로 손목 돌리기'를 하는데, 손목을 최대한 꺾어서 돌리면서도 두 손은 언제나 손등과 손등이 서로 마주보게 해야 한다. 따라서 두 손은 손목이 꺾여서 도는 자전(自轉)을 하면서 동시에, 반대편 손을 따라 도는 공전(公轉)을 하게 된다(사진 ②, ③). 이를 10회 또는 그 이상 반복한다.

이 수련이 숙달되면 먼저 앞을 향해서 한번 용틀임 동작을 하고 나서 다시 허리를 왼쪽으로 틀어서 왼쪽에서 한 바퀴 용틀임을 하고, 다시 가운데로 와서 한 바퀴 용틀임을 한다. 그리고 또 허리를 오른쪽으로 틀어서 오른쪽에서 한 바퀴 용틀임을 한 후에 다시 가운데로 와서 또 용틀임을 한다. 이렇게 좌우로 허리를 틀면서 반복해서 동작을 한다.

용틀임은 허보식(虛步式) 등 전진, 후진을 하는 보법(步法)을 곁들여서 동작을 할 수도 있다. 혹은 자리에 앉아서 동작을 해도 좋다. 사무실이나 운전 중에 이 동작을 하면 손목, 어깨, 팔의 피로가 즉시 풀리고 졸음이 사라지며 머리가 맑아진다.

2) 환수(換手)

환수(換手)란 말 그대로 손을 바꾸는 동작이다. 이는 두 손으로 각각 반원(半圓)을 그리며 좌우, 상하로 손이 바뀌는 수법(手法)이다. 이 동작에 숙달되기 위해서는 먼저 원(圓) 그리기 동작을 많이 연습하는 것이 좋다.

원 그리기

원 그리기는 좌·우 방향 두 가지로 할 수가 있다. 먼저 오른쪽으로 우회전하는 원 그리기를 해보자.

마보식 자세로 서서 오른손을 앞으로 뻗고 왼손은 하단전 앞에 놓은 기본 수(手) 자세를 취한다(사진 ①). 그리고 먼저 아래에 있는 왼손을 시계방향으로 원을 그리며 돌리고, 동시에 오른손도 원을 그리며 내려서 수평이 되게 한다. 다시 서서히 같은 시계방향으로 돌려서 왼손은 머리 위에, 오른손은 배 아래에 수직으로 놓이게 한다. 그리고 계속해서 같은 방향으로 원을 그려서 처음의 자세, 즉 기본수 자세로 돌아온다.

이렇게 되면 두 손은 모두 시계방향으로 완전한 원을 그리며 제자리로 돌아오게 된다.

오른쪽으로 원 그리기 동작이 숙달되었으면 이번에는 왼쪽으로 원을 그리는 동작을 해보자. 방법은 오른쪽으로 원 그리기와 같으며 방향만 왼쪽(좌회전), 즉 시계바늘 반대방향으로 그리면 된다(사진 ③).

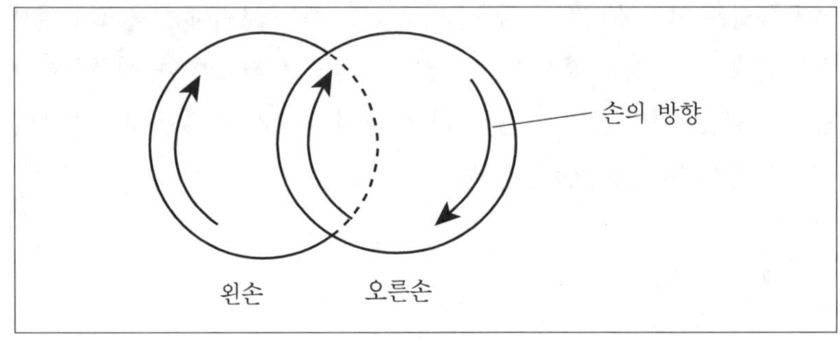

오른쪽으로 원 그리기

반원 그리기

오른손을 앞으로 뻗은 기본수 자세(사진 ①)에서 오른손은 좌회전하여 왼쪽 가슴으로 돌아 내려가는 원을 그려서 하단전(下丹田) 앞에 놓고, 아래에 있던 왼손 역시 좌회전하여 오른쪽 가슴으로 돌아 올라가는 원을 그린다(사진 ②). 따라서 두 손은 가슴 앞에서 교차하게 되는데, 언제나 아래에서 위로 올라가는 손이 밖에 있고, 내려가는 손은 안에 있게 된다. 그러면 두 손은 교차하여 왼손을 앞으로 뻗은 기본 수 자세로 바뀐다(사진 ③).

다시 왼손은 우회전하는 반원을 그리며 아래로 내려오고, 동시에 오른손은 우회전하는 반원을 그리며 위로 올라온다. 그래서 두 손은 다시 오른손이 앞으로 나간 기본수 자세로 바뀌게 된다(사진 ①). 이렇게 반원을 그리면서 두 손의 위치가 상하, 좌우로 바뀌기 때문에 이 동작을 환수(換

사진 ①

사진 ②

사진 ③

환수(반원 그리기)

手)라고 한다.

　이때 두 손이 그리는 반원의 궤적은 각각 반(半) 태극으로 이를 합하면
하나의 완전한 태극(太極) 형태가 된다. 따라서 환수는 손으로 만드는 태

극의 진(陳)이며, 여기는 심오한 동작의 묘용(妙用)이 있다. 환수는 참장공의 손동작을 바꿀 때 등에 사용하며, 무술기공에서는 공격과 방어의 묘수로 활용이 된다. 또한 어깨와 팔을 풀어주는 기체조로도 활용할 수 있다.

3) 장법(掌法)

장법은 손바닥을 사용하는 무술기공의 기법이다. 장(掌)은 크게 두 가지로 사용하는데 손가락을 벌려서 사용하는 것을 '양장(陽掌)', 손가락을 모아서 사용하는 것을 '음장(陰掌)' 이라 한다. 양장은 겉보기에 강하고 힘(파괴력)이 있어 보이지만, 실제로는 음장이 훨씬 더 강하며 자유자재로 사용이 가능하다. 무술의 달인(達人)은 음장으로 상대방에게 외상(外傷)이 전혀 없이 내상(內傷: 몸 안의 장부 등을 상하게 함)을 입힐 수가 있으며, 심지어는 치명적인 후유증이 1개월이나 1년 후에 나타나도록 만들 수도 있다.

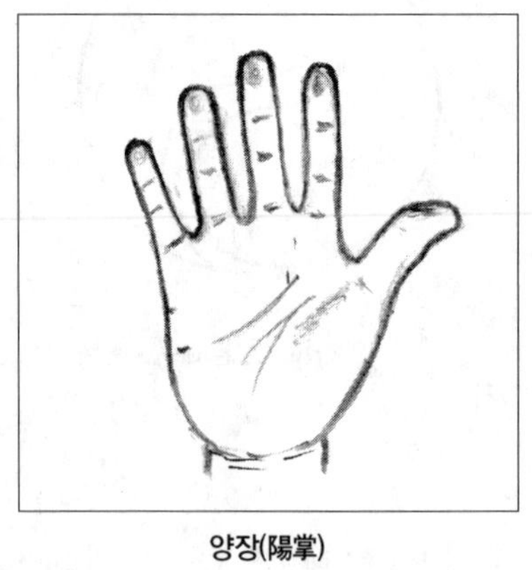

양장(陽掌)

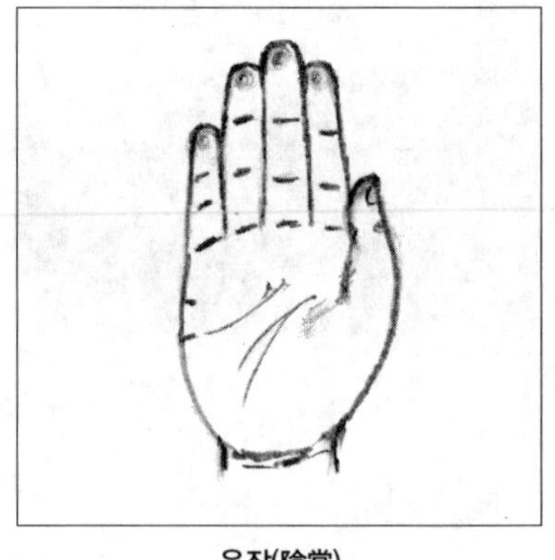

음장(陰掌)

사진 ①

사진 ②

사진 ③

전장법

전통무술에서 사용하는 장법의 기본적인 세 가지 수(手)를 소개한다. 이 기본 수들은 숙달이 되면 참장공, 동공의 여러 자세로 수련할 수 있으며, 또한 보법(步法)을 곁들여 수련할 수도 있다.

전장법(前掌法)

전장법이란 앞을 향해서 손을 뻗는 장법이다. 먼저 편안하게 두 발을 약간 벌리고 차려 자세로 선다(사진 ①). 그리고 오른손을 가볍게 허리춤으로 들어서(사진 ②), 손목을 밖으로 꺾으며 앞의 목표물을 향해 쭉 뻗는다. 그리고 동시에 두 발의 뒤꿈치를 살짝 들어서 부드럽게

외등산식 자세로 앉는다. 이때 시선은 앞의 목표물을 보며, 왼손은 자연
스럽게 들어서 밖으로 꺾은 상태로 가슴(중단전) 앞에 놓는다(사진 ③).
　다시 준비 자세로 돌아왔다가(사진 ①) 이번에는 왼손을 들어서 똑같이
앞으로 뻗으며 외등산식으로 앉는다.

측장법(側掌法)

　측장법이란 옆을 향해 손을 뻗는 장법이다. 역시 편안한 차려 자세에서
준비를 한다. 먼저 오른손을 들어서 왼쪽 허리 앞쪽에 손목을 아래로 늘
어뜨린 자세로 놓는다(사진 ①). 그리고 손목을 뒤로 꺾으며 손을 당겨서
그대로 횡(橫)으로 앞을 지나서 오른쪽에 있는 표적을 향해 손끝이 바닥
을 향한 상태로 손을 뻗는다. 동시에 두 무릎을 굽히고, 시선은 옆의 목표
물을 본다(사진 ②).
　다시 무릎을 펴고 처음 자세를 취했다가 이번에는 왼손을 들어서 오른

사진 ①

사진 ②

측장법

손 허리 앞에 놓았다가 무릎을 굽히며 같은 동작으로 왼쪽의 목표물을 향해 당겨서 쭉 뻗는다.

후장법(後掌法)

후장법이란 뒤를 향해 사용하는 장법이다. 두 발을 편안하게 벌린 자세로 선다. 그리고 오른손을 앞으로 들어서 손목을 아래로 늘어뜨린다(사진 ①). 그리고 수평으로 오른손을 당겨서 손은 허리춤을 지나 뒤의 목표물을 향해 날아가는데, 손목이 서서히 밖으로 꺾이며 손끝은 아래를 향하게 된다. 그리고 동시에 두 무릎을 굽혀서 자세를 낮추며, 허리와 목을 뒤로 돌려서 뒤의 목표물을 본다(사진 ②).

다시 무릎을 펴고 처음의 차려 자세로 돌아 왔다가, 이번에는 왼손을 들어서 똑같이 뒤의 목표를 향해 뻗는 동작을 한다.

사진 ①

사진 ②

후장법

4) 권법(拳法)

권법은 장법(掌法)과 동작이 거의 같다. 다만 손바닥을 펴는 대신 주먹을 쥔 자세이다. 주먹을 쥐는 방법은 여러 가지가 있다. 주먹을 완전히 말아서 검지, 중지의 관절을 함께 사용하는 정권(正拳)이 있고, 검지를 돌출시

사진 ①

사진 ②

전권법

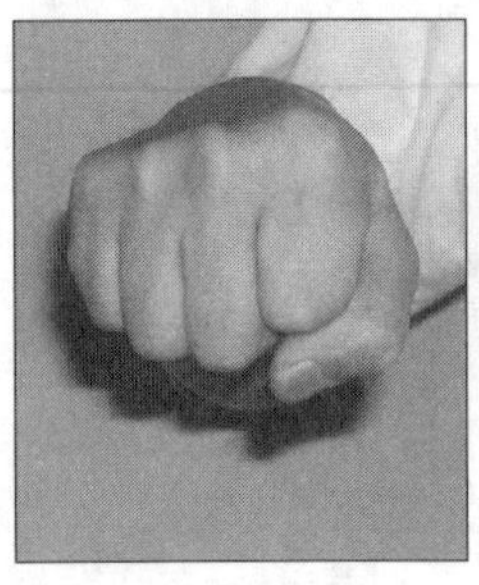

정권

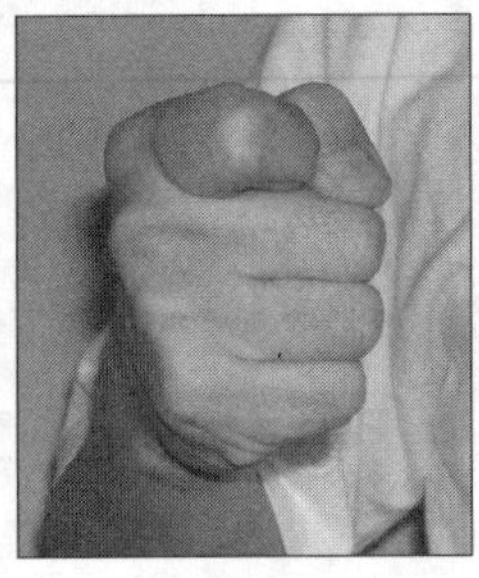

검지권

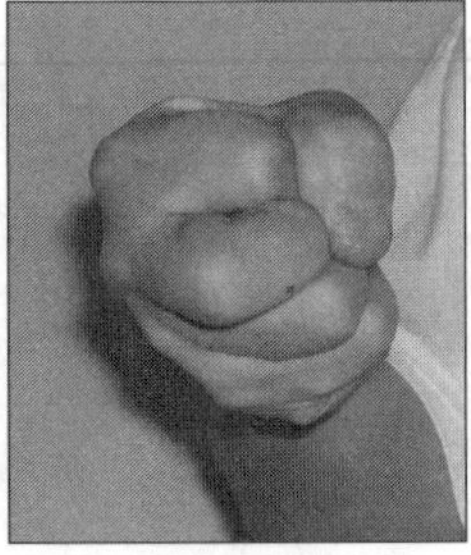

중지권

권(拳)의 종류

켜서 사용하는 검지권과 중지를 돌출시켜서 사용하는 중지권이 있다. 특히 중지권은 파괴력이 매우 강하고, 검지권은 속도가 엄청나게 빠르다. 이들 권법은 상대를 일거에 제압하는 무서운 살수(殺手)이다(그림 참조).

검지권으로 권법의 기본인 전권법(前拳法)을 수련해보자. 편안한 차려자세(사진 ①)에서 전장법과 같은 동작을 하되 손은 검지권을 쥔다. 즉 오른손을 들어 검지권을 쥐며 앞을 쭉 뻗고 동시에 무릎을 굽혀서 외등산식 자세를 취한다(사진 ②). 그리고 다시 차려자세를 취했다가 왼손을 들어서 검지권을 앞으로 뻗으며 외등산식 자세를 취하도록 한다.

5) 풍력수(風力手)

풍력수는 파괴력이 강한 무술 수법(手法)이며, 동시에 허리의 유연성을 길러주는 기체조이다. 풍력수의 기본은 마보식(馬步式) 자세에서 연마하며, 숙달이 되면 다른 여러 가지 자세로 수련하거나 보(步)를 밟으며 수련

사진 ①

사진 ②

사진 ③

사진 ④

풍력수

할 수 있다. 여기서는 마보식 풍력수만 소개를 한다.

두 발을 넓게 벌리고 차려 자세로 선다. 그리고 오른손을—손목을 밖으로 꺾은 상태로—들어서 원을 그리며 45도 방향 오른쪽으로 멀리 뻗는다. 동시에 오른발 무릎을 45도 방향 오른쪽으로 굽힌다(사진 ①). 그리고 다시 허리를 오른쪽으로 틀면서 왼손을 같은 방향으로 뻗는다(사진 ②). 아래로 내려오는 오른손은 엉덩이 뒤로 내렸다가 허리를 틀면서 어깨 위로 높이 올린다(사진 ③). 그리고 어깨 위에서 45도 각도로 내리 꽂히듯이 허리를 왼쪽으로 틀며 오른팔을 왼쪽 아래로 빠르게 내린다. 한편 왼손도 원을 그리며 무릎 아래까지 내려와 왼쪽에서 손목을 살짝 돌려서 내려오는 오른손을 받도록 한다. 이때 무릎은 왼쪽 무릎을 굽히도록 한다(사진 ④).

다시 반대로 방향을 바꾸어서 이번에는 왼손을 먼저 왼쪽 45도 방향 앞으로 던지면서 전과 똑같은 동작을 한다.

6) 비연수(飛燕手)

비연수는 '물찬 제비' 라는 말처럼 제비의 날개짓을 형상화해서 날렵

사진 ①　　　　　　　사진 ②

사진 ③　　　　　　　사진 ④

비연수

하게 두 팔을 휘두르는 동작이다. 이 역시 무술 수(手)이지만, 허리·팔 등의 유연성을 기르고 군살을 빼며 경락을 조절하는 훌륭한 기체조이기도 하다. 비연수도 먼저 마보식(馬步式)에서 수련을 하고 숙달이 되면 보(步)를 밟으며 다양하게 수련할 수 있다.

먼저 마보식 자세에서 오른손의 손 날을 옆으로 세워서 오른쪽으로 원을 그리며 45도 위로 높이 올린다(사진 ①). 그리고 그 뒤를 이어 왼손을 45도 위로 원을 그리며 오른쪽으로 휘두른다(사진 ②).

이번에는 반대방향으로 같은 동작을 한다. 왼손부터 원을 그리며 아래로 내렸다가 다시 높이 올려서 원을 그리며 휘둘러 왼쪽으로 보내고, 그 뒤를 이어 아래로 내렸던 오른손을 휘둘러 왼쪽으로 보낸다.

비연수의 손의 흐름

5. 보공(步功)

1) 보공의 의미와 효과

우리는 길을 걸어가면서도 기공 수련을 할 수 있다. 걸어가면서 하는 기공을 '보공(步功)'이라고 한다. 보공은 어느 곳에서나 수련할 수 있지만, 특히 공기가 맑고 길이 바르며 차량이 없는 곳, 그리고 꽃과 나무가 무성한 곳 등이 좋다.

보공을 수련하여 얻는 효과는 다음과 같다. 먼저 기의 전환을 수련한다. 걸으며 우주의 외기(外氣)를 받아 체내의 기로 운화(運化)하며, 다시 인체의 기를 외부로 발사하는 기의 전환(轉換) 능력이 강화된다. 또한 인체장(人體場)의 확장을 통해 인체의 감응 범위와 정도를 높일 수 있다. 이 수련을 하면 자기보호능력이 커지며, 인체장을 치병(治病) 등에 활용할 수 있는 능력이 생긴다. 아울러 심폐기능이 강화되는 등 건강이 크게 증진된다.

2) 보공의 방법

(1) 자연환기법

보공 중에 특히 유명한 것은 전진도(全眞道)의 보공(步功)으로 일명 '자연환기법(自然換氣法)'이라 한다. 이 수련법은 유명한 전진도의 여동빈(呂洞賓) 조사(祖師)가 체계화한 것이다. 그는 하루에 700리를 걸으며 도가(道家)의 성지(聖地)인 종남산(終南山)을 운유(雲遊)하는 중에 이 공법을 완성하였다고 한다.

삼보공(三步功)

초보자는 제일 먼저 삼보공을 수련한다. 걸어가기 전에 제자리에 서서 온몸을 방송하고 눈을 들어 멀리 하늘 끝까지 바라보았다가 신광(神光)을 상단전으로 거두어들인다. 옥액(침) 삼키기를 한 후에 입은 다물고 혀를 입천장에 붙인다. 그리고 나서 삼보공을 시작한다.

먼저 세 걸음을 걸으며 숨을 마시고, 동시에 우주의 기를 전신의 모공(毛孔)을 통해 몸 안으로 받아들여서 하단전으로 모은다. 다시 세 걸음을 걸으며 숨을 토하고, 동시에 하단전의 기를 전신의 모공을 통해 사면팔방으로 발산을 한다. 그 거리는 멀수록 좋다.

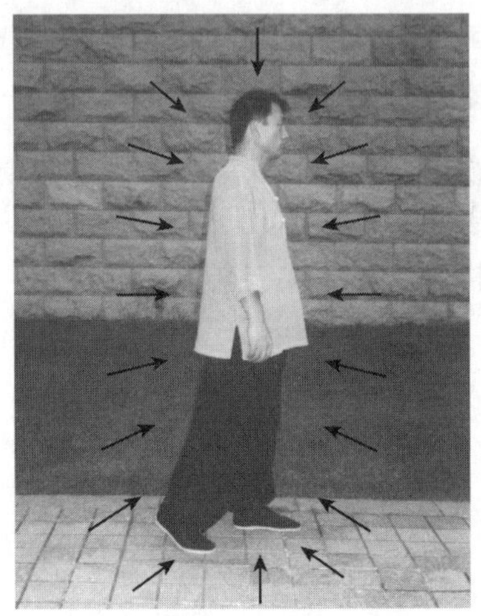

세 걸음을 걸으며 모공으로 기를 흡입한다.

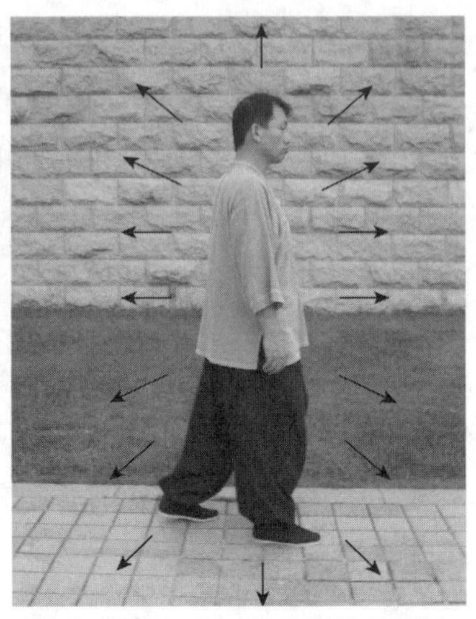

다시 세 걸음을 걸으며 모공을 통해 기를 발산한다.

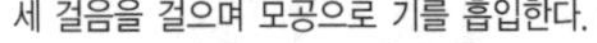

삼보공

걸음은 아무 발이나 먼저 나가도 좋으며, 전신의 긴장을 풀고 자연스러운 걸음으로 걸으면 된다.

육보공(六步功)

삼보공에 숙달이 되면 육보공을 해보자. 이는 삼보공과 동작이 같으며 다만 호흡이 더 길다. 즉 여섯 걸음을 걸으며 숨을 마시고, 다시 여섯 걸음을 걸으며 숨을 토한다.

육보공에 숙달이 되면 다시 12보공, 24보공을 연마할 수가 있다.

단폐기보공(單閉氣步功), 쌍폐기보공(雙閉氣步功)

위에 설명한 보공들은 중간에 지식(止息), 즉 폐기(閉氣)가 없으므로 이를 평보공(平步功)이라 한다. 폐기보공(閉氣步功)은 위에 설명한 평보공에 폐기를 추가하여 수련하는 방법이다. 단폐기 삼보공은 중간에 숨을 멈추는 과정을 한 번 추가하여 세 걸음 걸어가며 숨을 마시고, 다시 세 걸음 걸어가며 숨을 멈추고, 또 세 걸음을 걸어가며 숨을 토한다.

쌍폐기 삼보공의 경우에는 폐기를 한번 더 해서 세 걸음씩 걸으며 숨을 마시고 멈추고, 다시 토하고 멈추기를 반복한다.

(2) 일반 보공

참장공의 자세들은 모두 보법(步法)이 있다. 이들 보공을 하면서 염결(念訣)을 하면 더욱 효과적이다. 그 중에 중요한 몇 가지를 보자.

활보공(活步功)

이는 건들거리듯이 걸어가면서 발이 땅에 닿을 때 무릎을 살짝 굽혀 탄력을 주는 걸음이다. 동시에 다른 발은 위로 들어준다(사진 ①, ②). 이 활보공은 전통무술이나 탈춤 그리고 기무(氣舞) 등에서 많이 하는 보법이다. 더 강도 높은 수련을 하려면 뒤꿈치를 완전히 들고 활보공을 하면 된다.

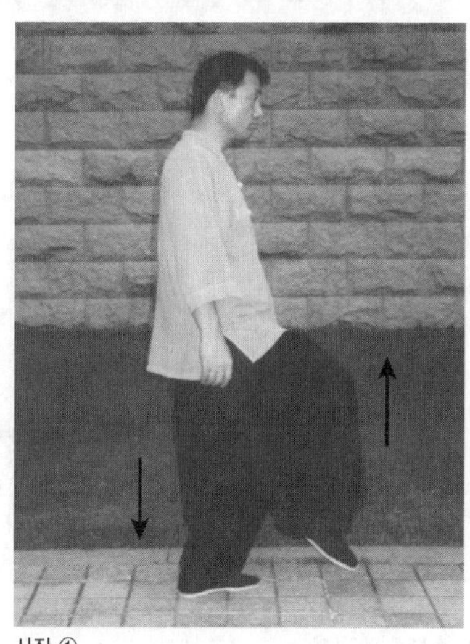

사진 ①

사진 ②

활보공

허보공(虛步功)

이는 허보식 자세로 전진, 회전, 후퇴 등의 걸음을 걷는 수련이다. 매번 땅을 딛을 때마다 앞발은 정면을 향하고 뒷발은 45도 옆 방향을 향하도록 발끝을 조정해야 한다(사진 ①, ②).

사진 ①

사진 ②

이 사진은 전진하는 허보공을 하며 동시에 쌍추장을 수련하는 모습이다.

허보공

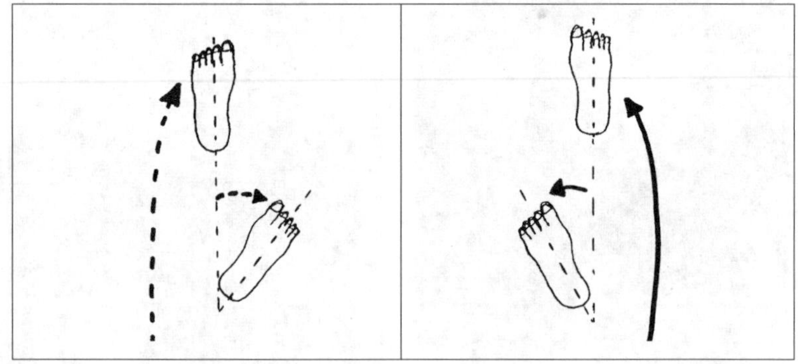

허보공의 스텝

등산보공(爵山步功)

등산식 보공은 보공 중에 수련 강도가 가장 높은 반면에 수련 효과가 가장 크다. 먼저 뒷짐을 진 채 등산식 자세를 취하고(사진 ①) 앞발을 들어서 멀리 앞으로 딛는다(사진 ②). 그리고 뒷발을 힘차게 끌어와서 등산식

사진 ①

사진 ②

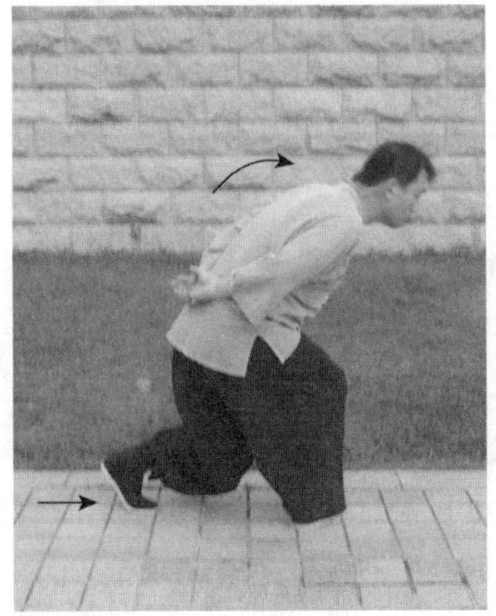

사진 ③

등산보공

자세를 취한다. 이를 계속 반복하며 앞으로 전진하고, 힘이 들면 발을 바꾸어서 수련하도록 한다.

삼성보공(三星步功)

허보나 활보 또는 등보 등을 수련할 때, 가상의 삼각형을 앞에 그려놓고 그 선상에서 보(步)를 밟으며 수련을 한다.

원형보공(圓形步功)

차려 자세로 서서 자신을 에워싼 원이 있다고 상상을 하고, 그 원 안에서 전후좌우로 보를 밟으면서 수련을 한다.

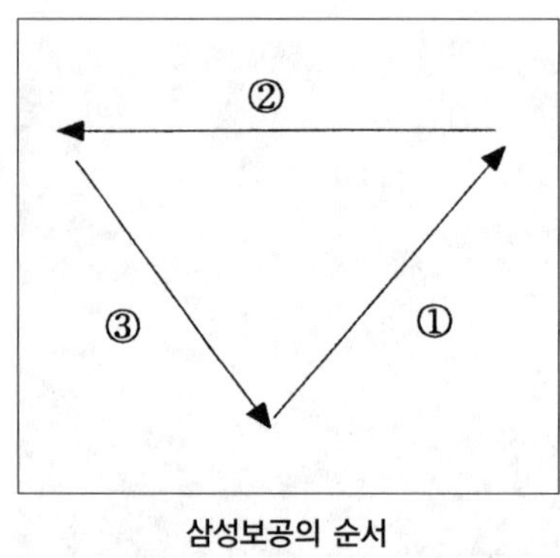

삼성보공의 순서

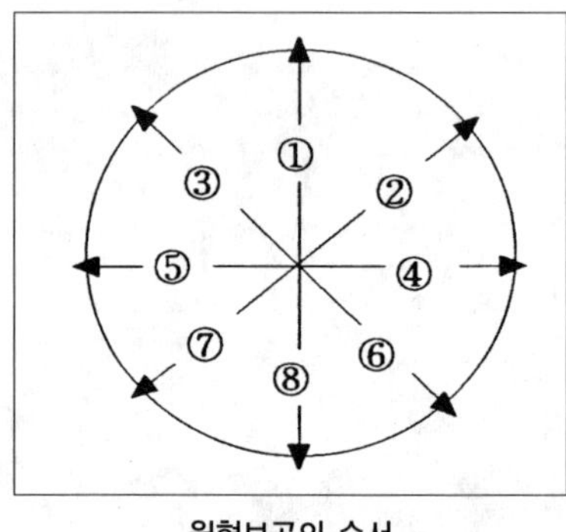

원형보공의 순서

6. 배공(拜功)

배공은 절을 하면서 수련하는 공법이다. 절은 무릎의 슬개골과 이마의 성문골을 단련시켜주고 동시에 겸양(謙讓)의 덕(德)을 길러주는 중요한 수련법이다.

배공은 불가(佛家)와 도가(道家), 유가(儒家) 등의 공통된 수련법이다. 불가에서는 배공을 '오체투지(五體投地)' 라고 불렀으며, 도가에도 '삼배구고(三拜九皐)' 라는 예법이 있다. 오체투지는 두 팔, 두 다리와 머리를 땅에 대기 때문에 붙여진 이름이며, 삼배구고란 3번 큰절을 하며 매번 절을 할 때마다 3번 목례를 하는 방법이다. 불교의 배공은 3배부터 108배 심지어 1000배까지 하는 경우도 있으며, 소림기공(小林氣功)에서는 수련자가 잘못을 하면 스스로 수백 배 절을 하도록 하고 있다. 이는 배공이 매

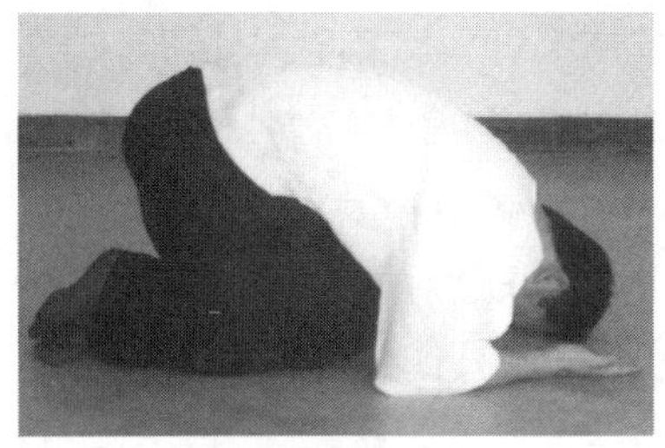

불교의 오체투지

큰절

단배공

여러 가지 배공

우 중요한 수련이기 때문에 이를 장려하기 위한 방편으로 그리 했던 것이다.

우리 민족도 고조선 때부터 배공을 중요한 수련법으로 해왔음이 《환단고기》 등에 나타나 있다. 선조들은 이 설날 세뱃돈까지 주시며 아이들에게 배공을 수련시켜 왔다. 따라서 배공은 우리의 고유한 수련법이기도 하다.

배공은 불가식이나 도가식으로 해도 좋으며 그냥 집안에서 하는 큰절로 해도 좋다. 또는 단배공(檀拜功)으로 해도 좋다(단배공은 전통무예인 기천(氣天)에서 하는 수련법으로 잘 만들어진 배공 중 하나이다).

배공 수련을 할 때는 모든 잡념을 버리고, 지극한 정성으로 해보자. 정성은 기(氣)를 운행하는 관건이다. 그리고 절을 하는 대상은 외부의 어떤 대상이 아니다. 바로 자기 자신의 내면(진정한 자아)을 향해 절을 하는 것이다.

배공을 할 때는 먼저 삼문 열기, 내시반조와 옥액 삼키기를 한다. 배공은 기본적으로 33배를 하고, 더 많이 하려면 100배 또는 그 이상을 한다. 수련을 마칠 때도 옥액 삼키기를 하고 나서 수공(收功)을 한다.

제 6 장

●

정공(靜功)

1. 정공의 의미

정공(靜功)은 일체 동작이 없이 고요하게 앉은 자세에서 하는 수련법이다. 각 문파마다 여러 가지 정공이 있으며, 일반에 많이 알려진 명상이나 참선(參禪), 기도(祈禱) 등은 모두 정공의 일종이다.

정공은 겉으로 보기에는 아무런 움직임이 없는 것 같지만 실제로 내부에서는 강렬한 움직임이 나타난다. 이 움직임은 보이지 않는 본성(本性)의 움직임으로, 체내에서 움직이지 않던 세포, 신경, 경락, 장부(臟腑) 등을 모두 움직이게 한다.

정공은 '하늘이 움직이면 땅이 고요하고, 땅이 움직이면 하늘이 고요하다(天動地靜 地動天靜)' 는 자연법칙에 근거한 수련법으로 동(動)과 정(靜)의 원리를 바탕으로 한다. 정이 극에 달하면 동이 생기고, 동이 극에 달하면 정이 생기게 된다. 동과 정은 서로 겸하여 동 안에 정이 있고(動中靜), 정 안에 동이 있다(靜中動).

정중동(靜中動)과 동중정(動中靜)으로부터 진정한 동과 정(眞動眞靜)이 생겨나고, 이들이 서로 합해져야 비로소 동과 정이 일체가 되어 인체 내부에서 소통될 뿐 아니라 우주와도 하나가 될 수 있다. 그러므로 정공은 동공(動功)의 기초이며, 모든 수련의 본체(本體)이다. 수련의 진정한 위력은 정(靜)에서 만들어지고 동(動)에서 나타나게 된다. 따라서 정공은 공력(功力)을 높이고 완전한 건강을 얻는 '황금의 가교' 라고 불리운다.

대기공사 왕력평(王力平) 선생은 정공의 중요성에 대해 이렇게 말했다.

"도(道)에 입문하여 배워야 하는 것이 정좌(正坐)이며, 죽을 때까지 수련해야 하는 것도 정좌이다. 이 다음에 어떤 것을 배우려 해도 정좌를 떠날 수는 없다."

2. 정공의 자세

정공(靜功)의 기본자세는 바르게 앉은(正坐) 자세이다. 앉은 자세는 좌식(坐式), 좌법(坐法) 혹은 반좌(盤坐)라고 부른다. 정공은 상황에 따라 의자에 앉은 자세(자연좌식), 누운 자세(臥式 또는 睡眠功) 또는 선 자세(立式, 站樁功)로 수련할 수도 있다. 바닥에 앉기가 불편한 사람은 자연좌식으로, 와병 중인 사람은 와식(臥式)으로 정공을 해도 된다. 특별한 경우에는 선 자세, 즉 참장(站樁) 자세로 정공 수련을 할 수도 있다.

1) 발 자세

정공은 발의 자세에 따라 다음과 같이 천반식, 지반식, 인반식 등으로 나눌 수 있다. 수련을 할 때는 이들 자세 중 각자 편리한 것을 택해서 하면 된다. 이 중에서 가장 효과가 큰 것은 천반식이다.

인반식　　　　　　　　　　　지반식

인반식(人盤式)

이는 흔히 말하는 책상다리 자세로 자연반(自然盤)이라고도 한다. 이 자세는 두 발을 모두 바닥에 댄 자세이다. 따라서 양 좌골(坐骨)과 두 발의 바깥쪽 복숭아 뼈가 지면에 닿게 된다.

지반식(地盤式)

이는 소위 양반 자세로 단반(單盤) 또는 반가부좌(半跏趺坐)라고도 한다. 한 발은 바닥에 놓고 다른 한 발은 그 위에 놓으며, 어느 발을 위에 놓아도 무방하다. 이 자세는 양 좌골과 한 발의 바깥쪽 복숭아 뼈가 지면에 닿는다.

천반식(天盤式)

이는 두 발을 서로 꼬아서 반대편 발 허벅지 위에 올려놓은 자세로, 두 발바닥이 모두 위를 향하게 된다. 쌍반(雙盤) 혹은 결가부좌(結跏趺坐)라

천반식

고도 부른다. 이 자세는 양 좌골이 지면에 닿게 되며 복숭아 뼈는 일체 바닥에 닿지 않는다. 이는 다리의 동맥(動脈)을 봉쇄해서 위쪽으로 돌아오는 혈(血)을 많게 하며, 심장의 기능을 강화시켜 준다.

또한 다리의 육경맥(六經脈)이 봉쇄되어 인체내의 혈액 순환과 기(氣) 순환이 주로 인체 윗부분(머리, 가슴, 배의 세 개 부위로 나뉨)에서 이루어지므로, 이 부분의 압력이 강화되며 평형(平衡)을 이루게 된다. 그리고 배설과 생육(生育) 기능이 높아지고 사유능력이 향상된다. 또한 장부의 기능을 강화할 수 있다. 옛 선인들은 이 세 부분(인체의 윗부분)의 수련을 통해 인생을 개변(改變)할 수 있다고 했으며, 특히 천반식의 자세를 수련함으로써 그것이 가능하다고 보았다.

정좌 수련이 깊어질수록 인체의 평형이 이루어져 많은 능력을 갖게 되며, 깊은 깨달음을 얻을 수 있다.

자연좌식(自然坐式)

의자에 앉아 두 발을 어깨넓이로 벌리고 무릎은 직각이 되게 하며, 허리를 자연스럽게 편다. 환자 등 바닥에 앉기 곤란한 사람은 이 자세로 수련을 해도 좋다.

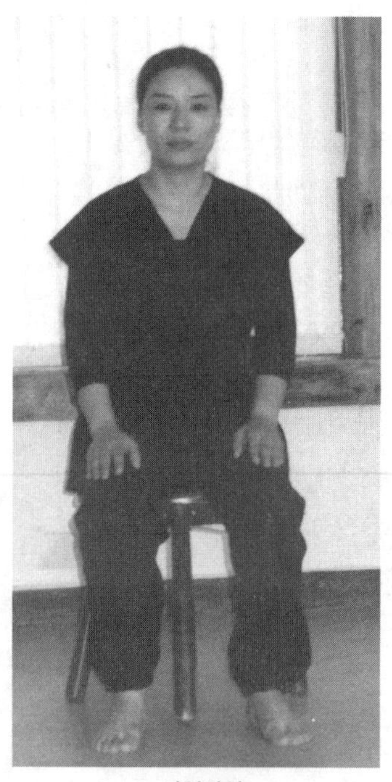

자연좌식

2) 손 자세

수식(手式: 結印)은 손의 자세와 위치에 따라 36식이 있고, 세분하면 72식이 있다. 여기서는 중요한 몇 가지 자세만을 소개하기로 한다.

태극식(太極式)

이는 두 손바닥이 위를 향하도록 포개어서(남자는 왼손이 위로, 여자는 오른손이 위로) 하단전에 새끼손가락의 손 날 부분이 닿도록 하는 자세이다. 특히 두 손의 엄지손가락은 서로 교차를 한다.

무극식(無極式)

태극식과 유사한 자세로 무극식(無極式)이 있다. 무극식은 특히 두 엄지손가락 끝을 마주 닿게 하고 다른 손가락은 가볍게 겹쳐서 손 전체는 마치 둥근 물건을 살짝 잡은 듯한 모양의 원을 그리게 된다. 이 자세는 참

태극식

무극식

선(參禪)이나 명상 수련에서도 많이 사용된다.

평안식(平安式)

이는 두 손의 손바닥을 아래로 향해서 양 무릎 위에 가볍게 올려놓는 방식이다. 이 자세를 취하면 심신이 편안하게 방송(放松: 이완)이 되는 효과가 있어서 평안식이라고 한다. 이는 도가의 전통적인 수행 자세로 특히 단전호흡 또는 묵운오행(默運五行) 등을 수련할 때 널리 활용된다.

영통식(靈通式)

이는 두 손으로 깍지를 끼어 두 다리의 정중앙 위에 살짝 올려놓은 방식이다. 그렇게 하면 양손의 인문(人門: 노궁)이 하단전을 향하게 된다. 이 역시 여러 가지 정공 수련을 할 때 사용하면 좋다.

평안식

영통식

3) 바른 자세

허리는 자연스럽게 펴고 머리는 바로 들되 고개를 약간만 앞으로 숙인다. 정공 자세를 취한 후 몸 전체에 편안한 느낌이 들어야 하며, 몸 어느 부위도 긴장되거나 불편함을 느껴서는 안 된다. 먼저 두 눈을 감고 침을 한 모금 삼켜서 하단전(혹은 해당 竅)으로 보낸 후에 혀를 입천장에 붙인다. 그리고 의념을 단전에 집중한다.

발과 손의 자세는 위 자세들 중 자신에게 맞는 방식을 택하면 된다.

3. 호흡법(丹田呼吸)

1) 호흡의 의미

인간의 생존에 가장 근본적으로 필요한 것은 호흡이다. 밥은 수십 일, 물은 며칠을 안 먹어도 살 수 있지만 호흡은 불과 1분만 안 쉬어도 누구나 고통을 느끼게 된다. 인도의 명상가 라즈니쉬는 호흡의 의미를 이렇게 말했다.

"호흡(숨)과 삶은 동의어이다. 호흡은 나 자신과 육체의 교량 역할을 할 뿐만 아니라 한 인간 존재와 대우주와의 교량 역할도 한다. 호흡이 깊어질수록 생명의 심층에 닿는다."

기공 수련에서 호흡은 매우 중요하다. 옛부터 이르기를 '공력은 전해도 화후(火候: 호흡법)는 전하지 않는다(傳功不傳火)'고 하였듯이 각 문파(門派)에서는 수행의 요체인 호흡법을 문 밖으로 공개하지 않았다. 극소수의 수행자에게만 비밀리에 핵심 노하우를 전수해 왔다.

기공 수련 중의 호흡법을 '조식(調息)'이라고 하며, 일반적에서는 단전호흡이라고 부른다. 단전호흡이란 간단히 말해서 단전까지 기(氣)가 들어오도록 숨을 깊이 쉬는 호흡법이다. 즉 하복부로 숨을 쉬는 복식호흡(腹息呼吸)이다. 우리는 수련할 때뿐만 아니라 일상중에도 단전호흡을 생활화하면 심신의 건강에 큰 도움이 된다.

2) 호흡(調息法)의 종류와 방법

조식법(調息法)에는 크게 두 가지 종류가 있다. 하나는 마시고 토하는 과정을 규칙적으로 조절하는 호흡법으로 이를 '무식(武息)'이라 한다. 또 하나의 호흡법은 단전의 움직임이나 호흡과정을 의도적으로 조절하지 않고 자연스럽게 면면(綿綿)히 하는 호흡법으로 이를 '문식(文息: 자연호흡)'이라 한다.

(1) 무식(武息)

무식은 마시고 토하는 호흡과정이 단전의 주재로 이루어지도록 단전의 운동과 호흡 과정을 일치시키는 호흡법이다. 무식은 단전의 운동 방향에 따라 다시 '순식(順息)'과 '역식(逆息)'의 두 가지 방법으로 나뉜다.

① 순식(順息)

일반적으로 단전호흡이란 이 방법을 지칭한다. 호흡의 과정을 마시고(吸), 멈추고(止), 토하고(呼), 멈추는(止) 4과정으로 나누어, 되도록 천천히 호흡을 한다.

숨을 들이마심과 동시에 아랫배를 밖으로 내밀어 단전 부위를 최대한 부풀린다. 어깨와 가슴의 긴장을 풀고 신체 어느 부위에도 무리한 힘이 들어가거나 불편하지 않아야 한다. 아울러 어깨나 가슴, 윗배(배꼽 윗부분)가 일체 움직이지 않도록 해야 한다.

숨을 최대한 마신 상태, 즉 더 이상 흡기(吸氣)가 안 되는 상태에서도 계속해서 숨을 들이마신다. 그리고 우주의 기(氣)가 단전으로 계속 들어온다는 의념을 갖도록 한다. 이 상태를 '지식(止息)'이라고 하는데 이는 단순히 기계적으로 숨을 멈춘 것이 아니고, 계속해서 기가 단전으로 흘러들어오는 상태이므로 이를 '유식(流息)'이라고도 한다.

지식(止息)을 오래 하고 나서 서서히 숨을 토하도록 한다. 마시는 숨과 마찬가지로 토하는 숨도 고요한 상태가 유지되어야 한다. 옛 사람들은 새의 깃털을 코끝에 대었을 때, 털끝만큼도 미동이 없게 호흡을 하는 것을 고요함의 기준으로 삼았다. 숨을 토함과 동시에 하복부를 안으로 당겨 수축시킨다.

숨을 다 토하고 난 후에도 체내의 폐기(廢氣), 탁기(濁氣)가 계속해서 배출된다는 의념으로 숨을 토하도록 한다. 이 단계가 토하는 호흡(呼氣) 다음 단계의 지식(止息)이다. 이 역시 다음의 호흡에 무리가 없는 한도 내에서 되도록 길게 한 후에 다시 서서히 숨을 마시도록 한다.

이렇게 호흡을 하게 되면 흡식(吸息)과 지식(止息) 그리고 호식(呼息)과 지식(止息)의 단계가 거의 구분이 없을 정도로 호흡이 미미하고 면면하여 끊기지 않고 스스로 미묘한 상태에 이르게 된다.

② 역식(逆息)

역식

역식의 호흡 방법은 기본적으로 순식과 같으나, 다만 단전의 운동방향이 순식과는 정반대이다. 즉 숨을 마실 때는 단전을 안으로 당겨 하복부를 수축시키고, 숨을 토할 때는 단전 부위를 밖으로 내밀어 하복부를 팽창시킨다. 이때 윗배와 가슴, 어깨는 일체 움직이지 않는다.

역식 호흡법은 일반에 많이 알려져 있지 않다. 그러나 도가(道家)의 전통적인 호흡법의 요체는 바로 역식호흡이다. 도가의 수행법뿐만 아니라 불교(佛敎)나 밀교(密敎)의 수행법도 높은 단계에서는 역시 역식호흡을 하는 것으로 알려져 있다. 일정한 수련 단계가 되면 순식(順息)을 하던 사람도 호흡을 역식으로 바꿔야 한다. 처음 기공을 공부하는 사람은 처음부터 역식을 수련해도 무방하다.

역식에서 숨을 마시면서 배를 수축하는 것은 하복부를 강제적으로 눌러 일정한 압력이 생기도록 하기 위해서이다. 하복부를 수축시키면 독맥(督脈)을 따라 기가 상승하게 되며, 신장계통(신장, 방광, 性線)에 압력이 생기게 되어 수승화강(水氣가 상승하고 火氣가 하강함)을 촉진하므로 건강한 몸을 만들 수가 있다. 또한 수명선(修命線)이 계발되며, 하복부로 내려간 기는 하단전의 안쪽에 있는 하황정으로 모이게 된다.

일심이용(一心二用)의 조식법

역식 호흡법은 단순히 숨을 마실 때 하복부를 수축하는 것만을 의미하지 않는다. 전통의 도가 호흡법에서는 무식(武息)을 하면서 동시에 몇 가지를 더 추가해야 한다. 역식이 숙달되면 우선 외행호흡(外行呼吸)을 한 가지 더 추가한다. 외행호흡은 모공(毛孔)호흡을 말한다. 숨을 마시면서 동시에 사면(四面) 팔방(八方)의 기를 모공을 통해 흡입(吸入)한다. 그리고 숨을 토할 때는 모공을 통해 사면팔방으로 자신의 기를 발산한다.

인체는 자신의 우주를 형성하고 있다. 인체 소우주는 원(圓)을 형성하는데, 이 소우주는 무형(無形) 무변(無邊)의 원형(圓形)을 이루어야 한다. 따라서 상하, 좌우, 전후로 균형 있는 모공호흡을 해야 한다. 그렇게 되면 우리의 인체장(人體場)은 사면팔방의 기(氣)와 서로 교류를 한다. 기공을 수련하면 이 장(場)이 매우 크게 된다. 그러나 기공을 하지 않은 사람에게 있어서 이 장은 몸에서 한 뼘 정도의 길이에 불과하다. 그리고 몸에 병

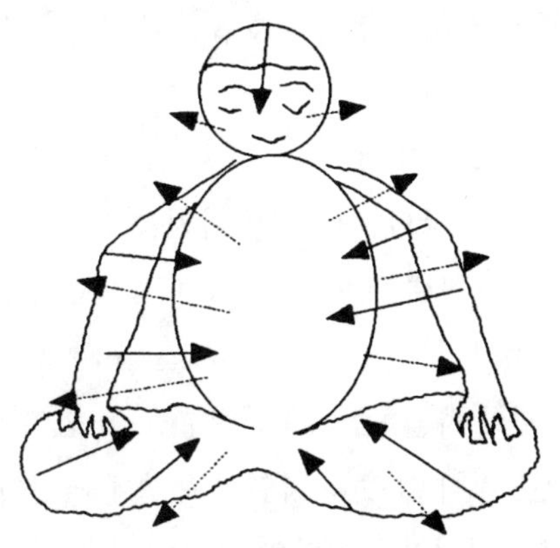

일심이용의 조식법

(病)이 있으면 해당 인체장의 일부가 일그러진 형태로 나타나게 된다.

호흡을 하면서 수련자는 마음 속으로 동시에 두 가지를 조절하게 되므로 이를 '일심이용(一心二用)의 조식'이라고 한다.

일심삼용(一心三用) 조식법

일심이용의 조식이 숙달되면 여기에다 내행호흡(內行呼吸)을 한 가지 더 추가해서 수련을 한다. 이를 '일심삼용의 조식'이라고 한다.

인체는 하나의 소우주이다. 심장 부위(제2중단전)가 천(天)이고, 신장 부위(하단전)가 지(地)이다(心爲天 腎爲地). 이 때 천(天: 心)은 심장만을 의미하는 것이 아니며 이를 포괄한 더 넓은 개념이다. 천은 상체 전체이며, 머리도 하늘에 해당된다. 그리고 신(腎: 地)은 하체 전체이다. 숨을 마시면서 하단전으로 기(氣)를 내리는 것은 하늘에서 땅으로 비나 눈이 내리는 이치와 같다. 숨을 토하면서 기를 위로 올리는 것은 땅의 기운과 수증기가 하늘로 올라가서 구름이 되는 이치와 같다. 특히 이때 기는 심장을 넘어 그 위에까지 올라가서는 안 된다(不出心). 이렇게 인체 내부의 천지간에 상하운동이 원활하도록 조절하는 호흡을 내행호흡이라 한다.

일심사용(一心四用)의 조식법

일심삼용의 조식이 숙달되면 다시 한 가지를 더 추가해서 수련을 한다. 이때는 인체장을 축소 확대하는 수련을 하나 더 포함하는데, 이를 '일심사용의 조식' 이라 한다.

우리에게는 세 개의 하늘, 즉 삼중천(三重天)이 있다. 인체 내에 천(天)이 있고 인체장에도 천이 있으며, 자연의 우주에도 천이 있다. 이제 인체 내의 천지(天地)뿐만 아니라 인체장의 천지를 함께 조절한다. 즉 숨을 마시면서 의념으로 인체장을 최소한 작게 축소하고, 숨을 토할 때는 인체장을 최대한 크게 확대한다.

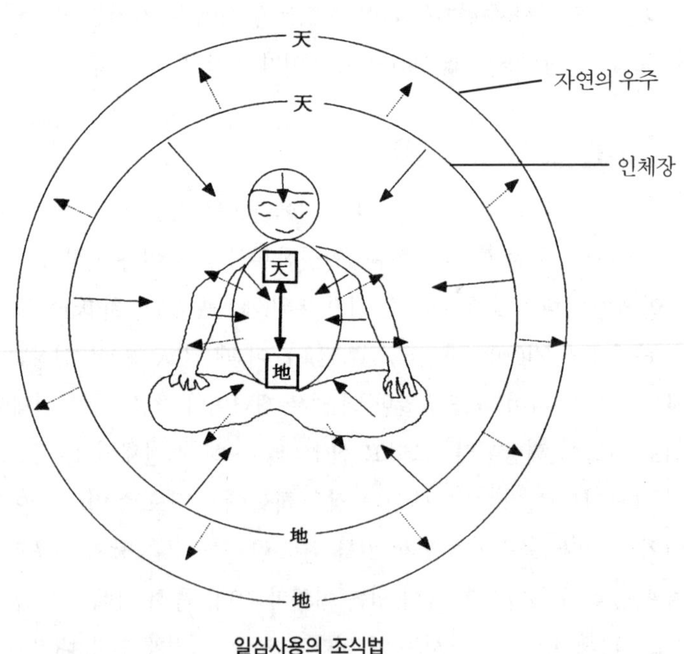

일심사용의 조식법

일심오용(一心五用)의 조식법

일심사용이 완전히 숙달되면 다시 무루(無漏) 수련을 한 가지 더 추가해서 하는데, 이를 '일심오용(一心五用)의 조식'이라 한다.

인체에는 많은 기가 밖으로 새어나가는 곳이 있는데 이를 10대 명규(明竅)라 한다. 10대 명규는 두 눈, 두 귀, 두 콧구멍, 입, 배꼽 그리고 전음(前陰: 생식기)과 후음(後陰: 항문)을 말한다. 특히 이 중에서 가장 많은 기를 잃는 곳은 전음과 후음이다. 이를 막아야 단(丹)을 만들고 주천(周天)을 할 수 있다.

전음부와 후음부의 무루를 위해서는 괄약근을 조절하는 것이 효과적이다. 즉 숨을 마시며 동시에 서서히 괄약근(항문 근육)을 수축하고, 다시 숨을 토하면서 괄약근을 서서히 풀도록 한다.

(2) 문식(文息)

이 호흡법은 무식과 달리 마시고 멈추고 토하고 멈추는 구분을 의도적으로 하지 않으며, 또한 단전의 운동(수축, 팽창)도 전혀 유념하지 않는다. 오직 자연스럽게 면면히 하는 호흡법이다.

의념으로 3문(三門)과 전신 모공을 열고 단전이 호흡의 전 과정을 이끌도록 하면서 오직 고요한 호흡 상태가 유지되도록 조절하면 된다. 우리의 인체는 고요한 호흡을 하면 저절로 숨이 가늘어지고 깊어지며 길어져서 심호흡을 하게 되어 있다. 따라서 자신의 숨소리가 자신의 귀에 전혀 들리지 않을 정도로 고요한 상태가 유지된다면 이는 곧 문식이다. 이때 숨은 반드시 코로만 쉬며, 의념은 항상 하단전(혹은 해당 규)에 집중한다.

수련이 깊어지고 하단전에 규(竅)가 형성됨에 따라 하단전이 스스로 호흡의 전 과정을 장악해 이끌어 가는 것을 체험하게 된다. 오랫동안 문식을 하고 있으면 삼문과 전신모공을 통해 미묘한 기감(氣感)을 느낄 수 있다. 문식이 잘 되면 기공상태(氣功狀態)에 몰입되는 것이 용이하다.

(3) 진식(眞息)

수련이 높은 경지에 이르러 삼문이 완전히 열리고, 다시 신궐(神闕: 배꼽)과 명문(命門: 제2, 3요추 사이) 두 혈이 열리고 난 후에는 전신의 모공이 완전히 선천호흡(先天呼吸) 기능을 회복하게 된다. 그러면 문식은 저절로 최고 단계의 호흡인 진식으로 바뀌게 된다. 이 호흡은 모태 속에 있는 태아가 하는 호흡과 같기 때문에 '태식(胎息)' 이라고도 한다.

이 단계에서는 코나 입을 통한 후천호흡은 거의 필요가 없게 되고, 삼문과 규 그리고 전신 모공을 통해 직접 우주의 기를 흡입하게 된다. 이 호흡은 일반인이 연습을 한다고 해서 할 수 있는 것이 아니다. 오직 고도의 수련을 통해 심신이 완전히 새로운 차원으로 바뀌었을 때만이 가능한 호흡이다.

(4) 지식(止息)

호흡은 생명의 본질, 심신의 건강과 관련이 깊으며 깨달음과도 직결된다. 따라서 호흡을 통제하는 것은 매우 중요한 수련법이다. 특히 지식은 이러한 효과를 극대화할 수 있으므로 예로부터 고도의 수행법으로 활용되었다.

수련자는 심신 능력을 극대화하기 위해 수시로 자신의 수행 정도를 지식의 길이로 가늠해 볼 수 있다. 대체로 3분 이상 지식이 가능하면 깨달음으로 이어질 수 있는 것으로 평가되며, 5분 이상이 되면 삼매(三昧)에 드는 것이 가능하게 된다.

20세기의 위대한 수행자 요가난다(Yogananda)는 지식(止息) 수련에 대해 이렇게 말했다.

"폐, 심장의 활동을 침묵시킴으로써 프라나(氣)의 추가적 공급을 확보하여 육체 내의 부패현상이 중지되고 생명력이 고양된다."

"호흡과 마음의 파동을 정지시키면 창조 세계의 다양한 파도들이 하나의 빛의 바다로 용해된다."

"자기 의지로 '무호흡 상태(sabikalpa samadi)'에 들어가는 능력과 '불변의 기쁨(ninbikalpa samadi)'에 도달함으로써 우주의 이원적 환영, 즉 마야의 세계를 정복하게 된다."

지식 수련의 방법은 정공(靜功) 자세로 앉아서 숨을 깊이 들어 마시고 숨을 멈춘 후 최대한 오래 참는 것이다. 지식 수련은 심신을 극한 상태로 몰고 가는 수련이므로, 숨이 막혀 질식해 버릴 것 같은 고통을 견디며 오래 참아야 한다. 그리고 나서 잠시 호흡을 조절한 후에 또 다시 숨을 최대한 오래 참는 수련을 반복한다. 옆에 스톱워치를 준비하여 자신의 지식이 얼마나 되는지 점검을 해보는 것이 좋다.

지식 수련은 축기(蓄氣)와 심신의 정화(淨化) 등 그 효과가 매우 뛰어나다. 지식을 많이 하면 무화(武火: 무식 수련으로 단전에 생기는 열)의 발생이 쉽고, 단전에 많은 기가 쌓이게 된다. 또한 잡념과 망상이 쉽게 가라앉아서 정신통일과 무심(無心)에 이르기 쉬우므로 지식은 최고의 마음 공부이다.

그러나 초보자는 참장공 등의 기본 수련을 많이 해서 단전에 축기가 어느 정도 되고, 기를 체험하는 단계가 되었을 때 지식 수련을 하는 것이 바람직하다. 아직 축기와 형(形: 몸)이 안 된 상태에서 지식 수련을 하면 화기(火氣)가 지나치게 위로 올라가는 '상기(上氣)' 현상 등 부작용이 있을 수 있기 때문이다.

4. 염결법(念訣法)

염결법은 옛부터 가장 중요한 정공 공법(功法)의 하나로, 밀교(密敎)나 원극공(元極功: 太一道)을 비롯한 여러 문파의 수행에서 주요한 공법으로 삼아 왔다. 염결법은 '진언공(眞言功)'이라고도 하며, 간단히 말하면 주문(呪文: 訣)을 읽는 수련이다.

염결을 통해 수련자는 잡념을 제거하고 무념무상의 기공상태(入靜)에 쉽게 도달할 수 있으며, 효과적으로 축기(蓄氣)를 하고, 나아가 운기(運氣) 능력을 계발할 수 있다. 전통의 염결법을 소개하기로 한다.

1) 결(訣)의 의미와 효과

결(訣)의 의미

소리는 기를 모으는 효과가 있으며, 우리는 이미 이를 생활 속에서 활용해왔다. 가령, 태권도 선수가 격파 시범을 할 때, '야잇' 소리와 함께 주먹으로 벽돌을 깨뜨리는데, 이때 내는 소리를 '기합(氣合)'이라고 부른다. 기합이란 '기를 합한다' '기를 모은다'는 뜻으로 '야잇' 하고 외칠 때 순간적으로 많은 기를 모으는 효과가 있다. 힘든 일을 할 때도 '으차!' 또는 '영차, 영차!' 등의 기합을 넣는 모습을 종종 볼 수 있다.

이렇듯 말(언어, 소리)은 우리가 생각하는 이상의 의미와 기능을 갖고 있다. 언어는 우주만물과 대응하며, 우주 에너지와도 대응이 된다. 특히 우주의 기를 흡수, 집결하는 역할을 하는 말(言語)을 기공에서는 '결(訣)' 이라 한다.

결은 도가의 선조들이 수련 중에 찾아낸 지혜의 정수이다. 깊은 깨달음에 도달한 수행자가 우주발전의 법칙에 따라 천지만물의 에너지를 흡수 · 응집 · 배열 · 조합하여 음(音)으로 극화(極化)하고 언어 · 문자의 형식으로 표현하여 보존·저장한 것이 바로 결이다. 즉 결은 우주의 에너지를 기록·저장하고 전달하는 특수한 방식이다.

우주는 음(音)의 세계

이 우주는 만물로 구성되어 있어 외견상 복잡다양해 보이지만, 그 본질은 '음(音)' 하나이다. 인간은 만물의 영장으로 복잡성도 천지와 동일하고 기원도 천지와 같은데, 인간도 그 본질을 개괄하면 역시 음이다. 결은 천지를 인심(人心)에 합쳐 극화(極化)하여 이루어 놓은 천인공동음(天人共同音)이며 천지인(天地人)의 화합체로서, 그 본질 역시 음이다.

천지는 음의 세계이고 인체도 음의 세계이다. 음의 세계에서 결은 교량 역할을 하며, 우주의 만사만물에 대응한다. 음은 만물의 일반법칙이므로 우주(天)와 사람(人)은 음(音)으로 공동의 언어를 만들어 내기에, 천인합일은 여기서 실현될 수 있는 것이다.

수련자는 처음부터 결의 내용을 모두 이해할 필요는 없다. 결의 오의(奧義)는 수련을 통해서 공력(功力)이 높아지고 깨달음이 깊어질 때 스스로 알게 되기 때문이다.

결의 효과

마음을 집중하고 일심(一心)으로 결을 읽기만 하면, 체내에 우주의 기(氣)를 관통시키고 내기(內氣)를 크게 증강시킬 수 있다. 수련 중에 결을 읽으면 수련 효과가 배가(倍加)된다. 결(訣)은 일념(一念)으로 만념(萬念: 모든 잡념)을 대체하며, 호흡을 스스로 조절하는 작용이 있다. 또한 결은 공력(功力)을 단전(혹은 해당 규)에 저장시키는 정화(精華)이며, 본성(本性)으로 회귀하는 첩경이다. 마음 속으로 결을 묵념(默念)하면 체내의 에너지를 극화(極化)할 수 있을 뿐만 아니라 마음에 자양분을 공급하고 정화해주는 작용이 있다.

2) 결을 읽는 방법

묵념법(默念法)

결이 에너지를 전달하는 방법, 즉 결을 읽는 방법에는 크게 성념법(聲念法: 소리를 내어 결을 읽는 방법)과 묵념법(默念法: 소리를 안내고 마음 속으로 결을 읽는 방법) 두 가지가 있다. 초보 단계나 잡념(雜念)이 심한 경우에는 성념법을 써도 좋다. 하지만 보다 효과적인 방법은 묵념법이다. 그래야 더 큰 에너지가 작용될 수 있다.

염결시의 호흡은 자연스럽게 한다. 염결 수련법은 주요하게 3문, 전신 모공과 규(竅)를 열어 선천호흡을 하게 하는 것이다. 그러므로 후천호흡인 구비(口鼻) 호흡은 일체 괘념하지 않고, 다만 고요하고 자연스럽게 호흡을 하면 된다. 결을 읽는 속도는 자신에게 적절하고 편안함을 기준으로 자유롭게 조절하며, 유쾌해야 한다. 수련이 심화되어 감에 따라 호흡은 자연히 느리고 길게 되는데, 그에 따라 결을 읽는 속도도 늦어지게 된다.

똑같이 수련을 해도 어떤 사람은 수련 효과가 크고 어떤 사람은 작게 나타날 수가 있다. 그 원인은 염결 중에 잡념이 많거나 규를 제대로 지키지 못했기 때문이다. 염결을 할 때는 무엇보다 결에 전심(專心)하고 잡념이 없어야 한다. 그리하면 결이 뜻대로 규에 돌아가 마음이 고인 물과 같이 맑아지고 진심이 드러나게 된다.

심규합일법(心竅合一法)

먼저 의념으로 상단전의 혜심(慧心)[1]을 내려서 하단전(혹은 자신이 수련

---

1) 인간의 마음에는 혜심(慧心)과 육심(肉心)이 있다. 육심은 오장육부에 혜심은 상단전에 각각 존재하며, 진정한 마음은 혜심이다. 자세한 내용은 졸저《기공이란 무엇인가》제4장 4절 및 제7장 3절 참조.

하는 竅)에 일치시킨다. 이렇게 하는 것을 '심규합일(心竅合一)' 이라고 한다.

그리고 나서 하단전(혹은 해당 竅)으로 침을 한 모금 삼킨 후에 그 규를 향해 계속해서 결을 읽는다. 이를 '결을 낙착(落着)시킨다' 또는 '결을 떨군다' 고 한다. 결을 낙착시킬 때는 하단전(혹은 해당 규)을 향해 마치 포격(砲擊)을 하듯이 마음 속에서 결을 발사하며, 규에는 마치 자신의 눈과 귀가 있어서 보고 듣는 듯이 집중을 한다.

다시 말해서 결을 읽을 때는 결이 마음(心: 心臟) 속에서 일어나고, 음(音: 肺) 중에서 나오며, 귀(腎臟)로 듣고 눈(肝) 앞을 지나며, 규(竅: 脾臟)에 낙착되어야 한다. 이렇게 되면 오장(五臟)의 에너지가 발동하여 오장이 모두 건강해질 수 있다.

심규합일이 잘 되었는가의 여부는 수련을 하는 가운데 스스로 느낄 수 있다. 반복해서 결을 읽는 가운데 마음과 규가 하나된 듯한 느낌이 들면서 구체적인 반응이 나타난다. 이때가 되면 결은 규에서 나와 다시 규로 들어가는 듯한 느낌이 들면서, 수련하는 규에 팽창감과 열감(熱感), 그리고 진동 현상 등이 생기게 된다. 이는 마음(慧心)과 규가 합일되도록 하는 수련법이므로 '심규합일법(心竅合一法)' 이라고 한다.

3) 결의 종류

결은 기공뿐만 아니라 여러 종교의 의식(儀式)에서도 널리 사용되며, 다양한 종류가 있다. 여기서는 수련할 때 사용하면 편리하고 효과가 큰 몇 가지 중요한 결을 소개하기로 한다.

《천부경(天符經)》
각 민족마다 고유의 언어체계가 있으며 고유의 결이 있다. 우리는 '어머니'라는 말을 들으면 마음에 반응을 하지만, 미국 사람들은 '마더(mother)'라는 말을 들을 때에 마음으로 반응하게 된다. 우리의 언어와 사상체계로 이루어진 결을 읽으면 감응이 더 크고, 우리의 얼이 되살아나 공(功)을 더욱 높일 수 있다.

일찍이 최치원(崔致遠) 선생이 한역(漢譯)을 하여 후대에 전한 《천부경》은 간결한 81자(字) 속에 대우주의 진리를 담고 있어, 인류 최고의 경전으로 평가되고 있다. 《천부경》은 하늘에 부합된다는 이름 그대로 우주에 상응하는 에너지를 갖고 있으며, 결로서 활용될 때 높은 공효(功效)를 낼 수 있다.

《천부경》은 12규를 만드는 수련이나, 소주천(小周天)·대주천(大周天)의 운기(運氣) 수련 등에 사용할 수 있으며, 그밖에 여러 공법에서 널리 활용될 수 있다. 《천부경》의 내용은 다음과 같다.

一	始	無	始	一	析	三	極	無
盡	本	天	一	一	地	一	二	人
一	三	一	積	十	鉅	無	匱	化
三	天	二	三	地	二	三	人	二
三	大	三	合	六	生	七	八	九
運	三	四	成	環	五	七	一	妙
衍	萬	往	萬	來	用	變	不	動
本	本	心	本	太	陽	昂	明	人
中	天	地	一	一	終	無	終	一

수결(數訣)

《천부경》과 역학(易學)에서 설명하는 우주는 수(數)의 세계이다. 우주는 수리적(數理的)으로 정교하게 구성되어 있으며, 숫자는 이를 상징하는 의미를 갖고 있다. 그러므로 1, 2, 3 ……의 숫자는 단순한 수(數)가 아니고, 우주만물에 상응하는 일종의 부호이며 결(訣)이다.

우주는 하나에서 열까지의 수결(數訣)로 표현되며 서로 대응이 된다. 가령 '하나' 의 '한(HAN)' 은 우주의 원음(태초의 음, 궁극의 음, 최고층차의 음)인 '옴(AUM:혹은 唵)' 이다. 따라서 우리의 한과 안, 암, 옴은 모두 같은 의미를 갖는다.

수결을 사용할 때는 '일, 이, 삼, 사, 오……' 로 읽는 것 보다 '하나, 둘, 셋, 넷, 다섯……' 으로 읽어야 우리의 언어감각과 정서에 더 공명이 되며, 보다 큰 에너지를 작용시킬 수 있다. 수결은 참장공(站椿功), 동공(動功), 평형공(平衡功), 정공(靜功), 안마공(按摩功) 등 모든 수련 중에 활용될 수 있다.

총결(總訣)

총결은 '십자진언(十字眞言)' 또는 '무자진결(無字眞訣)' 이라고도 한다. 이는 도가(道家: 太一道)의 대스승이 깊은 깨달음 속에서 우주의 삼원(元氣, 元光, 元音 곧 氣) 에너지를 극화하고 태아(胎兒)의 생명운동을 조합하여 이를 언어와 문자로 표현하고, 저장한 것이다.

이 결은 '안(唵), 진(喋), 미(咪), 피(囉), 지(唉), 바(叭), 야(嚁), 인(嚥), 화(吡), 딩(啶)' 의 10자이다. 이 중에서 '안, 진, 미' 의 3결은 우주의 원기층(元氣層)과 연결되어 체내의 원기를 통하게 하는 효과가 있으며, '피, 지, 바' 는 우주의 원광층(元光層)과 연결되어 있어 체내의 원광 에너지를 작용시킨다. 그리고 '야, 인, 화' 는 우주의 원음층(元音層)과 연결되어 체내 원음의 작용을 이끌어준다. 특히 '딩(啶)' 결은 삼원 에너지를 총괄하며, 이를 고정시키는 힘이 있다.

원래 결은 수련의 정수(精髓)이며 요체(要諦)이므로 어느 문파를 막론하고 비밀로 하여 문 밖으로 전하지 않았으며, 극소수의 수행자에게만 전수되었다. 총결도 수백 년간 공개하지 않다가 1987년에 대기공사 장지상 (張志祥) 선생이 처음으로 일반에 공개하였다. 총결은 에너지를 동원하는 효과가 크며, 혜심(慧心)과 결합될 때는 상상을 뛰어 넘는 위력을 발휘할 수 있다. 총결은 참장공, 평형공, 동공, 정공, 안마공 등 모든 수련에 사용 하면 좋으며, 발공(發功)과 치병(治病)을 할 때도 큰 효과가 있다.

이 외에도 각 수련 단계에서 사용하는 여러 가지 결(訣)들이 있다.

4) 염결법

(1) 제1층차 하단전(下丹田) 수련법

염결의 방법

자세는 정좌(正坐)로 하며 편안하고 자연스럽게 하는 것이 좋다. 경우 에 따라서는 와식(臥式), 입식(立式)으로 할 수도 있다. 먼저 3문을 열고 하 단전으로 내시반조(內視返照)와 옥액(玉液: 침) 삼키기를 한다. 심규합일 (心竅合一)이 되도록 한 후에 결을 읽어서 하단전으로 낙착(落着)시키며, 의념으로 하단전을 잘 지키도록(意守) 한다.

결을 하단전에 떨구기만 해도 그 에너지가 현관(玄關: 상단전)으로 반류 (返流)가 되는데, 이는 규를 잘 지켜 하단전과 현관이 하나로 된 까닭이 다. 즉 심(心: 玄關)과 규(하단전)의 합일 상태가 된 것이다. 수련 중에는 잡 념을 제거하고 의념으로 하단전을 잘 지키며 결을 묵념하여, 본성(本性) 을 깨치고 본명(本命)을 관통해야 한다.

하단전의 위치를 찾으려면 먼저 대략적인 위치를 찾은 후에 결을 읽어 서 그 위치에 계속 떨어뜨린다. 이렇게 자꾸 결을 읽다 보면 대략적인 위 치에 한 점이 생기는데, 이는 에너지가 모인 것으로 저린 감각이나 팽창 감, 맥박이 뛰는 등 특수한 감각이 나타나게 된다. 이곳이 바로 찾으려는 규(하단전)이다. 염결의 횟수는 많을수록 좋다. 규를 만들기 위해서는 심규합일이 된 상태에서 적어도 12만8천 번 결을 읽어야 한다.

수련 시간은 하루 중에 자시(子時: 밤11시~1시)가 가장 좋지만, 이를 지키기가 어려우면 아무 때나 편하게 수련에 몰두할 수 있는 시간(이를 活子時라고 함)이면 무방하다.

수련을 마칠 때는 옥액을 모아 세 번에 나누어 하단전으로 보낸 후에 두 손을 하단전에 대고 원을 그리며(혹은 의념으로) 수공(收功)을 한다.

1층차 공결(功訣)

감산전해평파랑(撼山塡海平波浪) 산을 허물어 바다를 메우니 풍랑이 잠들고
금진옥액장령묘(金津玉液長靈苗) 금, 옥같은 침이 신령한 싹을 기르네.
료사각생장생로(了死却生長生路) 죽음과 윤회가 그치니 장생의 길이 열리고
음양교합낙소요(陰陽交合樂逍遙) 음양이 교합하니 즐거움 속에 소요하네.
안진미피지바야인화딩(唵嚛咪囉哞叭喠嚇吒啶)

수련 효과

1층차 염결 수련의 효과는 다음과 같다. 우선 하단전이 꿈틀거리고 열이 난다. 그리고 신장(腎臟)이 팽창하고 회음(會陰)이 약동하며 기가 움직이는 감각이 생긴다. 또한 입안의 옥액이 증가하고 점차 걸어지며 무미(無味)하던 것이 향기롭게 된다. 아울러 두뇌가 맑아지고 영민(靈敏)해지며 정력이 증가하게 된다.

수련 중에 자신의 단전을 들여다보면 어둡던 것이 점차 밝아지고 흑색이던 것이 남색으로 변해서 점차 환해진다. 그리고 전신(全身)이 편안하고 내심으로 기쁨이 생기며, 때로 미려관이 약간 움직이는 듯하고 조금 팽창하기도 한다.

공력이 깊어짐에 따라 남자는 성기가 발기되는 현상이 있게 되는데 이

때는 더욱 마음을 안정시켜서 결(訣)로 정욕을 제거하고 정기를 전화(轉化)시켜서 하단전으로 올려 보내야 한다. 여자는 월경이 앞당겨지거나 늦어지고 아랫배가 붓고 아프며 월경이 많아지는 등의 현상이 나타날 수도 있다. 이런 현상은 수련의 진전에 따라 나쁜 것이 배출되고 새 것을 만들어 새롭게 조절하는 과정이므로 자연스럽게 받아들이면 된다. 보통 3개월 정도 수련을 계속하면 다시 정상으로 돌아온다. 부인과(婦人科) 질병이 있는 사람도 수련 중에 병이 자연치유 될 수 있다.

(2) 제2층차 미려관(尾閭關) 수련법

염결의 방법

수련 자세나 규(竅)를 지키는 기본 사항는 1층차의 수련법과 동일하다. 삼문 열기와 미려관으로 내시반조, 옥액 삼키기를 한다. 반조, 옥액 삼키기를 하는 노선은 현관(상단전)에서 임맥을 따라 하단전까지 내리고 다시 하단전에서 수명선(修命線)을 관통하여 미려관으로 보낸다.

염결 방법도 1층차와 동일하다. 일심으로 반복해서 염결을 하여 미려관으로 모으는데, 염결은 많을수록 좋으며, 미려관(2층차) 수련도 결을 12만8천 번 읽어야 한다. 호흡은 자연스럽게 하며 결의 운행 노선은 임맥을 따라 하단전을 거쳐 수명선을 관통하여 미려관에 이른다.

수련 시간은 축시(丑時: 밤 1시~3시)가 가장 좋으나, 그밖에 마음이 상쾌하고 여유가 있는 시간이면 아무 때나 무방하다.

수련을 마치려면 옥액을 세 번 삼켜서 미려관에 보낸다. 그리고 두 손을 단전에 대고 의념과 함께 수공(收功)을 한다.

2층차 공결

선천이로후천생(先天而老後天生)　선천이 다하니 후천이 열리고 풍뢰진파출고륜(風雷震破出苦輪) 바람, 우뢰, 지진으로 고통의 수레에서 벗어났네.

일선현명통천로(一線玄明通天路) 한 줄기 오묘한 빛이 하늘 길로 통하고

양극전도별유춘(兩極顚倒別有春) 음양이 바뀌니 새봄이 돌아왔네.

안진미피지바야인화딩(唵嚫咪囄唳叺㗚嚁吡啶)

수련 효과

2층차 염결 수련의 구체적 효과는 다음과 같다. 미려관 수련은 규 내의 양중음(陽中陰)이 작용하도록 하는 것이다. 열심히 염결을 하면 처음에는 미려관이 뛰면서 가려운 듯하고 점차 팽창감이 생기며 아픈데, 수련을 함에 따라 통증은 점점 더 찌르는 듯 아프게 된다. 이러한 통증은 짧으면 하루 이틀, 길면 며칠씩 계속된다. 이것은 에너지가 응집되어 관(關)을 뚫고 규(竅)를 지나려는 좋은 징조이다.

이때 미려관을 내시(內視)하면 미려관에 두 개의 밝은 점이 있는데, 왼쪽은 검은 점이고 오른쪽은 흰 점이다. 이는 체내의 음양영기(陰陽靈氣)가 뚜렷이 나타난 것이다. 정신을 가다듬어 두 점을 주시하고 결을 묵념하여 두 점에 떨어지게 해야 한다. 이렇게 전력(全力)을 다하여야 비로소 에너지를 동원하여 관을 뚫을 수 있다.

미려관에 에너지가 충분히 모이면 그 힘을 스스로 억제할 수 없게 되는데, 이때 관을 뚫기 시작한다. 부단히 염결하여 미려관을 의수(意守: 의념으로 지킴)해야 한다. 한창 관을 뚫다가 갑자기 온몸이 가벼워지고 정신이 맑아지며 성향(性香)을 맡을 수 있는데 그러면 마침내 관을 뚫은 것이다. 관을 뚫은 후 한 가닥의 원기(元氣)가 독맥을 따라 명문(命門)을 지나 협척관(夾脊關)으로 올라가거나 또는 직접 옥침관(玉枕關)을 통과하여 천문(天門)으로 들어간다. 이것은 의식적으로 인도하지 말고 자연스럽게 진행되도록 맡겨두어야 한다. 관을 뚫는 것은 수련을 할 때만 나타나는 것이 아니라 때로는 생활 중이나 꿈 속에서도 진행될 수도 있다.

미려관을 관통하면 정기(精氣)가 맑아져서 기가 몸의 앞뒤를 뚫고 다니는 감이 있고, 제 질병이 뚜렷이 사라진다. 관을 뚫는 것은 공력이 취합되어 나타난 결과이다. 따라서 이를 맹목적으로 추구해서는 안 된다.

미려관에 에너지가 충만된 감이나 덩어리를 이룬 듯한 느낌이 있거나, 하단전과 미려관 사이에 두 갈래의 기운이 서로 교차되어 중간에서 약동하는 감이 있으면, 그곳이 하황정이 처음 나타난 곳이다. 흑백 두 점이 나타나거나 미려관에 강한 통증이 있거나 향기가 나는 등의 현상이 나타나면 이제 3층차 수련에 들어갈 수 있다.

(3) 제3층차 하황정(下黃庭) 수련법

염결의 방법

수련 자세와 규(竅)를 지키는 기본사항은 1층차와 동일하다. 단, 노선은 임맥(任脈)을 따라 하단전을 거쳐 다시 하황정에 이르게 한다.

먼저 일심(一心)으로 염결하여 하황정에 결을 낙착시키고, 다시 미려관, 명문, 협척관, 옥침관으로 독맥을 올라가며 염결을 한 후에, 상황정, 상단전으로 성선을 따라 앞으로 나오며 염결하고, 다시 전중제2중단전), 제1중단전(신궐), 하단전으로 임맥(任脈)을 따라 내려오며 염결을 한 후에 수명선을 관통하여 하황정으로 다시 돌아온다.

운행하는 각각의 규에 도착하면 규를 지키면서 결을 한 번 읽고 나서 다시 전진하여 다음 규에 이르면 그 규를 지키면서 결을 또 한 번 읽는다. 이렇게 반복적으로 염결을 하면서 부단히 순행(順行)하여 하황정에 이르면 한 바퀴 순환이 끝나게 된다. 그러면 옥액을 한 번 삼켜서 하황정에 보내고 또 다시 염결을 시작한다. 이 층차의 수련 역시 많이 할수록 좋으며, 적어도 결을 12만8천 번은 읽어야 한다.

수련 시간은 인시(寅時: 새벽3시~5시)가 가장 좋으나, 이를 지키기가 어려우면 아무 때나 해도 좋다.

수공(收功)을 하려면 입안의 옥액을 모아 세 번에 나누어 하단전을 거쳐 하황정에 보낸다. 그리고 두 손을 단전에 대고 하황정에 수공을 한다.

3층차 공결

원기화생합후선(元氣化生合後先)　원기가 화생되니 선천, 후천이 합하고
칠규초개천지련(七竅初開天地連)　7규가 처음 열려 천지가 맞닿았네.
생화만물무인아(生化萬物無人我)　만물이 생성, 변화하니 너와 내가 따로 없고
일원복시신곤건(一元復始新坤乾)　일원이 근본으로 돌아가니 새 세계가 시작되네.
안진미피지바야인화딩(唵嚓咪囇嗾叭嚥嚥吡啶)

수련 효과

삼층차 수련의 구체적인 효과는 다음과 같다. 이 수련은 하단전의 음중양(陰中陽)과 미려관의 양중음(陽中陰)을 모으고 결을 운행시켜 전신의 일곱 규를 순행하는 것이다. 그러면 일곱 규마다 약동하며 전신의 기(氣)가 끊임없이 순환하여 정신이 왕성해진다. 수련을 열심히 한 사람은 심연(深淵)과도 같이 캄캄하여 아무런 빛도 없는 하황정을 볼 수 있다. 옛 사람은 이를 '무저금침(無底金針: 밑바닥이 없는 금침)' 이라 하였다.

심규합일하여 하황정을 지키며 염결을 하면 점차 밝은 점을 볼 수가 있다. 공력의 증강에 따라 밝은 점은 점점 더 밝아지고 작아지다가 점차 소실되는데 이것은 선후천 원기가 합쳐 하황정 안에 단(丹)을 응집시킨 것으로서 성(性)과 명(命)이 서로 회합하는 초보 단계에 도달한 것이다. 하황정이 약동을 하고 단주(丹珠)의 빛을 내시(內視)하게 되면 이제 4층차 수련으로 들어갈 수 있다.

(4) 제4층차 삼환구전법(三環九轉法) 수련법

염결의 방법

수련 자세는 1층차와 동일하다. 아홉 개의 규(竅)에서 각각 세 번씩 시작하여 전신을 운행하며 수련을 하고 마지막에는 각기 하단전, 미려관, 하황정의 세 기지에 낙착시킨다. 이를 삼환구전법(三環九轉法)이라 한다.

먼저 명문에서 시작을 한다. 명문을 지키면서 4층차의 공결을 읽고, 다시 협척관을 의수하면서 4층차 결을 읽는다.

다음에 또 옥침관을 의수하면서 결을 읽는다. 이같은 순서로 상황정, 상단전, 제2중단전, 제1중단전, 하황정, 중황정, 황금전, 상황정, 상단전, 제2중단전, 제1중단전, 하단전에서 의수(意守)하고 결을 읽는다. 이렇게 명문에서부터 출발하여 하단전까지 세 번 시작하고 세 번 끝마친다.

다음은 명문에서 출발하여 하단전, 미려관까지 세 번 시작하고 세 번 끝마친다. 그 다음은 명문에서 출발하여 하단전, 하황정까지 세 번 시작하고 세 번 끝마친다. 이렇게 명문에서 출발하여 하단전에 세 번, 미려관에 세 번, 하황정에 세 번씩 각각 떨구면 모두 아홉 번이다.

이렇게 3개 기지(하단전, 미려관, 하황정)를 제외한 아홉 개 규(명문, 협척관, 옥침관, 상황정, 상단전, 제2중단전, 제1중단전, 중황정, 황금전)에서 각각 차례대로 출발하여 3개 기지에 각각 세 번씩 떨구면 매 기지에 27회 낙착이 되므로 모두 81번 시작하였다가 81번을 떨군다. 각각의 규에서 시작하여 3개 기지로 낙착되는 노선은 같으며, 다만 시작하는 규가 다를 뿐이다.

매 규에서 결을 운행시키는 속도는 각자 자신에게 맞도록 하는데, 되도록 늦은 속도로 운행하는 것이 좋다. 시종일관 같은 속도로 운행을 하며, 염결한 수를 세거나 어떻게 결을 배합하는가 하는 것은 따질 필요가 없고 가능한 한 많이 염결하는 것이 좋다.

이 삼환구전법 수련은 하루에 가장 많이 하면 네 번 할 수 있다. 그 이상은 하지 않는다.

특히 이 수련은 아이를 더 이상 낳지 않을 남녀에 한해서 수련을 해야 하며, 장차 출산(出産)을 할 계획이 있는 사람은 이 수련을 하지 않는다. 여자가 이 수련을 하면 월경이 끊어져 젊음을 되찾고, 남자는 정액을 기(氣)로 전환시켜서 장수(長壽)하게 된다.

수공(收功)은 마지막으로 황금전에서 시작하여 하황정까지 세 번 운행을 한 후에 3개 기지에 차례대로 수공을 한다. 먼저 옥액을 한 모금 삼켜서 하단전으로 보낸다. 그리고 먼저 하단전에 수공을 한다. 그리고 나서 미려관, 하황정의 수공도 각각 이와 동일하게 하면 된다.

출산(出産) 연령자의 수련법

장차 아이를 낳을 사람은 삼환구전법 대신에 다른 수련을 한다. 즉, 결혼 전이거나 가임(可姙) 연령의 남녀가 4층차의 수련을 하려면 다만 세 기지를 지키면서 4층차의 공결을 읽기만 하면 된다. 구체적인 수련 방법은 다음과 같다.

세 개 기지를 수련하는 시간이 각각 3분의 1을 점하도록 한다. 가령 1시간을 수련한다면 하단전 수련 20분, 미려관 수련도 20분, 하황정 수련도 20분 정도가 되도록 한다. 먼저 4층차 공결을 묵념하면서 하단전을 의수하고, 다시 미려관을 의수하며, 마지막으로 하황정을 의수한다.

매 번 다음 규로 넘어가기 전에 옥액을 한 모금 삼켜 해당 규로 보내고 그 규를 안정시킨 후에 다음 규로 넘어 간다. 이 수련도 큰 효과가 있으며 출산(出産) 능력에는 아무 영향을 미치지 않는다.

수련 시간은 시간에 맞추어 해당 규를 수련하면 더욱 좋다. 그러나 그것이 여의치 않을 경우는 시간에 구애됨이 없이 그냥 자연스럽게 수련하면 된다.

수공(收功)을 하려면 먼저 하단전에 옥액을 삼킨 후에 수공을 하고 나서 다시 미려관과 하황정에 차례대로 같은 방법으로 수공을 한다.

4층차 공결

사유상하일건곤(四維上下一乾坤)

홍진곤곤미성분(紅塵滾滾未成分)

포함만물성혼돈(包含萬物成混沌)

감로결실재중심(甘露結實在中心)

우랑화래위반고(牛郞化來爲盤古)

착개혼돈출건곤(鑿開混沌出乾坤)

구룡분수분분쇄(九龍噴水紛紛灑)

곤륜산하장금등(昆侖山下長金藤)

안진미피지바야인화딩(唵嚛嘧囄唊叭嚾嚥吡啶)

(※해석은 생략, 반복해서 염결을 하다 보면 스스로 그 의미를 알게 됨.)

수련 효과

4층차 수련의 효과는 다음과 같다. 아홉 개 규는 삼환구전의 수련을 거쳐 전신의 내외를 하나로 연결시켜 새로운 운행체계를 형성한다. 세 개 기지를 잘 지키며 내시(內視)를 하면 전신에 자욱한 흰 기(氣)가 충만한데 운행에 따라 속으로 들어가 점차 빨갛게 되고 이어서 황색으로 전화(轉化)된다. 다섯 가지 기(氣)가 뒤엉켜 흰 기(氣)를 덮고 점차 작아져 흰 기단(氣團)으로 된다. 이 기단에서 태주(胎珠)가 엉켜서 하황정에 떨어지고, 입 안의 옥액이 점차 향기로워지며, 인문(人門, 勞宮: 남자는 왼쪽, 여자는 오른쪽)에서는 성향(性香)이 나오게 된다. 이렇게 되어야 비로소 세 기지가 축성(築成)된 것이다.

5. 오행운기법(五行運氣法)

우리의 몸은 오장육부가 중심이며, 몸 전체는 물론 희로애락의 감정(感情)까지도 이의 지배를 받고 있다. 오장은 오기(五氣: 목화토금수)로 이루어져 있으며 이 오기는 상생(相生)과 상극(相剋)의 원리에 따라 작용을 한다. 오장(五臟: 정확하는 心包를 포함해서 육장임)과 육부(六腑)는 부부지간(夫婦之間)의 장기이다.

'오행운기법'은 오장의 오기를 운행하는 중요한 운기법(運氣法)이다. 이는 전진도(全眞道)의 전통 공법으로 '묵운오행법(默運五行法)' 또는 '묘유주천(卯酉周天)'이라고도 부른다. 전진도의 수련에서는 오행운기 수련을 해서 하단전에 단(丹)을 형성하게 되며, 임독맥이 열려 '소주천(小周天)'을 운행할 수 있게 된다.

이 수련을 할 때 처음에는 오장의 각 장부를 개별적으로 운기하는 수련을 한다. 그리고 그 다음에 숙달이 되면 오장의 오기를 오행 상생의 원리에 따라 운행하는 오행운기에 들어간다.

1) 운기의 기법

장부를 따라 기를 운행하는 것을 운기(運氣) 또는 주향(走向)이라고 한다. 운기의 방법은 크게 두 가지가 있다. 첫째는 외도내행(外導內行)이다. 이는 참장공(站椿功), 평형공(平衡功) 등의 수련을 통해 외부(손)에서 발생한 에너지(氣)로 내부(장부)의 운기노선을 따라 수련하는 것이다. 이 수련이 숙달되면 다른 사람을 치료할 때도 이를 사용할 수 있다.

운행을 할 때는 손을 이용하여 장부의 운기를 유도한다. 즉 노선을 따라 손이 움직이면, 그 손의 움직임을 따라 내부의 기운이 움직이며 함께 주향을 하는 것이다. 주향 노선에 나타나는 작용은 '수도 · 기도 · 의도 ·

역도·감각도(手到·氣到·意到·力到·感覺到)' 이다. 즉 먼저 손이 특정한 장부의 위치에 도달하면 이에 따라 기가 그곳에 도달하고, 뒤따라서 생각이 도달하고, 힘이 도달하고, 감각이 도달한다.

각 장부를 운행할 때는 각 장부의 기를 운화, 기화(氣化)하고 장부를 안마해 준다. 운화, 기화를 할 때는 각 장부의 오행속성(五行屬性), 형상(形狀), 공능(功能: 장부의 기능), 색(色) 등을 관찰한다. 즉 두 손을 장부에 대고 호흡에 따라 두 손을 앞으로 당기거나 밀어 본다. 의념을 장부에 집중하고 숨을 마실 때 두 손을 밖으로 당기고, 토할 때는 두 손을 안으로 민다. 이렇게 손동작을 하는 것을 '운화(運化)'라고 한다. 운화를 해서 이것이 기화(氣化)되면 빛(光)이 되는데 그 장부의 빛이 어떤 색인지를 관찰해 본다. 안마는 의념으로 해당 장부에 맛사지를 해주는 것이다.

포갠 두 손으로 운행을 할 때는 안쪽의 손이 주도적인 역할을 하며, 안쪽 손을 감싼 바깥쪽의 손은 보조적인 역할을 하게 된다. 어떤 손을 안쪽으로 해도 상관이 없으며, 운행 동작은 섬세하게 할수록 좋다. 모든 동작은 반드시 의념과 함께 해야 한다. 혹 초보자는 내시(內視)가 안 되고 기감이 약하기 때문에 실감이 안 날 수도 있다. 그러면 상상으로 각각의 장부를 그리며 운행을 하도록 한다. 여러 번 반복하면 반드시 일정한 감각이 손과 몸에 생기게 되며, 장부의 확실한 반응을 체험하게 된다.

둘째는 내도내행(內導內行)이다. 이는 손을 전혀 움직이지 않고 의념으로만 노선을 따라 주향을 하는 것이다. 즉 마음(內)으로 오장의 기(氣)를 운행하는 것이다. 외도내행이 어느 정도 익숙해지면 내도내행의 방법으로 주향을 할 수 있다.

2) 각 장부의 운기법

먼저 일부 장부를 따라 운기하는 수련을 한다. 그리고 나서 숙달이 되면 본격적으로 오행운기 수련을 한다. 각 장부의 운기법에는 위장운기법(胃腸運氣法), 폐신간운기법(肺腎肝運氣法), 심장운기법(心臟運氣法) 등이 있다.

(1) 위장운기법(胃腸運氣法)

위장운기법은 '위장주향법'이라 부르기도 한다. 위(胃)와 장(腸: 소장, 대장) 등 소화기관을 따라 운기를 하면 소화기관이 강화되어 소화, 흡수 및 배설 능력을 높여주고 운기능력 또한 크게 강화된다.

위장운기의 노선과 순서는 다음과 같다. 먼저 정좌하고 문식(文息: 자연호흡)으로 호흡을 조절하며 두 손은 하단전 부위에 포개어 놓는다. 숨을 크게 들이마시며 두 손을 들어서 입 앞으로 올린다. 숨을 잠깐 멈추고 위장주향에 들어간다(이 이후에는 호흡을 문식으로 한다).

먼저 두 손을 포갠 채 아래로 내리며, 의념으로 식도로부터 위로 들어가서 마음의 눈으로 위를 관찰한다. 위는 우리가 섭취한 물질을 소화, 흡수하는 등의 역할을 하며 후천(後天)의 근본으로 오장육부 중 유일하게 입구와 출구가 있다. 위 속으로 들어가서는 위에 병이 있는가 관찰한다. 위벽을 생각하고 그 색깔을 관찰한다. 위벽의 색깔은 황색(黃色)이며 표면이 매끄럽다. 그리고 위 속의 음식물을 관찰한다. 다시 위가 어떻게 움직이며 수축 팽창을 하는지 관찰하고 손으로 안마를 해준다. 이때 손은 밖에서 안마하지만 실제 의념과 기운은 내부의 안마 부위에 작용한다. 안마를 할 때는 안마 부위가 실제로 같이 움직이는지를 관찰한다. 위의 출구에 와서는 입구와 다른 점이 있는지 관찰한다.

그리고 다시 십이지장으로 들어가서 십이지장을 관찰한다. 십이지장은 어떻게 되어 있는지 살펴보고 그 끝 부분을 잘 관찰한다. 간에서 분비된 담즙(膽汁)이 십이지장의 끝 부분과 연결되어 소장(小腸)으로 들어가는데 그 연결 부분도 관찰하고 어떻게 들어가는가도 살핀다. 정상적인 사람은 한 방울씩 떨어져서 들어가고 담즙의 색깔은 검을 정도로 푸른 청색(靑色)이다.

다시 소장으로 들어가서는 소장의 노선을 따라 좌우로 내려오며 소장을 관찰하고 동시에 두 손과 함께 의념으로 운행을 한다.

그 후에 대장(大腸)으로 들어간다. 대장 초입(하복부 오른쪽)에는 맹장이 있다. 맹장의 위치를 찾아서 몇 번을 주물러 주는데 이때 이물질(異物質)이 있으면 맹장 부위에 통증이 생긴다. 돌려가며 주물러 주되 안 아픈 방향에서 더 주물러 주고 안마를 하면 이물질이 빠져나가고 통증이 곧 사라진다. 그리고 승결장을 따라 올릴 때는 무게를 느끼며 천천히 올리고, 다시 횡결장을 따라 배꼽을 지나 옆으로 밀고 다시 강결장을 따라 아래로 내려 S상(狀)결장을 거쳐 직장(直腸)으로 들어간다.

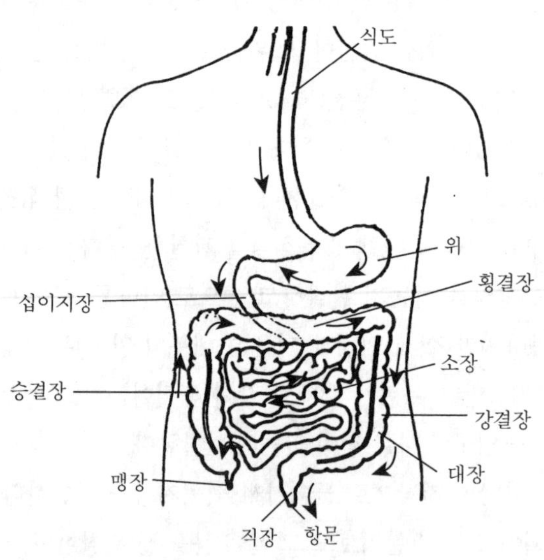

위장운기도

마침내 항문까지 내려가서 항문을 통해 내기(內氣)를 몸밖으로 배출한 후 운기를 마친다. 운기를 마치고 나서는 두 손을 무릎 위에 올려놓고 잠시 문식(文息)을 한 후에 눈을 뜬다. 이 수련을 통해 위장의 실증, 허증 등을 모두 치료할 수 있다.

(2) 폐신간운기법(肺腎肝運氣法)

폐신간운기를 '폐신간주향(肺腎肝走向)'이라 부르기도 한다. 이 수련의 기본 자세는 위장운기와 동일하다. 폐신간운기는 중점적으로 이들 세 개 장부의 기(氣)를 오행(五行) 상생(相生)의 원리에 따라 운행하는데 그 구체적인 노선은 다음과 같다. 폐→ 신장 → 방광 → 간 → 담 → 십이지장 → 소장 → 대장 → 항문의 순서로, 이 노선을 따라 두 손으로 함께 안마를 해주는 것이다.

먼저 두 눈을 감고 숨을 마시며 두 손을 입 앞으로 올렸다가 기도(氣道)를 따라 가슴 앞으로 내린다. 그리고 두 손을 벌려서 각각 좌우 가슴 앞에 손바닥이 가슴을 향하게 놓는다. 다시 손과 함께 의념으로 기관지를 따라 폐로 들어간다. 폐에는 액체와 공기가 얼마나 차 있는지 마음의 눈(天目)으로 관찰한다. 또 두 폐의 크기와 모습을 관찰한다. 폐는 오른쪽이 3개엽이고, 왼쪽은 2개엽이다.

두 손을 가슴에 대고 호흡을 따라 두 손을 당기고 밀어 본다. 즉 의념을 폐에 집중하고 숨을 마실 때 두 손을 밖으로 당기고, 토할 때 두 손을 안으로 민다. 이러한 손동작을 하는 것을 운화(運化)라고 한다. 이것이 기화(氣化)되면 빛(光)이 되는데 이 빛이 어떤 색인지를 관찰한다. 이때 의념으로 폐를 당긴다고 생각하고 폐 안의 공기량을 관찰한다. 폐액(肺腋)에는 혈액과 산소가 있고, 폐 위쪽에는 이산화탄소가 대량으로 집결해 있다.

그리고 손바닥이 45도 아래로 향하게 하여 두 손을 붙이고 숨을 토하면서 아래로 내린다. 내리던 두 손을 양옆으로 나누어 갈비뼈를 따라 허리 뒤로 돌려, 양 신장(腎臟) 부위에 손바닥을 가까이 댄다. 그리고 신장의 크기, 위치, 모습을 관찰한다. 그 모습은 콩을 절단한 면과 비슷하다. 신장의 위치는 좌우가 다른데 오른쪽이 약간 낮다. 그 이유는 오른쪽 위에 간(肝)이 있기 때문에 오른쪽 신장은 왼쪽 신장에 비해 갈비뼈 하나 정도의 간격을 두고 아래로 처져 있다. 신장에 들어 온 액체가 어떻게 원뇨(原尿)로 만들어지는지, 또 요관(尿管)이 어디 있는지 관찰하고 운화와 안마를 한다. 신장은 오줌을 생성하며 이 오줌은 양쪽 요관(尿管)을 따라 방광으로 간다.

다시 두 손이 앞으로 오며 요관을 따라 아래로 내리면 방광이 있는데 이때 신장의 원뇨를 밀고 내려온다. 방광에서 운화와 안마를 하고 방광에 오줌이 얼마나 있는지 관찰한다. 원래 방광의 아래쪽(삼각 구역)이 염증이나 암(癌)에 잘 걸리는 부위이므로, 이 부위를 중점적으로 안마해 주면 좋다.

그리고 방광의 액체를 운화(運化), 기화(氣化)해서 다시 간(肝)으로 넣어 준다. 이때 의념으로 오줌은 아래로 내려보내고 신장(腎臟)의 수기(水氣)만 간으로 보낸다. 간(肝)은 상엽, 전엽, 후엽의 3개 부분으로 구분이 되며, 전엽 안쪽 아래 부분에 담(膽)이 있다. 먼저 간(肝)의 크기를 관찰하고 간의 표면을 더욱 매끄럽게 한다는 의념으로 상하좌우로 안마를 해 준다. 또 간의 표면을 돌리며 운화를 한다. 그리고 나서 담도(膽道)를 따라 두 손이 내려와 담 부근에서 멈추고 담이 어느 위치에 있는지 알아보고 담을 안마해 준다.

담즙(膽汁)은 담낭에 고여 있다가 십이지장으로 들어가게 된다. 이 노선을 따라 다시 두 손을 담에서 십이지장을 향해 밀어주며, 복부에 특별한 감각이 있는지 관찰해 본다.

다시 의념과 함께 두 손을 소장(小腸)으로 보내서 좌우로 내려가며 안마를 한다(이 이후는 위장운기법과 같다). 그리고 나서 대장의 승결장(안으로 밀고 들어서 위로 올림), 횡결장(옆으로 민다), 강결장(위에서 아래로 눌러 내린다)을 따라 두 손으로 민 후에 직장(直腸)으로 보냈다가 항문을 통해 밖으로 내보낸다.

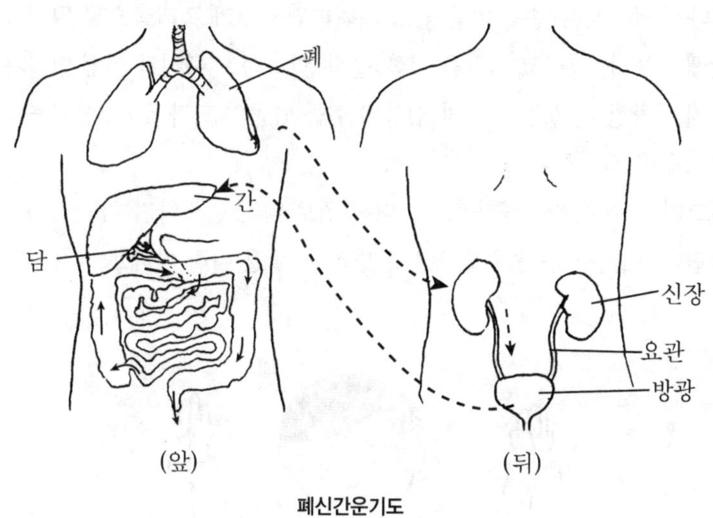

폐신간운기도

(3) 심장운기법(心臟運氣法)

심장운기를 '심장주향(心臟走向)'이라고 부르기도 한다. 심장운기의 기본 자세 역시 위장주향과 동일하다. 두 손을 포갠 채 가슴 앞으로 올렸다가 좌측으로 밀어 심장 부위에 가까이 댄다. 두 손으로 심장을 운화, 기화하고 안마를 하며 의념으로 심장을 내시(內視)하여 관찰한다. 심장의 맥박 소리가 들리는지, 심장이 어떻게 연결되었는지, 심장의 진동과 움직임, 크기, 색깔 등을 관찰해본다.

그리고 두 손을 오른쪽으로 밀어 가슴 가운데로 오게 하고 다시 위로 올리면서 두 손을 나누어 양어깨 올려서 위로 쭉 뻗는다. 이때 심장의 기(氣)는 손을 따라 움직이며 얼굴, 머리, 양손 끝까지 도달한다고 생각한다. 열 손가락을 움직이며 이에 따라 심장에 어떤 변화가 있는지, 또 손가락과 심장은 어떤 관계가 있는지를 관찰한다. 고서(古書)에는 '심장이 열 손가락과 연결되어 있다' 고 했다.

다시 서서히 두 손을 가슴 앞으로 내리면서 포개고 좌측으로 밀어 심장 앞에 놓는다. 그리고 심장을 기화, 운화, 안마하고 이전과 어떤 변화가 있는지 관찰한다. 심장 내부와 심장이 뛰는 박동의 힘과 소리, 혈액 순환의 속도 등을 관찰한다.

그리고 두 손을 가슴 앞으로, 다시 위로 약간 올렸다가 하단전 부위로 내린다. 여기서 두 손을 양옆으로 벌려 두 발을 따라 아래로 발끝까지 내

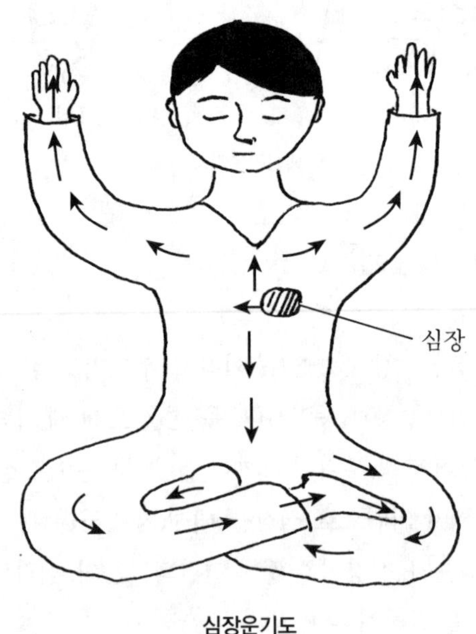

심장운기도

린다. 이 때 심장의 기(氣)도 심장에서 뼈를 따라 발가락 끝까지 내려온다. 먼저 발가락을 가볍게 움직이며 심장과의 관계를 느껴보고 그 다음에는 손과 발을 함께 움직이며 느낌을 관찰하도록 한다.

다시 역순으로 심장에 돌아와 다시 심장을 운화, 기화하며 안마를 하고 그 이전과 비교해 본다. 이렇게 운행을 한 후에는 두 손을 무릎에 내리고 정좌하여 심장의 박동소리를 듣는다.

3) 오행운기법

각 장부의 운기 수련이 익숙해지면 본격적으로 오행운기(五行運氣) 수련에 들어간다.

먼저 정좌하여 두 손을 하단전 부위에 포개어 놓는다. 전신을 완전히 방송하고 아래의 운행 노선을 따라 두 손을 움직이며 운기를 한다. 즉 방광 → 간, 담 → 심장 → 비장, 위 → 폐 → 신장 → 방광→ 다시 간, 담 → 심장의 순서로 운행을 한다. 처음에는 두 손을 대고 외도내행의 방법으로 하고, 익숙해지면 의념만으로 내도내행의 방법으로 수련을 한다.

먼저 하단전의 기를 두 손과 함께 방광으로 내려서 방광에서 운화(運化)를 한다. 그리고 나서 방광의 기를 올려 간(肝)으로 보내서 간과 담의 운화를 한다. 그리고 다시 간의 기를 심장으로 보내서 운화를 한다. 그리고 심장의 기를 아래 비(脾), 위(胃)로 보내서 운화를 한다. 다시 비, 위의 기를 올려 폐로 보내서 운화를 한다. 그리고 폐의 기를 등뒤로 돌려 신장(腎臟)으로 보내서 운화를 한다. 그리고 신장의 기를 다시 방광으로 내려 운화를 한다. 그리고 계속해서 방광의 기를 다시 간으로 올리고 위의 순서에 따라 여러 번(3회, 6회, 9회 등) 운행을 한다.

수련을 마칠 때는 운행이 방광에 왔을 때 방광의 기를 하단전으로 올린 후에 수공을 하면 된다. 즉 방광의 기를 하단전으로 모으고 나서 잠시 내행호흡(內行呼吸)을 하다가 다시 외행호흡(外行呼吸)으로 바꾸고 다시 자연호흡(文息)으로 바꾸어서 호흡을 한 후에 수공(收功)을 한다.

여기서 외행호흡이란 모공(毛孔)호흡을 말하며, 내행호흡은 숨을 마실 때 기가 하단전으로 들어오고, 토할 때는 심장 밖으로 나가지 않으며 체내(주로 복강 내)에서 운행되는 것이다. 동시에 숨을 마실 때는 하단전을 안으로 수축하고, 토할 때는 밖으로 팽창시킨다(역식 호흡). (자연호흡은 제6장 정공 3. 호흡법 참조)

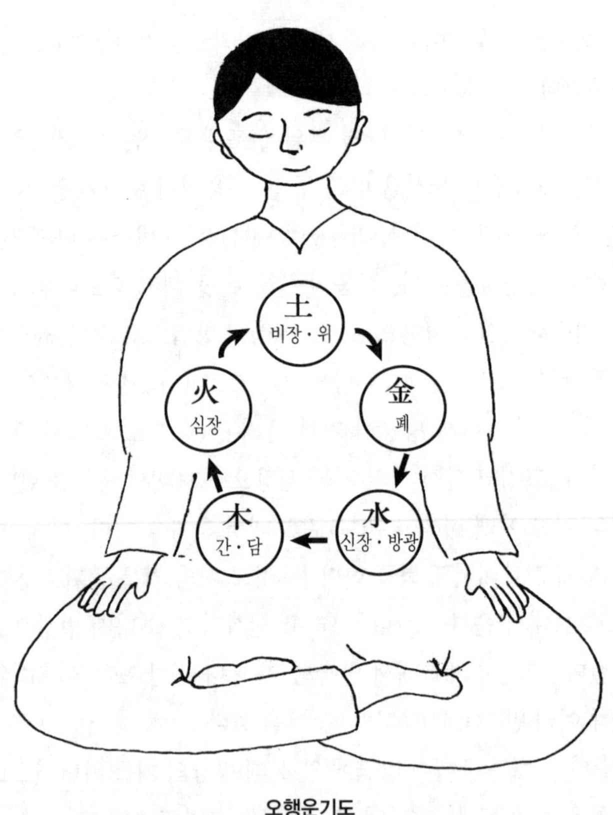

오행운기도

4) 상오행운기법

상오행운기법은 오행운기법을 응용한 것으로 오장의 오기(五氣)가 화한 이목구비(耳目口鼻)를 따라 오행상생의 원리로 운기를 하는 수련이다.

눈은 간(肝)의 목기(木氣)가 화한 것이며, 혀(舌)는 심장의 화기(火氣)가 화한 것이다. 또한 입은 비장(脾臟)의 토기(土氣)가, 코는 폐의 금기(金氣)가, 귀는 신장(腎臟)의 수기(水氣)가 각각 화한 것이다. 따라서 이 순서에 따라 각 부위에 의념을 보내며 운기를 하면 눈, 코, 귀, 입, 혀가 모두 건강해지며, 오장 또한 건강해지게 된다.

먼저 눈에 의념을 집중하고 심규합일(이때 눈이 규가 됨)이 된 상태에서 눈을 향해 염결을 한다. 이때 두 손으로 동시에 눈을 안마하면 더욱 좋다. 그리고 나서 다시 의념을 혀에 집중하고 심규합일로 염결을 한다. 동시에 혀를 움직이는 운동을 함께 하면 좋다. 다시 의념을 입안 전체에 집중하고 염결을 한다. 이와 함께 고치(叩齒)를 하면 더욱 좋다.

그리고 나서 의념을 코에 집중하고 코로 염결을 한다. 동시에 코를 안마하면 더 좋다. 그리고 다시 의념을 두 귀에 집중하고 귀로 염결을 한다. 역시 동시에 귀를 안마하면 더욱 좋다(안마 방법은 제8장 3절을 참고).

그리고 다시 눈으로 와서 또 염결과 안마를 한다. 그리고 혀로, 다시 입으로, 코와 귀로 가면 염결과 안마를 한다. 여러 번 반복한 후에 가장 약한 부위(가령 눈이 나쁜 사람은 눈)에서 멈춘다. 그리고 나서 그 부위에 수공을 한다.

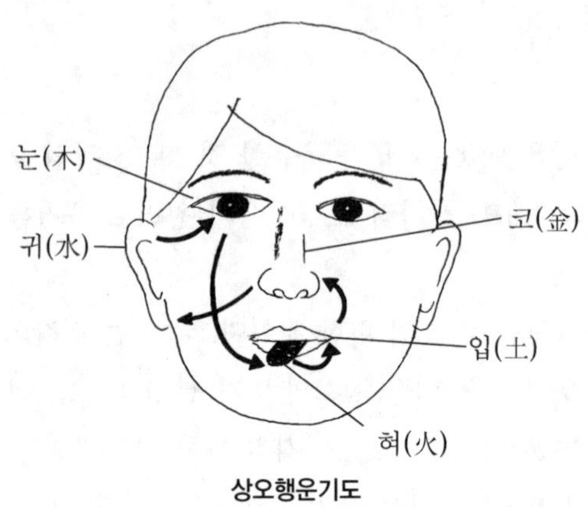

상오행운기도

6. 천목(天目) 수련법

모태 속에 있는 태아(胎兒)는 천목혈(天目穴: 상단전)이 열려 있으며, 반대로 두 눈은 감겨 있다. 태아가 어머니 뱃속에서 느끼는 빛 등은 이 천목혈을 통해서 보는 것이다. 그러나 아이가 태어나면 천목은 곧 바로 막히게 되고, 반대로 육체의 두 눈을 뜨게 된다.

우리는 수련을 통해 선천(先天)으로 돌아가야 하며, 이러한 과정에서 닫혀 있던 천목(天目)이 다시 열리는 것을 체험하게 된다. 천목은 수련을 통해 스스로 열리기도 하지만, 문파에 따라서는 일정한 수련 단계에서 스승이 직접 수련자의 천목을 열어주기도 한다.

전통 도가(道家)와 불가(佛家)의 각 문파에서는 비밀리에 천목을 여는 수련법이 전수되어 왔으며, 우리는 일정한 단계에 왔을 때 천목 수련을 통해 스스로 자신의 천목을 열 수가 있다. 여기서는 심규합일법과 성선 수련법 두 가지를 소개하기로 한다.

1) 심규합일법(心竅合一法)

신광운행과 심규합일로 염결 수련을 하면 동시에 천목(天目)을 여는 수련이 된다. 신광운행법은 전통 도가(道家) 제 문파의 공통된 수행법이다. 신광(神光) 운행은 가장 기본적인 수련이며 동시에 최상승의 길로 통하는 고층차의 수련이기도 하다(신광운행에 대해서는 제1장 2절 참고).

먼저 전신을 방송하고 삼문(三門)을 연 후에 눈을 뜨고 한 지점에 시선을 고정시킨다. 의념으로 한 지점의 빛(光)을 상단전(上丹田: 天目)으로 끌어온다. 그리고 눈을 감고 의념으로 상단전에 끌어온 빛을 잠시 내시(內視)하였다가 바로 해당 규로 반조(返照)를 한다.

그리고 나서 상단전의 혜심을 해당 규로 내려서 심규합일이 되도록 한다. 그리고 해당 규로 결(訣)을 계속 읽는다.

이렇게 매 수련마다 신광운행을 반복해서 하고, 일심(一心)으로 규를 잘 지키면서 염결을 하면 해당 규에 모인 에너지는 스스로 상단전으로 다시 돌아가게 된다. 이러한 수련을 통해 천목으로 많은 기(氣)가 모이기 시작하면서 수련자는 마침내 천목이 스스로 열리는 것을 체험할 수 있다.

2) 성선(性線) 수련법

전진도(全眞道)의 천목 수련법으로는 인체 내공선(內功線)을 당기는 수련이 있다. 특히 인체의 여섯 개 내공선 중 성선(性線)을 당기는 수련을 통해 천목을 열 수가 있다. 천목혈을 잇는 성선은 인체본성지선(人體本性之線)으로 이는 투시(透視), 요시 등 인간의 특이공능과 깊은 관련이 있다.

성선 수련은 구체적으로 다음과 같이 한다. 먼저 정좌하고 심신을 방송(放松: 긴장이완)한다. 두 손을 양 무릎 위에 올려놓고, 허리는 곧게 펴며 혀끝은 입천장에 붙인다. 두 눈을 뜨고 정면으로 최대한 멀리 내다본다. 비록 앞에 벽이 가로막혀 있더라도 의념으로 이를 뚫고 나아가 멀리 하늘 끝(天邊)까지 내다본다고 생각을 한다. 또한 의념으로 자기의 기(氣)와 신(神), 빛(光)을 멀리 하늘 끝까지 내보낸다(신은 육체 밖에 있고, 광은 체내의 에너지이다). 이것이 신광(神光)이다. 그러면 인체의 천(天)과 우주의 천(天)이 서로 대응을 이룬다.

하늘 끝에 어떤 빛이나 화면(畵面)이 있는지 관찰을 하고, 이러한 것이 있으면 어떤 색상이나 모습인지 관찰한다. 그 화면을 의념으로 천천히 천목혈로 거둬들인다(먼 곳의 화면을 그대로 천목혈로 끌어와야 한다). 혈(穴)로 끌어들인 화면을, 다시 안으로 당겨 목(目)에서 멈추었다가, 또 다시 천(天)으로 끌어들인다. 의념을 천(天)에 두면 자신의 후천경(後天鏡: 《기공이란 무엇인가》 제1장 4. 인체내경도 참고)을 볼 수 있다. 밖의 화면을 하나하나 당길 때마다 천(天)에 와서 후천경이 있는지를 살펴본다. 그리고 후천경의 면이 매끄럽고 반사되고, 빛이 나는지 관찰을 한다.

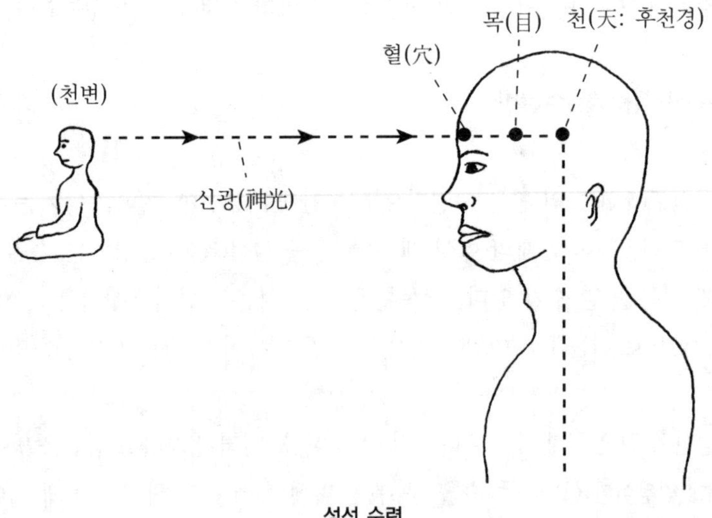

성선 수련

그리고 나서 천(天)으로 거둬들인 화면을 반대로 목(目), 혈(穴)을 통해서 신속히 밖으로 다시 내보낸다. 이는 자기 신호를 먼 우주에 알리는 것이다. 이때 다시 내보낸 화면이 어떤 물건이고 색상이며 빛인지를 관찰한다. 그러면 이전에 보았던 화면과는 다른 점이 있다. 지구와 천체가 움직이므로 전에 본 것과 시간적으로 변화가 있기 때문이다. 그리고 그 화면을 다시 천목혈로 거둬들여서 잘 관찰한 후에 또 다시 같은 방법으로 내보낸다.

이렇게 성선 수련을 하는데, 이 수련에서 신광을 내보내고 당기는 것은 일회에 3번 이상은 하지 않는다. 수련 횟수가 늘어나면 내기(內氣)의 소모가 너무 많아지기 때문이다.

이 수련을 통해 이루는 선(線)과 점(点)에는 인체의 중요하고 오묘한 정보가 들어 있다. 우리는 수련을 통해서 이를 알아내야 한다.

수련을 마칠 때는 거둬들인 화면을 천목혈의 천(天)에 안정시키고, 고요하게 자연호흡을 한 후에 수련을 마무리한다.

제 7 장

●

수면공(睡眠功)

1. 수면공이란 무엇인가

1) 수면공의 의미

수면공은 누운 자세에서 하는 수련으로 '와공(臥功)'이라 부르기도 한다. 수면공은 축기(蓄氣)와 더불어 특히 영성(靈性)을 계발하는 매우 중요한 공법이다. 또한 이 수련을 통해 자신의 병(病)을 치료할 수 있으며, 자신의 영(靈)으로 타인의 영을 제압할 수도 있다. 그리고 꿈이나 텔레파시(telepathy) 등을 통해 자신의 의사를 남에게 전달할 수 있는 능력이 생기게 된다.

수면공은 편안한 자세로 하기 때문에 쉽게 잠이 들 수 있으므로 수련하기가 쉽지 않다. 수면공은 누워서 수면 자세를 취하지만 실제로 잠을 자는 것은 아니다. 특히 초보자는 수련 중에 잠들지 않도록 유의해야 한다. 수련을 다 마치고 나면 그때 눈을 뜨고 몸을 잠시 움직여서 일어나거나 또는 잠을 자도록 한다.

수련은 하루에 한 번(저녁 때 정공 수련 후) 또는 두 번(점심 때) 정도 하면 좋다. 특히 앉기가 불편한 환자는 수면공을 많이 하는 것이 좋다. 그러면 원기의 회복이 빠르고 치유 속도가 배가된다. 일차 회복이 되면 참장공과 정공을 함께 곁들이도록 한다.

2) 수련 자세

(1) 앙와식(仰臥式)

앙와식의 기본자세는 다음과 같다. 온몸을 곧게 펴고 바르게 누워, 두 발을 약간 벌린다. 두 손은 포개어 단전 위에 올려놓는다. 이때 오른손이 위에서 왼손을 감싸게 한다(여자는 반대). 혹은 두 손을 양옆의 바닥에 놓는다. 수면공의 여러 공법을 수련할 경우 각각의 손 자세는 달라질 수도 있다.

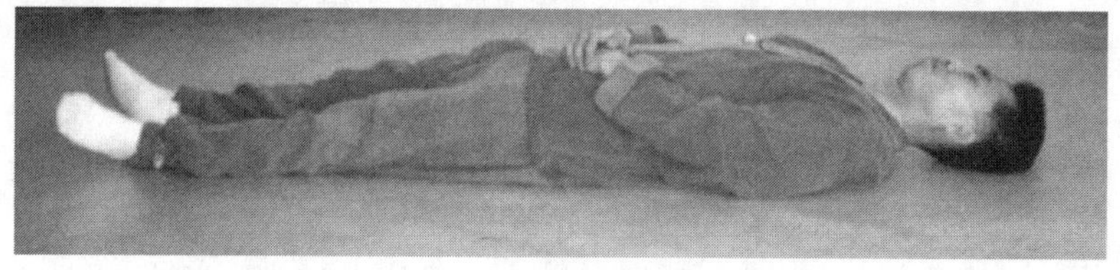

앙와식

(2) 측와식(側臥式)

옆으로 누워서 베개를 벤다. 상체는 직선으로 하고 두 다리는 무릎을 약간 굽혀서 한 다리를 다른 다리 위에 올려놓는다. 오른손(혹은 왼손)은 오른발(혹은 왼발)의 무릎 위에 손바닥을 아래로 하여 무릎에 닿도록 올려놓고, 다른 손은 손바닥을 위로 하여 네 손가락을 머리(태양혈)에 댄다. 한쪽 방향으로 수련을 하고 힘이 들면 반대로 바꾸어서 수련을 한다.

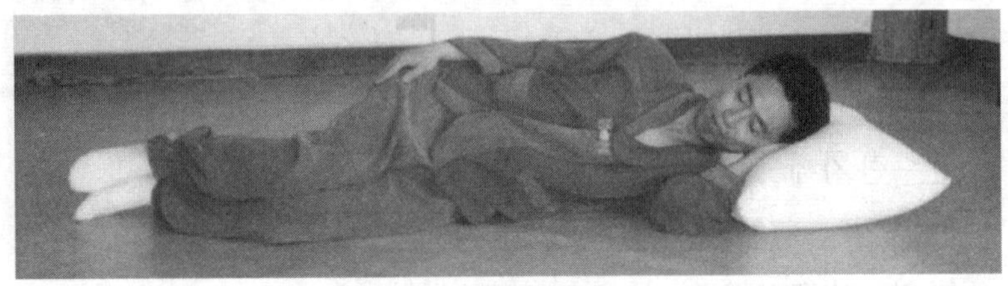
측와식

2. 수면공 9식

전진도(全眞道)의 수면공은 매우 저명한 와공법(臥功法)이다. 송(宋)나라 초, 화산(華山)의 진희이(陳羲夷)는 잠자는 선인(仙人)으로 유명했다. 그는 한번 수면공에 들어가면 며칠씩 깨어나지 않고 깊은 삼매(三昧)에 잠겼으며, 길게는 무려 6개월간이나 깨어나지 않았던 적도 있다고 한다.

전진도의 수면공 9식을 소개한다. 이 식들은 매일 한 가지씩 바꾸어가며 수련을 하면 좋다. 장부에 질환이 있는 사람은 이를 치유하는 식(式)을 반복해서 수련하면 빠른 치유효과가 있다.

1) 제1식 안신식(安神式)

자리에 누워서 두 발은 어깨 넓이로 벌리며 전신을 편안하게 방송(긴장이완)한다. 두 손은 손바닥을 아래로 향해서 몸통 옆에 자연스럽게 놓는다.

호흡은 고요하게 자연호흡을 하면서 두 눈은 정면을 본다. 시선은 멀리 볼수록 좋다. 천장이 가로막고 있어 멀리 볼 수 없으면 의념으로 이를 뚫고 멀리 바라보고, 그 시선 끝에 밝은 점이 있다고 생각한다. 그리고 눈을 뜬 상태로 시선 끝의 밝은 점을 상단전으로 당겨왔다가 하단전으로 내린다. 그 다음에 눈을 감고 입은 다물며 혀끝을 입천장에 붙인다.

그리고 나서 단전호흡을 24회 한다. 숨을 마실 때는 전신의 모공을 통해 기(氣)가 하단전으로 들어오고, 토할 때는 하단전의 기를 전신의 모공을 통해 사면팔방 밖으로 내보낸다는 의념을 갖는다. 호흡을 마치고 나면 눈을 뜨지 말고 그 자세 그대로 오랫동안(가급적 1시간 정도) 전신이 완전히 방송된 상태로 가만히 누워 있는다. 이때의 호흡은 자연호흡을 한다. 특히 수련 중에 잠이 들지 않도록 해야 한다. 수련 시간은 2시간을 초과하지 않도록 한다.

수련을 마칠 때는 눈을 뜨고 몸을 약간 움직여서 자세를 한 번 바꾸면 된다. 이것이 수면공의 수공(收功)이다. 이후에는 잠을 자거나, 일어나서 일을 하면 된다. 24번 호흡을 마치고 나서 바로 잠을 자서는 안 된다.

안신식 수련은 피로 회복과 머리를 맑게 하는 효과가 있다. 그리고 신경 쇠약이 치료되며, 꿈이 잦은 사람에게도 좋은 효과가 있다. 수련을 하다 보면 전신에 팽창감이나 혹은 몸이 가벼워져서 공중에 붕 뜨는 느낌, 자신의 신체 부위가 없어진 듯한 느낌이 들거나 아랫배(혹은 체내)에서 소리가 날 수도 있는데 이는 정상적인 수련 반응이므로 염려할 필요가 없다.

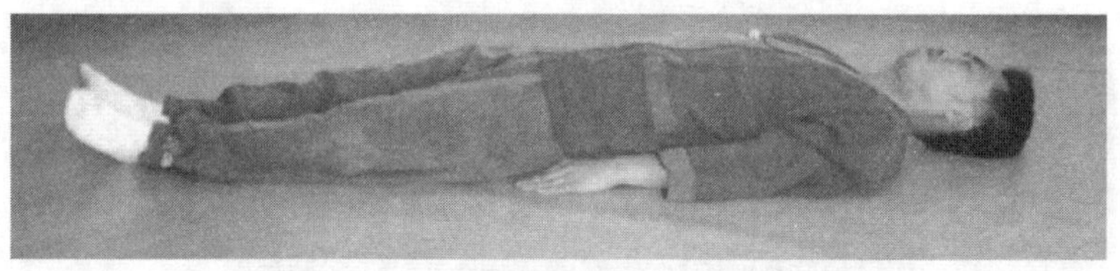

제1식 안신식

2) 제2식 강혈식(降血式 혹은 降壓式)

안신식의 자세에서 두 발을 모아 뒤꿈치를 붙이고 앞발 끝은 자연스럽게 벌린다. 손 자세는 안신식과 동일하다.

먼저 시선을 멀리 보냈다가 두 눈썹 사이 상단전(천목혈)에 신광(시선 끝의 밝은 점)을 모은다. 그리고 그 신광을 다시 하단전 부위로 내리고 눈을 감는다. 혀는 입천장에 붙이고 입은 다문다.

고요하게 호흡을 24번 한다. 숨을 마실 때는 발바닥의 용천(湧泉)혈을 통해 들어온 기(氣)가 발의 음경맥(陰經脈)을 따라 발 안쪽으로 올라와 하단전으로 모인다는 의념을 갖는다. 숨을 토할 때는 반대로 하단전의 기가 용천혈을 통해 밖으로 배출된다는 의념을 갖도록 한다. 24번 호흡을 마치고 나면 움직이지 말고 가만히 누워 있는다(안신식과 동일함).

수련을 마칠 때의 수공 역시 안신식과 동일한 방법으로 하면 된다.

강혈식은 혈압을 조절하는 효과가 있다. 특히 고혈압 환자는 토하는 숨에 의념을 더 강하게 하고, 저혈압 환자는 마시는 숨에 의념을 더 강하게 하면 치료 효과가 크게 나타난다.

3) 제3식 보정부혈식(保精扶血式)

준비와 시작의 동작은 안신식과 동일하며, 단지 손 자세만 다르다. 두

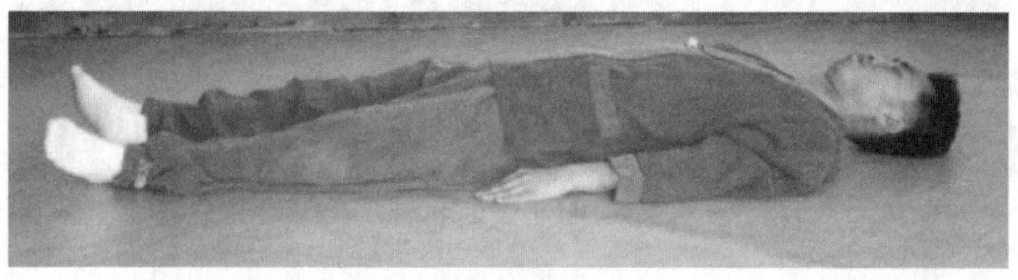

제2식 강혈식

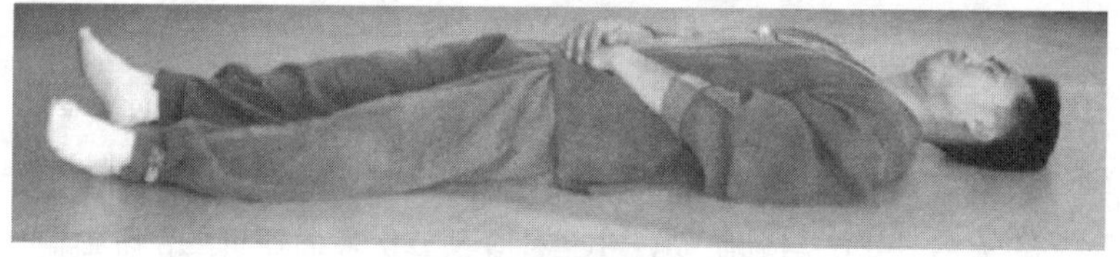

제3식 보정부혈식

손을 포개어서 중극혈(中極穴: 배꼽밑 4치, 치골과 배꼽의 중간)에 손바닥을 댄다. 그리고 신광을 중극혈까지 내린다. 혀는 입천장에 붙이고 눈을 감는다.

그리고 나서 고요하게 24번 호흡을 한다. 숨을 마실 때는 사면팔방에서 기가 모공을 통해 직접 중극혈로 모여든다는 의념을 갖는다. 그리고 숨을 토할 때는 중극혈에 모인 기가 온몸으로 퍼진다는 의념을 갖도록 하며 이때 기는 몸밖으로 내보내지 않는다. 따라서 기가 밖으로 나간다는 의념을 가져서는 안 된다.

24번 호흡을 마치고 나면 몸을 움직이지 말고 한 동안 그대로 있다가 마칠 때는 안신식과 동일하게 수공을 한다.

보정부혈식은 특히 비뇨기, 생식기 계통의 질병에 효과가 좋다. 특히 이 자세는 양기(養氣)하는 자세이다. 따라서 원기회복 효과가 크고 정력 증진에도 매우 좋다.

수련 중에 하복부에서 소리가 나거나 공중에 붕 뜨는 부양(浮揚) 감각 이 생길 수 있는데 이는 정상적인 수련 반응이다. 야외에서나 사람 많은 곳에서는 이 수련을 하지 않는다.

4) 제4식 회양장력식(回陽壯力式)

기본자세는 안신식과 같고 손의 위치만 다르다. 두 손은 포개어서 기해 혈(氣海穴: 배꼽아래 1.5촌 되는 곳)에 놓는다. 먼저 신광을 운행해서 기해혈로 내린다. 혀는 입천정에 붙이고 눈을 감는다(자세는 보정부혈식과 동일함). 그리고 고요하게 24번 호흡을 한다. 숨을 마실 때는 기가 사면팔방에서 모공을 통해 기해혈로 모이고, 숨을 토할 때는 기가 기해혈에서 전신으로 흩어진다는 의념을 갖는다(역시 숨을 토할 때 기를 밖으로 내보내지 않는다). 24회 호흡을 마치면 움직이지 않고 한동안 가만히 있는다(안신식과 동일). 수련을 마칠 때의 수공도 안신식과 동일하게 한다.

이 식은 특히 남자들의 정력에 좋으며, 양위(陽委), 유정(遺精) 등에도 효과가 좋다. 또한 여성의 생리통, 폐경통에도 좋다. 여성은 생리 일주일 전에 이 수련을 하면 고통을 덜거나 생리통을 치료할 수 있다.

5) 제5식 보허환양식(補虛還陽式)

기본자세는 안신식과 같으나, 두 손을 포개어서 신궐혈(神闕穴: 배꼽)에 놓는다. 먼저 신광을 운행해서 신궐혈로 내린다. 혀는 입천장에 붙이고 눈을 감는다. 그리고 나서 고요하게 24번 호흡을 한다. 숨을 마실 때는 사면팔방의 기가 신궐혈로 모이고, 토할 때는 신궐혈에서 기가 전신으로 퍼져나간다는 의념을 갖는다(밖으로 내보내지 않는다).

24번 호흡을 마치면 움직이지 않고 한동안 가만히 있는다. 수공은 역시 안신식과 동일하게 하면 된다.

이 식은 허(虛)한 몸을 보(補)하고 음양을 조절하는 것이다. 기력(氣力)

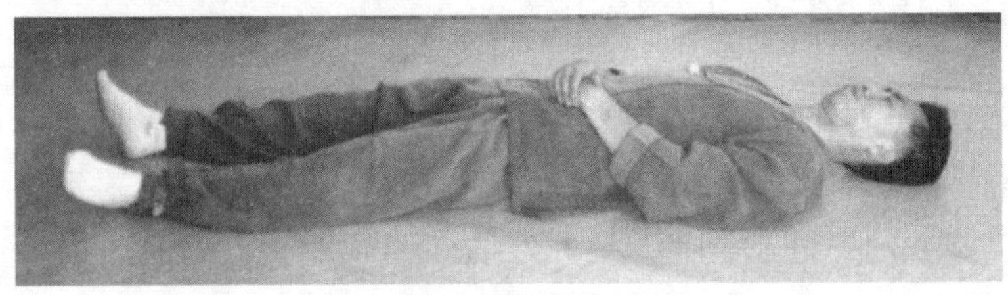

제5식 보허환양식

이 없고 쇠약해진 사람은 이 식을 자주 하면 매우 효과가 좋다. 또한 이 식은 감기, 몸살에도 좋다.

이 수련 중에 위(胃)에서 소리가 나고 움직이는 감(感)이 나기도 하는데, 이는 정상적인 수련반응이다.

6) 제6식 조기부심식(調氣扶心式)

기본자세는 제3식과 동일하며 두 손을 포개어서 전중혈(膻中穴: 양 젖꼭지의 중간 자리)에 놓는다. 이때 팔꿈치가 불편하면 밑에 무엇을 받쳐도 좋다.

먼저 신광을 운행하여 전중혈로 내린다. 혀는 입천정에 붙이고 눈을 감는다. 그리고 나서 24번 호흡을 한다. 숨을 마실 때는 기가 사면팔방에서 모공을 통해 전중혈로 모이고, 숨을 토할 때는 기가 전중혈에서 전신으로 퍼진다(역시 기를 밖으로 내보내지 않는다).

24번 호흡을 마치면 움직이지 말고 한동안 가만히 있는다. 수공은 안신식과 동일하게 한다.

이 수련은 가슴이 아프거나 가슴이 막히는 증상(胸膈滿悶), 기관지염, 심장병 등에 효과가 좋다.

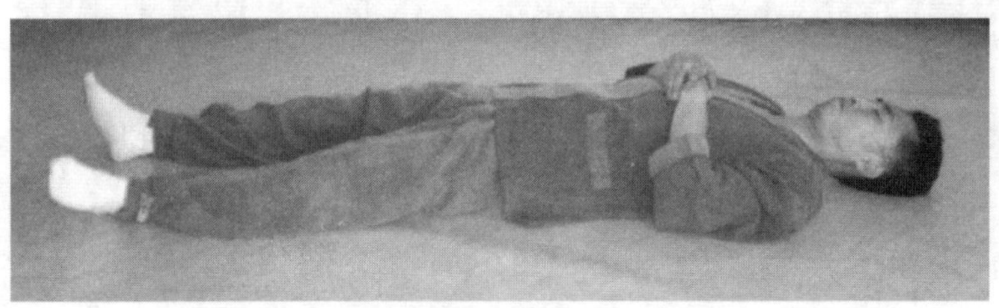

제6식 조기부심식

7) 제7식 보간명담식(保肝明膽式)

기본자세는 안신식과 같으나, 두 손은 포개어 간(肝) 부위(오른쪽 갈비 아래쪽)에 놓는다. 역시 팔꿈치가 불편하면 무엇으로 받치고 수련해도 좋다.

먼저 신광을 운행하여 간으로 보낸 후에 눈을 감는다. 그리고 나서 고요하게 24번 호흡을 한다. 숨을 마실 때는 혀를 입천장에 붙이고, 기는 사면팔방에서 직접 간으로 들어온다는 의념을 갖는다. 그리고 숨을 토할 때 혀를 입 바닥에 붙이고, 간담(肝膽)의 기운을 입을 통해서 밖으로 내보낸다.

이렇게 24번 호흡을 마치면 움직이지 않고 한동안 가만히 있는다. 수공은 안신식과 같이 한다.

이 식은 간염, 간경화 등 간 질환과 담도, 담 질환이 있을 때 수련하면 매우 효과가 좋다. 수련 중에 간담 부위에서 기가 움직이는 현상이 있는데 이는 정상적인 수련 반응이다.

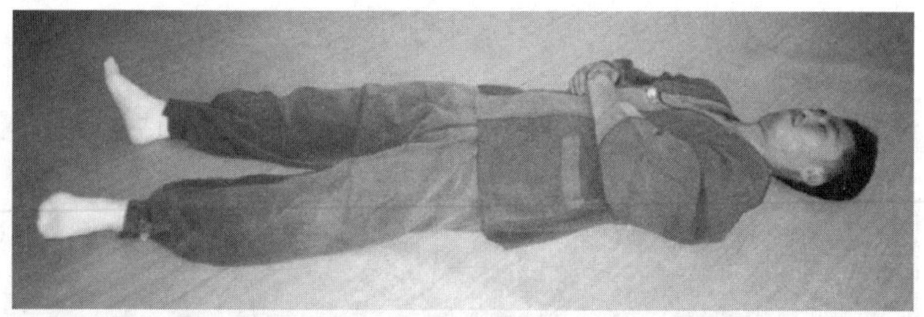

제7식 보간명담식

8) 제8식 부비건위식(扶脾健胃式)

기본 자세는 안신식과 동일하며, 두 손을 비위(脾胃) 부위(윗배의 중앙)에 포개어 놓는다. 그리고 신광을 운행하여 비위로 보낸 후에 눈을 감는다.

그리고 나서 고요하게 24번 호흡을 한다. 숨을 마실 때 혀는 입천장에 붙이며, 기는 사면팔방에서 비위로 들어온다는 의념을 갖는다. 그리고 토할 때는 혀를 입 바닥에 붙이고, 비위의 기를 입을 통해서 밖으로 내보낸다는 의념을 갖는다.

고요하게 24번 호흡을 마치고 나면 움직이지 않고 한동안 가만히 있는다. 수공은 앞의 식과 동일하게 한다.

이 식은 비위통(脾胃痛)이나 비위불화(脾胃不和), 위염, 소화불량 등에 효과가 좋다.

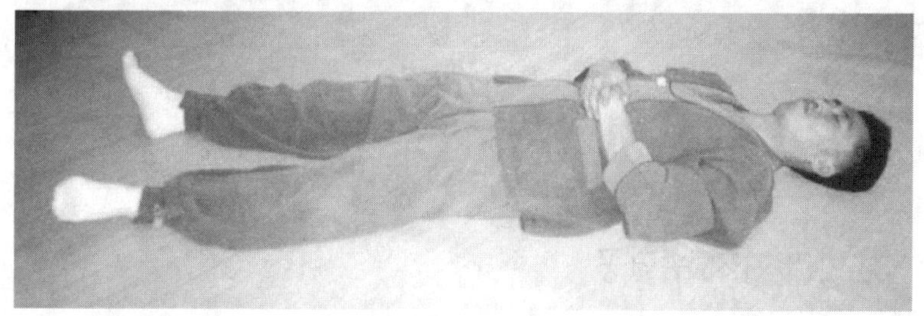

제8식 부비건위식

9) 제9식 안락식(安樂式)

기본자세는 안신식과 같다. 먼저 신광을 천목혈(天目穴)로 거둬들인다. 혀는 입천장에 붙이며 눈을 감는다.

그리고 나서 고요하게 24번 호흡을 한다. 숨을 마실 때는 의념으로 기를 천목혈로 거둬들이고, 토할 때는 기를 천목혈에서 천공(天空: 눈앞의 허공)으로 방사(放射)한다.

이렇게 24번 호흡을 마친 후에 움직이지 않고 한동안 가만히 있는다. 이때 의념은 태공중(太空中)에 아름다운 풍경이 있다고 생각을 한다. 수공은 앞의 식과 동일하다.

이 식을 수련하면 생물전자장(生物電磁場)과 신식(信息: 정보)을 교류하게 되고, 천목혈이 열려 천체(태공중)의 아름다운 모습을 볼 수 있다.

이 식을 자주 수련하면 자신의 영(靈)을 볼 수 있고, 체내의 영(靈)을 이용해 자기 자신과 관련된 많은 정보(전생에 관한 내용 등)를 알아낼 수도 있다.

제9식 안락식

3. 여러 가지 수면공

1) 영통식(靈通式) 수면공

이 수련은 팔영통보공에서 주로 하는 수면공이다. 먼저 반듯하게 누워서 두 발을 자연스럽게 모으고, 두 손은 손바닥을 아래로 해서 몸통 옆에 자연스럽게 놓는다. 그리고 두 발의 발목을 안으로 꺾었다 밖으로 펴기를 3회 반복한다.

그 다음에는 엉덩이에 힘을 주어 항문의 근육을 조여 주고, 엉덩이 주변의 근육을 팽팽하게 한 채로 어깨는 가만히 두고 엉덩이와 몸통을 좌우로 움직인다. 이를 3회 반복한다.

그리고 두 발을 펴서 옆으로 편안하게 벌리고 온 몸의 긴장을 푼다. 두 손을 머리 위로 올려 깍지를 끼고 두 손바닥이 머리 중앙의 천문(天門: 백회혈)을 향하게 한다. 혀는 입천장에 붙인다.

그리고 나서 두 눈을 감고 의념으로 천기(天氣)를 천문으로 받아서 전신의 탁기(濁氣)를 씻어낸다. 그리고 씻어낸 탁기는 지문(地門: 용천혈)을 통해 지하(地下)로 깊이 내린다. 이를 3회 반복한다. 이후의 호흡은 고요하고 자연스럽게 하며, 의념은 따로 두지 않고 그냥 무심(無心)으로 고요한 상태를 유지하도록 한다. 오랫동안 수련을 한 후에 수련을 마치고 수공(收功)을 할 때는 두 손을 비벼서 얼굴을 문질러 주고 눈을 뜨면 된다.

이 수련은 전신의 모공을 열어 모공호흡을 촉진시키며, 손의 3음경(陰經)·3양경(陽經)을 열어 주어 건강이 증진된다. 또한 선천의 공능(功能)을 회복시켜 여러 특이공능이 계발될 수 있다.

2) 염결(念訣) 수련

누운 자세에서 염결 수련을 해도 좋다. 먼저 삼문(三門)을 열고 신광운행과 탄진액(呑津液: 침 삼키기)을 한 후에 심규합일(心竅合一)의 상태에서

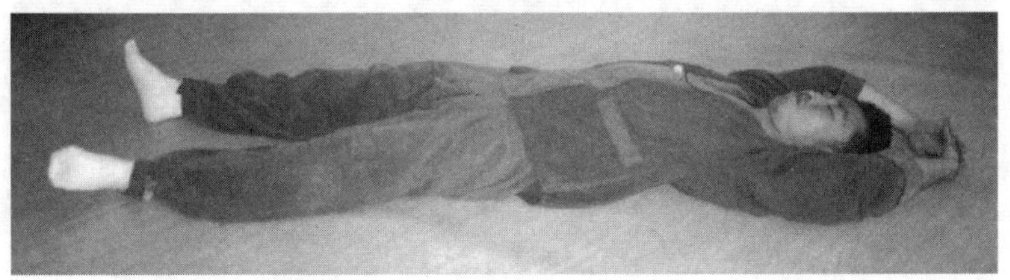

영통식

하단전(下丹田: 혹은 해당 규)에 결(訣)을 낙착시키면 된다.

수련자세는 앙와식, 측와식으로 할 수 있으며, 숙달이 되면 자유롭게 다양한 와식(臥式)으로 수련이 가능하다.(염결 수련의 구체적인 방법은 제6 장 정공(靜功) 4. 염결법 참고)

3) 단전호흡(調息)

누운 자세로 단전호흡을 연마해도 좋다. 수련자세는 앙와식이나 측와 식 모두 가능하며, 호흡법은 무식(武息)이나 문식(文息) 모두 수련할 수 있 다.

초보자는 단전의 힘을 기르기 위해 앙와식 자세에서 전화번호부나 백 과사전 같은 무거운 책을 단전 위에 올려놓고 무식(武息)을 수련하면 매 우 효과적이다.

제 8 장

●

안마공(按摩功)

1. 안마공의 의미

안마공은 동공(動功), 정공(靜功)의 정수(精髓)를 결합한 공법으로 전통 도인법(導引法)의 핵심내용이다. 일반적으로 안마공은 타 공법을 보완해 주는 보조공법으로 수련의 마무리 등에 활용된다. 또한 안마공은 생활기공의 주요 공법이기도 하다.

안마공을 할 때 안(按)은 신체(命)를 수련하는 것이요, 마(摩)는 본성(本性)을 다듬는 것이다. 외형상 동작을 통해 안마 부위에 잠재된 에너지를 작용시키고 새 에너지를 공급하여 이와 합일시킴으로써 몸 전체에 원기를 증강시키며, 경락(經絡)을 열어 병을 고치고 몸을 건강하게 한다. 나아가 마음과 규가 합일되어 지혜가 계발되도록 이끌어 준다.

두 손이 안마 부위에 닿았을 때는 의념이 함께 그 부위로 투입되어야 하며 안마 부위(竅)와 인문(人門: 勞宮), 그리고 마음(心)이 일체가 되어야 한다(心竅人合一). 안마를 할 때는 정신을 집중하여 정성으로 하고 의념으로 노궁을 잘 지키며 결을 읽어야 한다. 그리고 마음이 분발되어 유쾌한 느낌으로 해야 한다.

안마공은 여러 공법으로 촉발된 에너지를 하나로 융합시키는 중요한 역할을 하며, 그 자체가 하나의 완결된 공법이므로 끊임없는 수련으로 이 공법의 오묘한 의미를 깨달아야 한다. 안마법은 위에서 아래로, 밖에서 안으로 순서에 따라 행한다. 이는 몸의 기능을 조정할 뿐만 아니라 본성(本性)을 계발하는 효과가 있다.

2. 안마법의 종류

전통적인 안마법에는 중력안마, 고타안마, 지압안마, 격공안마 등 네 가지 종류가 있다.

1) 중력안마(重力按摩)

일반인들이 흔히 하는 안마법으로 신체의 접촉, 즉 직접 손의 힘이나 마찰을 통해서 하는 안마법이다.

2) 고타안마(叩打按摩)

이는 신체의 접촉이 있으나 힘을 가하지 않고 가볍게 두드려서 하는 안마법이다.

3) 지압안마(指壓按摩)

손가락으로 특정한 요혈(要穴)이나 경락(經絡) 또는 환부 등을 누르면서 하는 안마법이다.

4) 격공안마(隔空按摩)

이는 신체의 접촉이 전혀 없이 일정한 거리에서 시술자가 기(內氣)를 방사하여 기로써 안마하는 안마법으로 가장 높은 층차의 기법이다. 이는 옛날 황실에서 황후 등 궁중의 여성을 안마할 때에 사용되기도 하였다.

3. 안마공의 방법

1) 수련 준비

수련 효과를 보다 크게 하기 위해서는 먼저 동공(특히 참장공, 평형공), 정공 등을 수련한 후에 안마공을 하는 것이 좋다.

몸과 마음을 완전히 이완시키고 편안한 자세로 자리에 앉아 삼문(三門)을 연다. 그리고 의념으로 하단전의 기(氣)를 인문(人門: 勞宮)으로 끌어온다. 안마 부위를 자신이 수련하려는 규(竅)라고 생각하고 그 규에 마음(心)을 일치시켜서 심규합일(心竅合一)이 되게 한다. 매 동작마다 결(訣)을 읽어서 안마 부위에 낙착시키면서 안마를 한다.

2) 노궁(勞宮: 人門) 비비기

의념으로 인문(人門)을 활짝 열고 두 손의 인문을 마주 댄다. 양인문에 기감(氣感)을 느끼면서 두 손을 차례로 상하로 움직여서 비빈다. 그리고 동작과 함께 결을 읽는다. 이때 의념은 양인문에 둔다. 이를 10번씩 여러 차례 반복한다.

이 안마공은 체내의 화기(火氣)를 내리고 잡념을 없애며, 맥(脈)을 조화시키고 정신을 안정시킨다. 그리고 손가락 마비와 손가락 관절염 등 손 질환을 치료해 준다. 또한 경락을 조절하고 통하게 하며, 인문(人門)의 기 작용을 원활하게 하고 발공(發功) 능력을 증진시킨다.

3) 외노궁 비비기

먼저 오른손바닥(노궁)으로 왼손의 손등(외노궁: 노궁 반대편의 혈)을 비 벼서 문질러 주고 다시 왼손(노궁)으로 오른손 손등(외노궁)을 비벼서 문 질러 준다. 이때 아랫손(손등)은 움직이지 않고 윗손(손바닥)만 움직여서 문질러 준다. 노궁에서 방사(放射)되는 외기가 손등(외노궁)으로 전달되 는 의념을 갖고 안마를 한다. 동작에 맞춰서 결을 읽는다. 이를 10번씩 여 러 번 반복한다.

이 수련은 양손 음양경의 기가 서로 교류하여 손바닥, 손등 그리고 팔 전체의 경락을 열어준다. 그리고 외노궁의 기작용을 원활하게 하여, 노

노궁 비비기

외노궁 비비기

궁의 원기를 강화시킨다.

4) 얼굴 문지르기

얼굴 문지르기

두 손바닥을 얼굴에 나란히 붙인다. 양손을 상하로 움직여서 얼굴을 문지르면서 결을 읽는다. 의념으로 노궁의 기를 얼굴 전체에 골고루 넣어준다. 이를 10번씩 여러 번 반복한다.

이 수련은 심장(心臟)의 압력을 완화시키고 혈액 순환을 촉진시킨다. 그리고 얼굴에 윤기가 돌게 하고 주름살을 없애주며 근육과 피부를 생기 있고 탄력 있게 만들어 주므로 미용 효과가 크다. 또한 안면 신경마비 등을 예방ㆍ치료할 수 있으며, 위경(胃經)을 자극하여 소화 기능을 강화시킨다.

5) 눈 문지르기

눈 문지르기

가볍게 주먹을 쥐고 엄지손가락을 굽혀서 손가락 마디를 두 눈 위에 놓는다. 그리고 가볍게 눈알을 누르며 수공(收功)을 하는 방향으로 같은 크기의 원을 10바퀴 그리며 동시에 결을 읽는다. 그리고 다시 반대로 10바퀴 원을 그리며 또 결을 읽는다. 의념은 두 눈에 집중하고, 눈으로 결이 낙착되도록 한다. 이를 10번씩 여러 번 반복한다.

이 수련을 하면 눈의 피로가 풀리며 시력

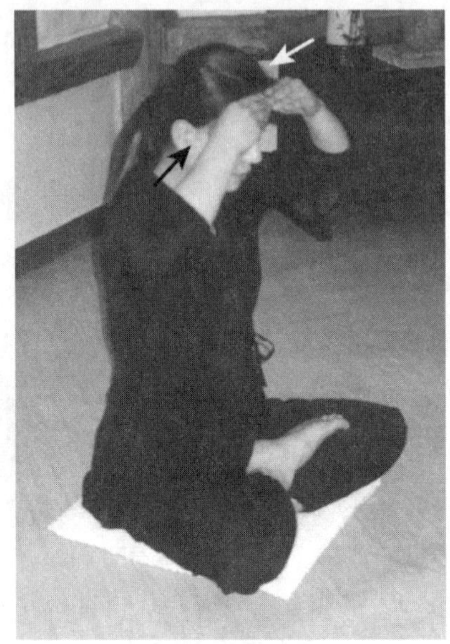

태양혈 문지르기

(視力)이 좋아진다. 또한 오장(五臟)의 기를 조절하고 오장육부의 기능을 강화시켜준다. 이는 오장의 정기가 모두 눈에 모이기 때문이다. 그리고 제(諸)눈병을 치료하며, 근시(近視)를 예방할 수 있다.

6) 태양혈 문지르기

두 손으로 이마를 덮고 엄지손가락으로 태양혈을 누른다.[1] 그리고 수공방향으로 원을 10회 그리면서 돌려준다. 다시 반대로 10바퀴 돌려준다. 동작에 맞추어 동시에 결을 읽는다. 이를 몇 차례 반복한다.

이 수련을 하면 머리가 맑아지며 두통, 편두통에 치료 효과가 있다. 또한 시력을 조절해주어 눈이 맑아지고 빛이 나게 된다. 그리고 대뇌에 잠재된 능력을 계발할 수 있다.

7) 천고(天鼓) 두드리기

양손의 손바닥(人門)을 두 귀에 댄다. 그리고 손가락으로 뒷머리 아랫부분을 두드리면서 결을 읽는다. 손가락으로 두드릴 때 의념을 손끝과

---

1) 태양혈의 위치는 4. 지압(指壓)안마법 참조.

천고 두드리기 1

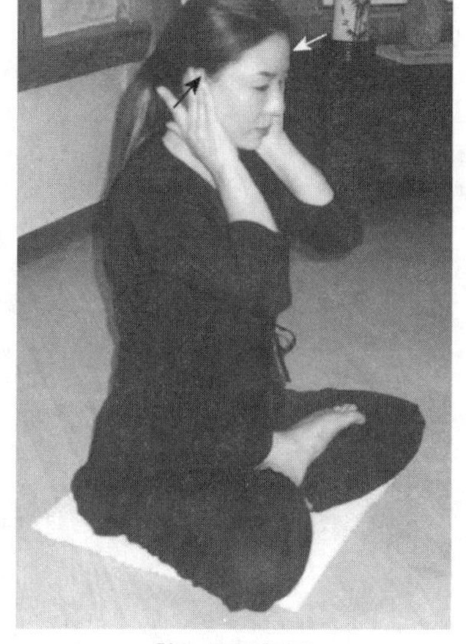
천고 두드리기 2

노궁에 집중하여 머리와 귓속으로 기(氣)를 넣어준다.

또는 두 손으로 귓바퀴를 접어서 두 귀를 막고 식지(둘째 손가락)로 두 귀에서 퉁퉁 소리가 나게 두드린다.

이 수련은 원기를 돋우고 대뇌를 맑게 하여 신경을 안정시키고 기억력을 높여준다. 그리고 귀와 눈을 밝게 해주며, 귀와 눈의 질병을 예방, 치료할 수 있다. 아울러 깨닫는(覺性) 능력을 높여준다.

8) 귀 울리기

두 손바닥(노궁)을 귓구멍에 꼭 밀착시켰다가 그 압력을 이용해 밖으로 당겨 귓속이 울리게 한다. 그리고 나서 두 손의 식지를 두 귓구멍에 넣어서 좌우로 돌렸다가 밖으로 당긴다. 동시에 결을 읽는다. 밖으로 당길 때는 너무 세게 하지 않도록 한다(너무 세게 하면 고막을 상할 수도 있다). 의념

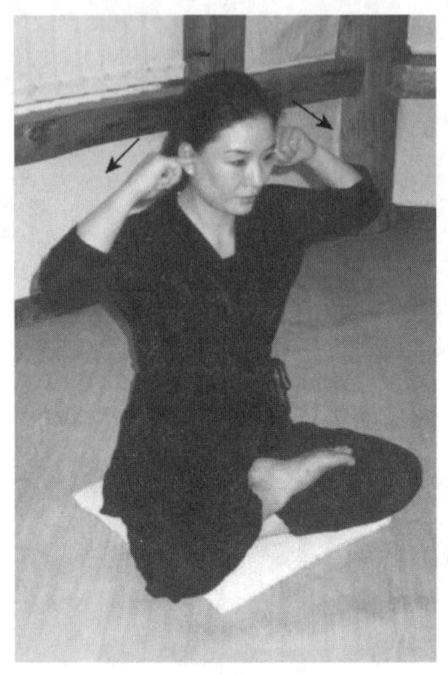

귀 울리기

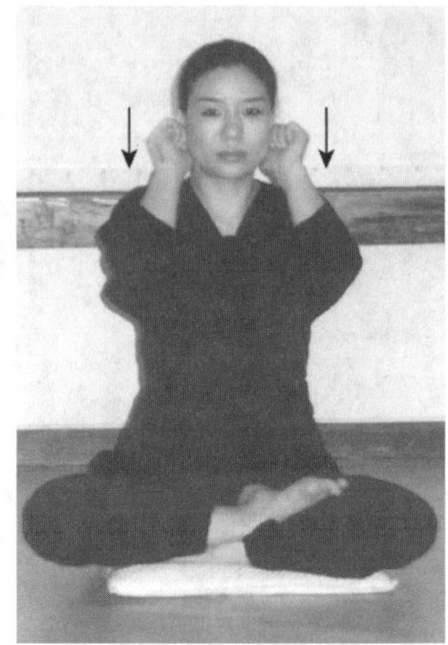

귀 당기기

은 귓속에 집중한다. 이를 10번씩 여러 번 반복한다.

이 수련은 청각 기능을 좋게 하고 귀의 질환을 예방, 치료한다. 또한 결을 묵념하고 그 음(音)을 듣는 데 크게 도움이 되므로 염결 수련의 공효(功效)를 촉진한다.

9) 귀 당기기

두 손으로 두 귀의 윗부분을 잡고 아래로 당기면서 훑어 내린다. 동시에 결을 읽는다. 이를 10회씩 여러 번 반복한다.

귀는 인체의 축소판으로 전신에 해당되는 혈위(穴位)가 모두 귓바퀴에 있다. 따라서 귓바퀴에 자극을 주면 전신에 자극을 주는 셈이 되므로, 전신에 기혈의 순환을 촉진하는 효과가 있다.

코 문지르기

산근 들기

10) 코 문지르기

주먹을 쥔 채 엄지손가락을 굽혀서 손가락 마디를 코 뿌리에 대고 결을 읽으며 상하로 문질러 준다. 이때 의념은 코 안에 집중한다. 이를 10번씩 여러 번 반복한다.

이는 비염, 축농증과 폐, 기관지 관련 제 질병을 예방, 치료하고 감기를 예방할 수 있다.

11) 산근(山根) 들기

먼저 오른손 식지(食指: 집게손가락)와 엄지로 산근(山根: 콧대와 두 눈썹 사이)을 쥐고 왼손 손바닥을 왼쪽 이마에 붙인다. 오른손의 엄지와 집게로 산근을 잡고 들어서 당기면서, 왼손은 이마를 위로 쓸어서 뒤 목덜미까지 내린다. 결을 읽으면서 이를 10회 반복하고 다시 손을 바꾸어서 역시 10회 반복한다.

이 수련은 폐(肺)의 열을 치료하고 가래와 기침을 멎게 한다. 그리고 임맥과 독맥을 관통시켜 음(陰)이 순행하고 양(陽)이 역행하는 기의 운행을 촉진시킨다. 아울러 후천호흡이 선천호흡으로 전환되는 것을 촉진시켜 준다.

12) 머리 빗기

손가락을 굽혀 갈퀴처럼 만들어서 먼저 왼손으로 왼쪽 머리를 앞에서 뒤로 빗는다. 그리고 다시 오른손으로 오른쪽 머리를 빗는다. 이렇게 두 손으로 번갈아서 머리를 빗으며 의념은 머리카락과 두피(頭皮)에 집중하고 동시에 결을 읽는다. 머리를 빗은 손은 뒷목까지 내렸다가 목을 타고 돌아서 앞으로 온다. 이를 각각 10회 한다.

그리고 다시 손을 머리 위에서 좌우로 교차해가며 머리를 빗는다. 이를 각각 10회 반복한다.

이 수련을 하면 두뇌가 건강해지고 정신이 맑아지며 피로가 풀린다. 그리고 기혈을 통하게 하며 불면증이 치유된다. 또한 혈압을 낮추고 뇌동맥경화, 뇌일혈 등의 질병을 예방할 수 있다. 아울러 천문(百會)이 열리게 하고 임맥, 독맥, 중맥을 관통하게 한다. 또

머리 빗기

한 두발에 원기를 공급하여 건강
해지고, 두피에 탄력을 주어 탈모
(脫毛)를 예방한다.

13) 팔 문지르기

팔 문지르기

먼저 오른손으로 왼팔의 어깨에
서 양경맥(陽經脈)을 따라 팔 바깥
쪽으로 손가락 끝까지 문질러 주
고, 다시 손끝을 타고 돌아서 팔의
음경맥(陰經脈)을 따라 팔 안쪽으
로 올라가며 겨드랑이까지 문질
러 준다. 이를 10회 반복한다. 그리고 다시 손을 바꾸어서 같은 동작을 10
회 한다. 손바닥(노궁)의 움직임에 따라 의념을 양경맥, 음경맥에 집중하
여 팔 전체에 골고루 기를 넣어 주며 팔의 모든 경락을 열어준다는 느낌
으로 안마를 한다. 역시 동작과 함께 결을 읽는다.

이 수련은 견비통과 팔의 관절염을 예방하고 치료해준다. 또한 팔 관절
이 원활한 기능을 할 수 있도록 해준다.

14) 가슴 문지르기

먼저 왼손 손바닥으로 왼쪽 젖가슴 밑에서 명치를 거쳐 오른쪽 옆구리
아래까지 45도 방향으로 비껴서 문지른다. 다음은 오른손 손바닥으로 오
른쪽 젖가슴 밑에서 명치를 지나 왼쪽 옆구리 아래까지 비껴서 문지른
다. 이렇게 좌우로 한 번씩 바꾸어 문지르면서 동작에 맞춰 결을 읽는다.
동작은 되도록 완만하게 하고, 의념을 가슴에 두어 기운이 흉부를 통과한

가슴 문지르기

다는 느낌으로 안마한다. 이를 10번씩 여러 번 반복한다.

이 수련은 흉부와 심장을 튼튼하게 하며 잡념을 없애준다. 그리고 가슴이 답답하거나 숨이 차고 옆구리가 아픈 증상을 치료할 수 있다. 또한 폐기종, 근육의 발육부진 등을 예방, 치료한다. 안마시에는 중완혈(中脘穴)을 자극하므로 소화불량, 비위(脾胃) 허약 등에도 치료 효과가 있다.

15) 배꼽 문지르기

두 손을 포개서 단전에 대고(남자는 왼손 노궁을 배꼽에 대고 그 위에 오른손을 포개어 놓는다. 여자는 먼저 오른손을 배꼽에 댄다), 수공(收功) 방향으로 원을 그리며 결을 읽는다.

이때 의념을 배꼽 안에 집중하여 내부의 기운을 같이 돌려 준다는 느낌으로 안마를 한다. 먼저 좌회전하는 원을 10회 그리고 다시 우회전 하는 원을 10회 그린다.

이 수련은 비장, 위장, 소장, 대장의 질병에 치료 효과가 있다. 특히 복부의 지방을 감소시키고 원기를 고정시켜서 신장(腎臟)을 튼튼하게 한다. 그리고 변비, 유정, 탈항, 치질에도 치료

배꼽 문지르기

효과가 있다. 배꼽은 12정경, 기경8맥과 광범위하게 관련을 맺고 있고 체내의 정화(精華)가 모이는 곳이다. 노궁이 배꼽과 상통하게 하는 안마를 통해 체내의 기운이 전신에 충만해져 온갖 병을 제거할 수 있다.

16) 신장(腎臟) 문지르기

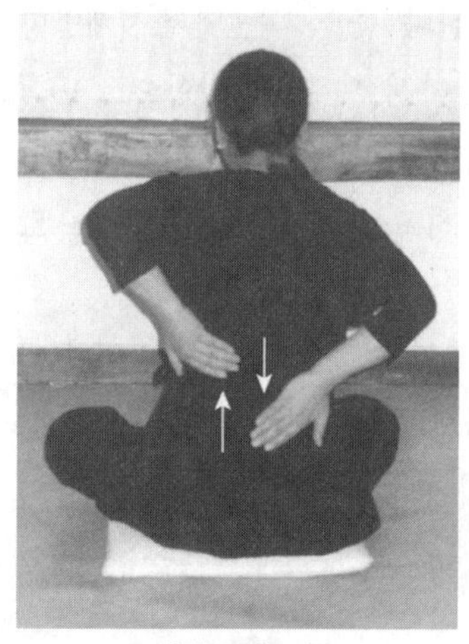

신장 문지르기

두 손의 손바닥(노궁)을 등뒤의 양 신장 부위에 대고 결을 읽으며 아래위로 번갈아 문지른다. 의념은 신장에 두고 노궁의 기운을 신장으로 넣어준다는 생각으로 안마를 한다. 이를 10번씩 여러 번 반복한다.

이 수련은 신장을 강화시켜 주며 성기능 장애에도 효과가 있다. 또한 신허요통(腎虛腰痛), 야뇨증(夜尿症) 등에도 큰 효과가 있으며 신장의 제 질병을 예방, 치료할 수 있다.

17) 허벅지 문지르기

자리에 앉은 자세에서 두 손을 동시에 양쪽 사타구니에 대고 무릎까지 내려오며 발안쪽(허벅지)으로 문지른다. 다음 두 손을 무릎에서 바깥쪽으로 엉덩이까지 올라가며 문지른다. 동시에 결을 읽는다. 노궁의 기운으로 엉덩이 허벅지 무릎의 관절을 관통시킨다는 의념으로 안마를 한다. 이를 10번씩 여러 번 반복한다.

허벅지는 발의 3음경맥이 순행하는 요로(要路)이므로 이곳을 안마하면 기혈이 막힘 없이 통하고 관절의 운동이 원활해지며 다리의 힘이 증강된다. 또한 좌골신경통을 예방, 치료할 수 있다.

18) 무릎 문지르기

두 손바닥(노궁)을 양 무릎에 대고 수공(收功)을 할 때와 같은 방향으로 각각 똑같은 크기의 원을 그리며 안마를 한다. 즉 남자는 먼저 시계방향으로 10회 원을 그리며 무릎을 문지르고, 다시 시계 반대방향으로 10회 원을 그리며 무릎을 문지른다. 여자는 남자와 반대방향으로 한다. 동작과 함께 결을 읽는다. 의념을 무릎에 집중하고 노궁의 기를 무릎 속으로 넣어준다. 이를 10번씩 여러 번 반복한다.

이 수련은 무릎의 냉기를 몰아내고 관절염을 예방, 치료한다. 또한 외부의 풍(風), 한(寒), 습(濕)으로 인한 부증(浮症)과 동통(疼痛), 마비(痲痺) 등을 치료할 수 있다. 아울러 관절의 노화를 방지하고 관절의 운동 능력

허벅지 문지르기

무릎 문지르기

을 증강시켜준다. 이 안마법은 특히 노인의 건강에 매우 좋다.

19) 용천(湧泉: 지문) 문지르기

지문 문지르기

천반식으로 앉았을 경우는 양손을 들어서 양 발바닥을 문지르면서 안마를 한다. 그 외의 자세인 경우는 한 발을 먼저 하고 발을 바꾸어서 다른 발의 안마를 하도록 한다. 동시에 결을 읽는다. 의념은 용천에 두고 그곳으로 기를 넣어준다는 생각으로 동작을 한다. 이를 10번씩 여러 번 반복한다.

이 수련을 하면 간(肝)을 편안하게 하여 눈이 밝아지고, 심장과 신장을 튼튼하게 한다. 또한 경락을 소통시키고 조절하여 두뇌의 기(氣)를 보충, 보양하여 원신(元神)을 편안하게 한다. 그리고 체내의 습기를 제거하고 진기(眞氣)를 공고히 하여 지문(地門)이 지기(地氣)를 흡수하는 것을 돕는다.

20) 이 부딪히기(鼓齒)

두 손을 하단전에 포개어 놓고 마음을 안정시킨다. 내시(內視)하여 현관(玄關)을 보고 입안으로 반조(返照)한다. 다음에 결을 읽으면서 윗니 아랫니를 가볍게 부딪힌다(틀니를 한 사람은 지그시 이를 문 채로 염결만 한다). 이를 10번씩 여러 번 반복한다.

이 부딪히기

이 수련은 치근(齒根)과 치아(齒牙)를 강화시켜 치과 질환을 예방하고 치아를 튼튼하게 한다. 또한 오장육부와 대뇌(大腦)에 자극을 주고 체내에 원음(元音)을 불러일으켜 공력의 증강을 돕는다. 그리고 침의 분비를 촉진하며 소화작용을 원활하게 한다.

21) 양치하기

입을 다물고 옥액(玉液: 침)으로 우걱우걱 소리를 내면서 입안을 가신다. 이를 반복하는 동안 입안에 옥액이 가득 고이면 이를 세 번에 나누어 삼켜서 의념과 함께 하단전으로 보낸다. 이를 10번씩 여러 번 반복한다.

이 수련은 침의 분비를 도와 소화작용을 촉진하며 소화기 계통을 강화시킨다. 또한 침은 규(竅)를 형성하고 단(丹)을 만드는 기본 물질이므로 공력이 증강된다. 오장(五臟)이 화합하고 피부와 얼굴 색에 윤기가 나게 된다. 그리고 귀와 눈이 밝아지고 기력이 증가되며 지혜가 증진된다. 고서(古書)에도 옥액을 삼키면 정신이 맑아지고 기(氣)가 모이며 신(神)이 흩어지지 않는다고 하였다.

4. 지압안마법

1) 지압안마법

지압안마는 주요 혈(穴)을 손가락으로 누르면서 하는 안마법으로 구급(救急)이나 치병(治病)의 목적으로 많이 사용하며, 건강증진에도 효과가 크다. 지압은 힘을 가장 많이 줄 수 있는 엄지로 누르는 것이 효과적이며, 엄지의 사용이 어려운 경우에는 검지, 중지 등을 사용해도 무방하다.

지압안마의 기법은 다음과 같다. 먼저 혈의 정확한 위치를 찾는다. 그리고 그 혈을 지그시 누르면서 좌회전하는 원을 10회 그린다. 그리고 나서 그 지점을 지그시 10초 이상 누르도록 한다. 혈 자리에 원을 그리거나 누를 때 그 혈을 향해 염결(念訣)을 하면 더욱 효과적이다.

2) 주요 지압점

다음은 지압안마에서 많이 사용하는 주요 혈(穴)들과 사용처이다. 이를 숙지해두면 여러 모로 유익하게 활용할 수 있을 것이다.

(1) 삼문(三門)

- 천문(백회) : 두통, 쇼크, 고혈압, 불면, 치질, 신경쇠약, 이명(耳鳴).
- 지문(용천) : 두통, 쇼크, 불면, 중풍, 고혈압, 정신질환, 배뇨곤란.
- 인문(노궁) : 심장마비, 류마티스, 히스테리, 정신질환, 수전증, 피로.

(2) 단전(丹田)

- 상단전(인당) : 두통, 비염, 감기, 고혈압, 불면.
- 제2중단전(전중) : 심장질환, 천식, 기관지염, 흉통(胸痛), 각혈, 갑상선종대.
- 제1중단전(신궐) : 장염, 이질, 탈항, 변비, 중풍 등.
- 하단전(관원) : 소장(小腸) 질환, 복통, 설사, 이질, 월경통, 원기부족.

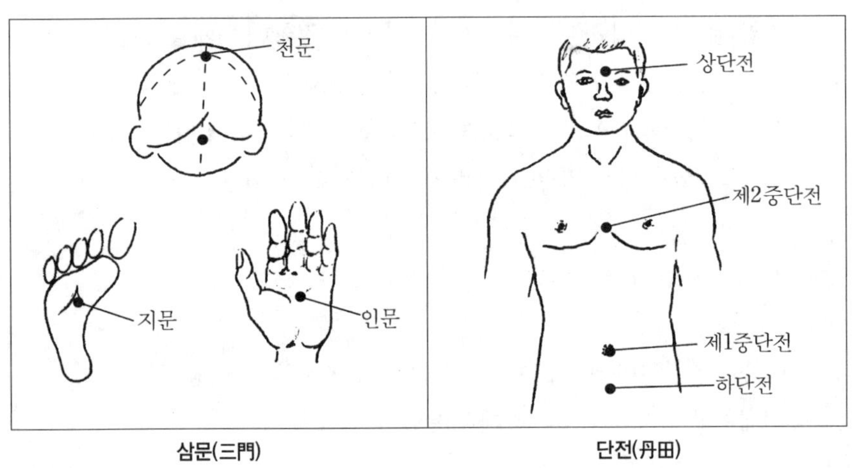

삼문(三門)　　　　　단전(丹田)

(3) 사관(四關)

- 합곡(合谷: 엄지·검지 사이): 얼굴 및 이목구비설 질환, 감기, 신경쇠약, 월경조절, 발열, 각종 동통(疼痛).
- 태충(太衝: 엄지발가락·둘째 발가락 사이): 간(肝)질환, 두통, 고혈압, 불면, 월경불순, 요통.

(4) 십선(十宣: 각 손가락 끝, 구급혈): 쇼크, 혼수, 심장마비, 뇌졸중 등(강하게
자극을 줌).

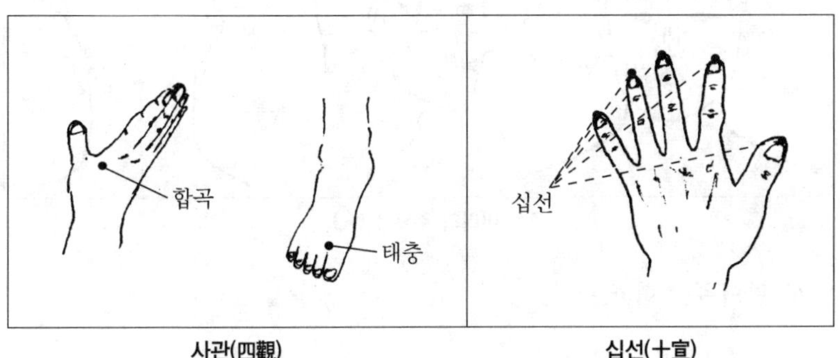

(5) 머리의 주요 혈(穴)

- 태양(太陽: 눈썹, 눈꼬리간 1촌 뒤쪽) : 두통, 감기, 안면신경마비, 눈 질
환.
- 풍부(風府: 뒷머리카락 끝부분 1촌 위) : 목질환, 사지마비, 감기, 두통,
중풍, 혈압.
- 풍지(風池: 풍부혈 옆 함몰부) : 풍(風)으로 인한 제 질환, 눈 · 귀 · 코
질환, 구안와사.
- 상성(上星: 앞머리카락 끝부분 1촌 위) : 모든 코 질환.
- 인중(人中: 입술, 코 사이) : 쇼크, 히스테리, 입 · 눈 경련.
- 청궁(聽宮: 귓바퀴 앞 함몰부) : 모든 귀 질환.
- 통천(通天: 백회 앞 1촌에서 옆으로 1.5촌) : 만성 두통, 편두통.

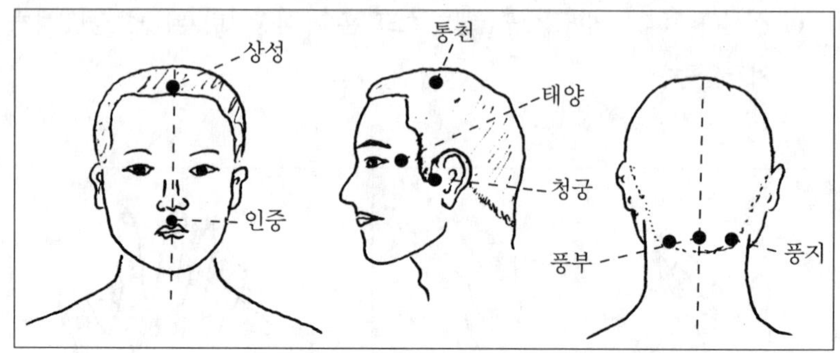

머리의 주요 혈(穴)

(6) 팔의 주요 혈(穴)

- 공최(孔最: 팔굽에서 5촌 아래, 안쪽 위) : 급성 폐질환, 치질.
- 열결(列缺: 팔목 위 1.5촌, 안쪽 위) : 임맥(任脈) 소통.
- 곡지(曲池: 팔굽 바깥쪽 중앙) : 모든 병, 중풍, 안질, 피부병, 혈압강하 등.
- 후계(后谿: 손날 주름끝) : 독맥(督脈) 소통, 감기, 요통(腰痛).
- 중저(中渚: 약지와 새끼손가락 사이, 손등) : 귀질환, 멀미.

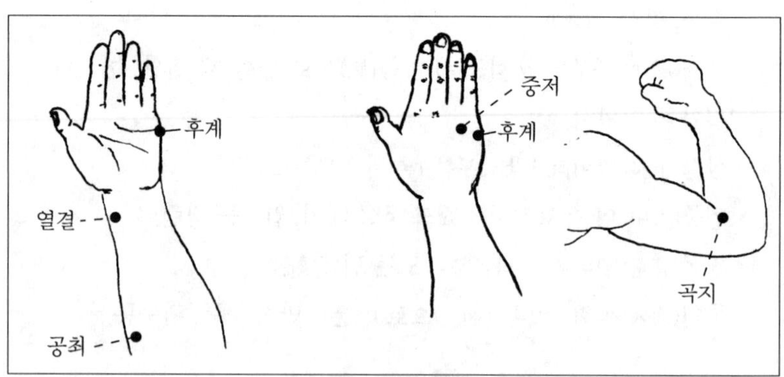

팔의 주요 혈

(7) 다리의 주요 혈(穴)

- 족삼리(足三里: 바깥쪽 무릎 아래 3촌) : 모든 위(胃) 질환, 중풍 예방, 코 막힘, 혈압 강하, 각기병, 양생(養生).
- 양능천(陽陵泉: 족삼리 바깥 위쪽 1촌) : 근육통, 담(膽) 질환.
- 삼음교(三陰交: 복사뼈 위 3촌, 안쪽) : 간, 신장, 비장 질환, 생식기 질환.
- 위중(委中: 오금 중앙) : 좌골신경통, 관절염, 요통.
- 승산(承山: 무릎과 발목 중간, 뒤쪽) : 제 항문 질환.
- 조해(照海: 안 복사뼈 아래 1촌) : 인후(咽喉) 질환, 신경쇠약, 부종(浮腫).
- 현종(懸鍾: 바깥 복사뼈 위 3촌) : 뇌 · 척수(脊髓) 질환, 중풍 예방.

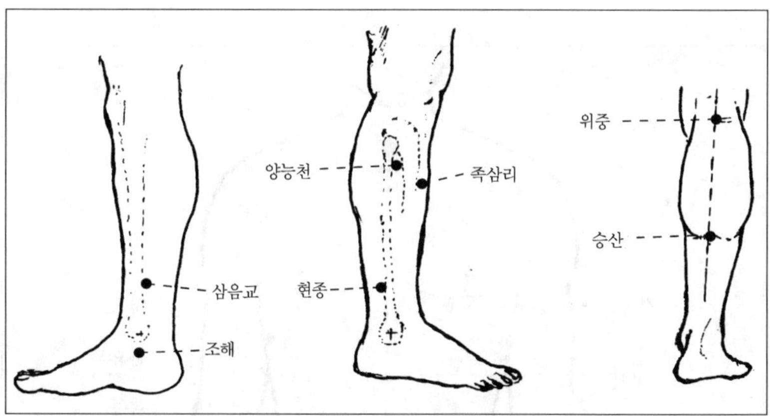

다리의 주요 혈

(8) 가슴, 배의 주요 혈(穴)

- 황유(肓兪: 배꼽 옆 0.5촌) : 신장(腎臟) 질환, 장염.
- 천추(天樞: 배꼽 옆 2촌) : 모든 위장병, 하체질병, 변비.
- 대포(大包: 옆구리, 늑골 중간) : 전신 동통(疼痛), 피로.
- 장문(章門: 제11늑골 아래, 뒤쪽) : 오장(五臟) 질환, 소화기 질환, 복막염.
- 기문(期門: 제6늑골 안쪽) : 간담 질환, 해수, 천식.
- 천돌(天突) : 해수, 천식.
- 중극(中極: 배꼽 4촌 아래) : 방광(膀胱) 질환, 부인과 질환, 조루.
- 석문(石門: 배꼽 2촌 아래) : 내분비계 질환, 월경 이상, 고혈압.
- 기해(氣海: 배꼽 1.5촌 아래) : 신허(腎虛), 하복부 질환, 신경쇠약.
- 중완(中脘: 배꼽 위 4촌) : 위(胃) 질환.

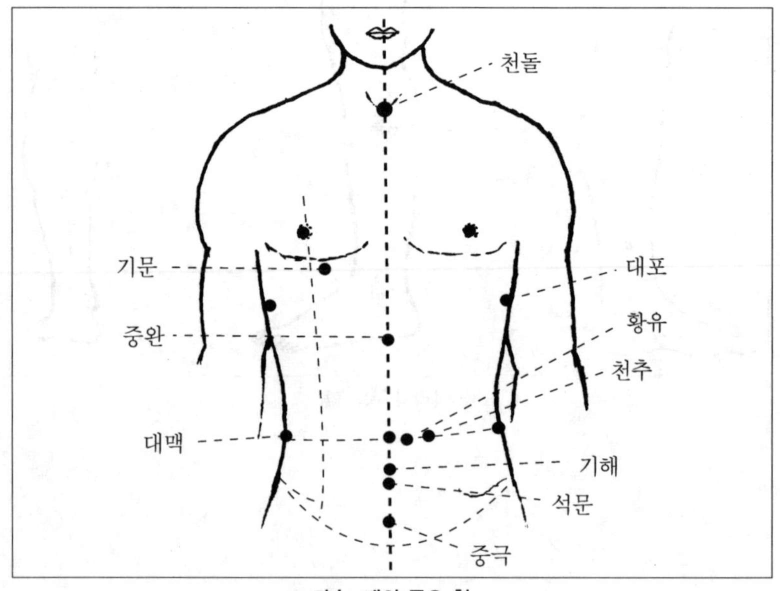

가슴, 배의 주요 혈

(9) 등, 어깨, 허리의 주요 혈(穴)

- 대저(大杼: 제1흉추 아래 양옆 1.5촌): 모든 뼈 질환, 관절염.
- 견정(肩井: 어깨 중앙): 어깨 질환, 중풍, 혈압.
- 대맥(帶脈: 옆구리, 배꼽 높이): 대맥 조절, 근육통.
- 대추(大椎: 가장 큰 7번째 목뼈 아래): 열내림, 감기, 학질.
- 명문(命門: 제2요추 아래): 보신(補腎), 요통, 이명(耳鳴).
- 장문(章門: 두 팔꿈치 선이 닿는 옆구리): 모든 오장의 질환, 소화기 질환, 복막염.

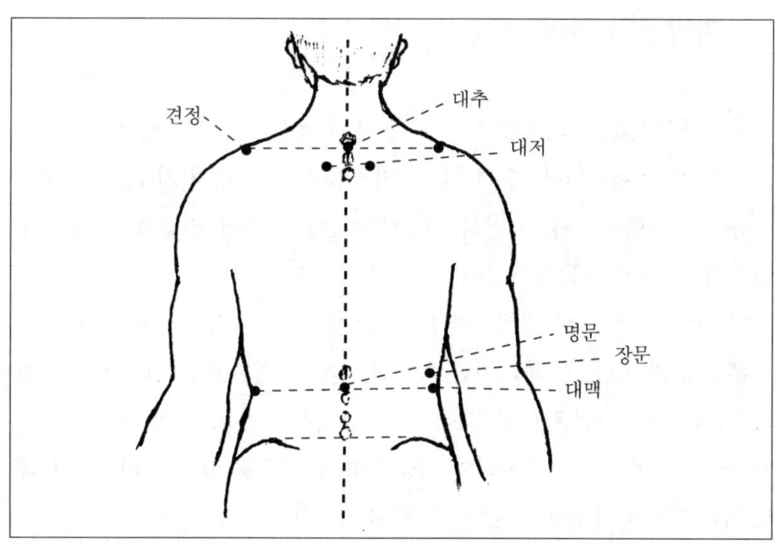

등, 어깨, 허리의 주요 혈

제 9 장

●

자발공(自發功)

1. 자발공의 원리

자발공(自發功)은 혜심(慧心)의 작용 하에 스스로 공부를 진전시켜 가는 고도의 공법(功法)이다. 수련자는 자발공을 통해 우주의 기(氣)를 흡수·운용하여 공력(功力)을 증진시키고 경락(經絡)을 열어 규(竅)를 형성할 수 있으며, 여러 가지 문제해결에도 활용할 수 있다.

자발공을 공법으로 체계화한 분은 김준원 큰 스승(한울슬기회)이다. 선생은 0(靈)과 기(氣)가 하나라는 독특한 '영기일원론(靈氣—元論)'을 제창하였는데, 0의 개념은 다른 말로 '공(空)' 혹은 '심(心)'으로 보아도 무방할 것이다. 여기서는 전통적인 기공 공리와 김준원 선생의 이론을 토대로 하여 자발공의 공법(功法)을 소개하기로 한다.

1) 자발공의 원리

우주만물은 서로 연결되어 전체를 이루고 있으며, 전체로부터 완전히 분리된 개체는 없다. 즉 만물은 둘이 아닌 하나(不二: 太一)이다. 따라서 전 우주의 비밀은 한 방울의 물이나 한 포기의 풀에도 들어 있다. 우리의 내부에도 전 우주의 진리가 담겨 있으며, 혜심(慧心)은 이를 잘 알고 있다.

옛부터 많은 수행자들이 위대한 스승(明師)을 만나려고 하였다. 하지만 이는 깊은 인연 없이는 결코 쉽지 않은 일이다. 도가(道家)에서는 명사(明師)를 만나려면 '선사(善事: 하늘, 땅만이 아는 착한 일)를 천 번 행해야 비로소 가능하다고 한다.

그런데 어찌 보면 밖으로 스승과 공법(功法)을 찾는 것은 우매한 일이다. 이는 이미 우리의 내면에 온전히 갖추어져 있기 때문이다. 다름 아닌 혜심이야말로 우리의 스승이다. 일찍이 예수는 "내가 길이요 진리요 생명"이라 하였는데, 이 '나' 란 우리의 내면에 깃들어 있는 '참나(眞我)'를 말한다. '참나' 란 바로 '태초(太初)의 나' · '혜심(慧心)' · '원신(元神)' 이다.

대기공사 장지상(張志祥) 선생은 우매한 수도(修道) 행각을 '황금 밥그릇을 가지고 밥 빌러 다니는 격' 으로 비유한 적이 있다. 모든 수행자는 내면에 모든 것을 온전히 갖추고 있으면서도 탐심(貪心)에 가려 그 실상을 보지 못하고, 어리석게도 밖으로 찾아 헤매고 있다는 것이다. 따라서 심파(心波)를 가라앉히고 망상을 걷어내기만 하면, 내면의 혜심이 바른 공부의 길로 우리를 이끌어 줄 것이다.

혜심의 도움을 받을 때 공부는 일취월장(日就月將)할 수 있으며, 스스로 모든 과정을 해나갈 수 있게 된다. 이렇듯 혜심의 작용으로 진행되는 공부가 바로 자발공(自發功)이다.

수련 중에 강렬한 기의 힘을 느끼면 비로소 자발공이 시작된다. 그 기에 온몸을 의지하고 편안하게 기의 흐름을 타면 된다. 그러면 기는 혜심이 이끄는 대로 스스로 병(病)을 치유하기도 하고, 우리에게 필요한 공부를 진행시켜 나가게 된다.

2) 유의점

자발공은 그 효과가 크지만 수행자가 지나치게 자발공에 의존하는 것은 바람직하지 않다. 어디까지나 공부의 주체는 '나'이며, 수련은 스스로 갈고 닦는 것이다. 천하의 그 누구도 수행을 대신해 줄 수는 없는 것이다.

공(功)을 빨리 이루려 하는 것도 금물이며, 꾸준히 가다보면 언젠가 목표를 이룰 것이라는 불퇴전(不退轉)의 신념이 수행자에게는 필요하다. 따라서 빠른 길보다는 바른 길을 가야 한다. 조급한 마음은 심파를 흔들고 잡념을 일으켜 결국 공부를 그르칠 수도 있다.

기공의 대도(大道)를 이루려면 자발공만을 수련해서는 안 된다. 자발공을 다른 공법(동공, 정공, 참장공 등)과 배합하여 수련해야 하며, 이로써 각 공법의 공효(功效)를 촉진하고 공력이 상승될 수 있다.

자발공 수련을 할 때는 특히 올바른 마음가짐이 중요하다. 삿된 마음은 사기(邪氣)를 불러와 공부를 그르치게 만드는 요인이 될 수 있다. 따라서 수련을 하기 전에 반드시 몸을 바르게 하고 기(氣)를 바르게 조정해야 한다.

초보자가 혼자서 자발공을 할 경우에 다소 부작용이 있을 수도 있다. 따라서 초보자는 반드시 전문가의 지도를 받으며 자발공을 수련해야 한다. 일부 수련 단체에서는 자발공의 공리(功理)에 어두운 나머지 격렬한 자발 동작을 하는 수련생을 방치하여 이상을 초래한 경우도 있으므로 유의해야 한다.

2. 수련 준비와 마무리

1) 수련 준비

자발공은 손이나 온몸에 강한 기감(氣感)이 있는 사람이 수련을 할 수 있으며, 수련할 때는 무엇보다 마음가짐을 바르게 해야 한다. 정성스럽고 경건한 마음으로 수련에 임해야 선천의 기(氣)가 원만하게 작용하게 된다.

먼저 방송공(放松功)으로 심신을 완전히 이완시킨다. 자세는 앉거나 선 자세 모두 무방하다. 상황에 따라 자신에게 알맞는 자세를 택하도록 한다.

자리를 잡고 먼저 몸 안의 기(氣)를 조정한다. 눈을 감고 마음속으로 "내 몸 안의 기를 바르게 조정하겠다"라고 새긴다. 그리고 나서 기가 작용하는 것을 느끼면서 기 조정을 위한 자발공을 시작한다. 그러면 여러 가지 자발 동작이 나오면서 기를 조정하게 된다. 잠시 후에 기의 조정이 끝났다는 동작이 나오면, 다시 의념으로 3문을 열어서 우주의 맑고 깨끗한 기를 받아들인다.

그리고 다시 마음의 조정에 들어간다. 의념으로 "내 마음을 깨끗이 씻고 본래의 청정심으로 돌아가도록 조정한다"라고 새긴다. 그리고 무념의 상태에서 내시(內視)를 하며 자발 동작을 한다. 잠시 후 눈을 뜨고 본격적인 수련에 들어가도록 한다.

2) 마무리

자발공의 수련을 마칠 때는 의념으로 "자발공을 마치고 기를 모두 하단전(혹은 해당 규)으로 모으겠다"라고 새긴다. 그리고 하단전(혹은 해당 규)에 기를 모으는 자발 동작을 서서히 한다.

잠시 후 기를 모았으면 눈을 감고 옥액(침)을 삼켜 하단전(혹은 해당 규)으로 보낸 후에 두 손을 하단전(혹은 해당 규)에 대고 수공(收功)을 한다. 그리고 나서 서서히 눈을 뜬다.

3. 수련 방법

1) 제1단계 손 자발공(손으로 기 느끼기)

자발공 준비 동작을 마치고 자리에 앉아서 두 손의 인문(人門)을 활짝 열고 약 3센티미터 간격으로 두 손을 가까이 댄다(초보자는 참장공이나 정공 등을 하고 나서 자발공 수련을 해야 기감이 강해진다). 양 인문에서 나오는 외기(外氣)로 손바닥 사이에 강한 기장(氣場)이 생기는 것을 손바닥으로 느껴본다. 이때 무형의 기운이 손 주위에 작용을 하여 두 손을 밀거나 잡아당기는 것을 감지하게 된다. 손바닥에 열감(熱感)을 느끼기도 하고 혹은 저린 감(感)이 들기도 한다. 모두 기의 작용으로 나타나는 현상이므로 자연스럽게 생각하고, 기의 움직임에 두 손을 맡긴다는 마음으로 천천히 기의 흐름을 타며 자발(自發) 동작을 시작한다.

손바닥에 기감이 약한 사람은 천천히 두 손을 앞으로 번갈아 가며 움직여서 원을 그린다. 마치 두 손바닥 사이에 공을 들었다고 생각하고 공 굴리기를 하면 된다. 계속해서 원을 그리다가 기가 작용하는 것을 느끼면, 원을 그리던 동작을 풀고 기의 흐름을 탄다는 마음으로 두 손을 가만히 기의 작용에 맡긴다.

기를 느끼는 관건은 몸과 마음의 이완이다. 특히 마음이 편안한 가운데 기(氣)에 대한 신심이 있어야 한다. 기감이 없는 사람은 의념으로 '심신

의 긴장을 풀겠다' 고 반복해서 새긴
다.

처음에는 손바닥 주위에서 약하게
기(氣)를 느끼지만, 차츰 기감이 강해
지면서 팔 전체로 확산이 된다. 편안
한 마음으로 기의 흐름에 따라 동작
을 해보자. 그러면 그 움직임이 점점
커지며 부드러운 원(圓)운동이 팔 전
체로 확산된다. 손목 관절이 꺾이면
서 휘고 꼬이고 감기며 도는 기의 운
동이 팔 전체에서 나타난다. 편안한
마음으로 동작을 계속하면 기감은
목, 머리와 가슴, 허리로 확산된다.

손 자발공

이때 유의할 점은 동작의 제어이다. 제어를 하지 않을 경우 동작은 점
점 속도가 빨라지고 격렬해질 수가 있다. 동작이 격렬해지려고 하면 의
념으로 이를 제어해야 한다. 아주 천천히 자발 동작이 나오도록 유도해
야 한다. 만약 계속해서 격렬한 동작이 나오면 눈을 뜨고 동작을 정지한
후에 마음을 가라앉힌다. 그리고 잠시 자리에 앉아서 의념으로 기(氣)와
마음을 조정하고 나서 다시 시작을 한다.

기를 감지하고 운기(運氣) 능력을 높이기 위해서는 동작을 천천히 해야
한다. 그러면 기감이 더욱 강해지게 된다. 따라서 동작을 아주 천천히 하
며 의념으로 기를 장악하고 제어해야 한다.

2) 제2단계 전신 자발공(온몸으로 기 느끼기)

손 자발공이 어느 정도 된 사람은 일어선 자세에서 기 느끼기 수련(전

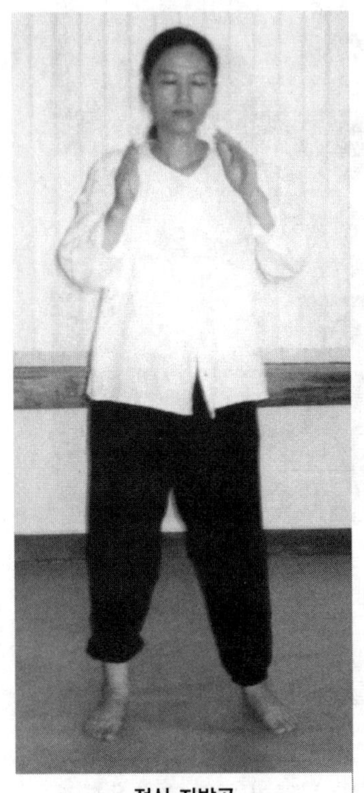

전신 자발공

신 자발공)을 해보자. 자발공 준비 동작을 마친 후 자리에 서서 두 손의 인문(人門)을 열고 서로 가까이 댄다. 기감이 손에서 팔로 다시 몸 전체로 확산되는 것을 느끼면, 서서히 자발 동작을 시작한다.

이때 선 자세는 완전히 선 자세도 좋고 반쯤 선 참장(站樁) 자세도 좋다. 무심한 마음으로, 기의 흐름을 타고 즐기는 마음으로 동작을 하도록 한다.

이때에도 역시 심파(心波)가 고요하게 가라앉은 상태에서 의념으로 동작을 제어하며 아주 천천히 동작을 해야 한다. 만약에 동작이 격렬해지면 동작을 멈추고, 자리에 앉아 잠시 호흡을 가라앉힌다. 그리고 나서 다시 기(氣)와 마음을 조정한 후에 자발공 수련을 시작한다.

3) 제3단계 기춤(氣舞)

전신 자발공이 어느 정도 되면 자발공은 이제 세번째 단계로 나아가게 된다. 즉 수련 중에 손발과 몸 전체에 강한 기장(氣場)을 느끼면 이제 기의 흐름을 형상화한 기무(氣舞)가 저절로 나오게 된다. 기의 운동은 태극(太極) 문양에 잘 나타나 있듯이 기본적으로 휘고 꼬이고 비틀리며 감았다가 푸는 원(圓) 운동이다.

보법(步法), 즉 무용의 발 동작이 저절로 나타나 앞뒤 좌우로 전진 후퇴 또는 회전을 하며 몸 전체로 기춤을 추게 된다. 이때 나타나는 춤사위는 마치 우리의 고전무용이나 탈춤과 유사하며 마음속에서 기쁨이 넘쳐 나와 스스로 흥에 겨워 어깨춤을 절로 추게 된다. 위대한 기문화(氣文化)의 주인공인 우리의 선조들이 풍류(風流)를 즐겼다고 하고, 또한 신라의 화랑도를 풍류도(風流道)라 불렀던 이유를 비로소 이해하게 된다. 자발공 수련을 반복할수록 동작은 점점 더 부드러워진다.

몸 안의 내기(內氣)와 인체장(人體場) 그리고 외기(外氣)가 상응하고 합일되어 마치 구름 위를 떠다니는 듯 가볍고, 때로는 몸이 없어진 것 같은 느낌이 들기도 한다.

기춤

이 단계에서는 속도를 제어할 수 있는 능력이 있으므로 편안한 마음으로 다소 빠르게 동작을 해도 무방하다.

4) 제4단계 자발기공(自發氣功)

제3단계 수련이 어느 정도 되면 자발공을 활용하여 본격적인 수련을 할 수 있으며 여러 분야에 응용을 할 수도 있다. 삼문 열기, 규 만들기, 소주천(小周天)의 공부를 차례대로 해나가 보자.

(1) 삼문(三門) 열기

수련 준비를 하고 나서 앉거나 선 자세에서 '삼문(三門) 열기 자발공'

을 한다. 삼문(三門)이 열리는 과정은 대체로 천문(天門), 인문(人門), 지문(地門)의 순서로 진행되는 경향이 있지만 사람에 따라 그 순서가 바뀌기도 한다.

삼문 열기 자발공은 자신에게 맞게 실시하면 된다. 천문이 열리지 않은 사람은 먼저 천문 열기를 해보자. 의념으로 "자발공으로 천문을 열겠다"고 마음속에 새기고 나서 동작을 시작한다. 의념으로 동작을 제어하며 서서히 부드럽게 자발공을 하도록 한다.

자발 동작을 하고 있으면 기(氣)가 서서히 천문(天門) 주위로 몰려들면서 천문에 특수한 기감이나 압박감 등이 생기므로 천문을 여는 작업이 내부에서 진행되는 것을 느낄 수 있다. 때로는 타법(打法)이나 점혈, 지압 등 여러 안마의 동작이 나오기도 한다. 이는 모두 천문을 열기 위해 필요한 동작이며, 기(氣)가 이 과정을 이끌어 가게 된다. 편안하고 자연스럽게 생각을 하며 자발 동작을 계속한다. 수련을 마칠 때는 전술한 마무리 동작으로 마치도록 한다.

천문이 열린 사람은 인문 열기 혹은 지문 열기를 위와 같은 방법으로 실시하면 된다.

(2) 규(竅) 만들기

수련 준비를 마치고 나서 앉거나 선 자세에서 '규(竅) 만들기 자발공'을 할 수가 있다. 자신의 수련단계에 맞게 규를 만드는 자발공을 실시해 보자. 초보자는 하단전(下丹田) 만들기를 하고 다음 단계로 미려관, 그 다음 단계로 하황정 만들기를 할 수 있다.

3개 기지가 형성된 사람은 계속해서 제1중단전, 명문, 중황정의 규를 만드는 자발공을 할 수가 있다. 그리고 다시 제2중단전, 협척관, 황금전의 규를 만드는 자발공을 하면 된다.

수련을 마칠 때는 전술한 마무리 동작을 하면서 마치도록 한다.

(3) 소주천(小周天)

다음 단계로는 소주천 자발공을 할 수 있다. 소주천(小周天)은 임독맥(任督脈)을 따라 운기(運氣)를 하는 것을 말한다. 준비 동작을 마치고 나서 앉거나 선 자세에서 '소주천 자발공'을 실시해보자.

먼저 "하단전에 기를 모으겠다"라고 의념으로 새기고 서서히 자발공을 시작한다. 하단전에 기운이 모였으면 다음 단계로 "임독맥을 따라 소주천 자발공을 하겠다"라고 의념으로 새기고 아주 천천히 자발공을 시작한다. 무심한 마음으로 기의 흐름을 내시(內視)한다. 여러 차례 임독맥을 따라 운기를 한다.

수련을 마칠 때는 의념으로 "기운을 하단전으로 모으겠다"라고 새기고 마무리 동작을 한다.

5) 제5단계 실용(實用) 자발공

제4단계의 자발공을 마친 사람은 여러 분야에 자발공을 응용하여 실생활에 도움을 받을 수 있다. 몇 가지 '실용 자발공'을 실시해보자.

(1) 자리 찾기

자발공을 이용하면 수련에 가장 적합한 자리와 방향 등을 찾을 수 있다. 기(氣)는 시간과 장소에 따라 상이한 작용을 하므로 자신에게 맞는 수련 자리를 찾음으로써 수련 효과를 극대화할 수 있다.

먼저 의념으로 기(氣)와 마음을 바르게 정리, 정돈한다. 그리고 자리에서 일어서서 의념으로 "지금 이곳에서 나에게 가장 좋은 장소를 찾겠다"라고 새기고 나서 서서히 동작을 시작한다. 그리고 손이나 발이 이끄는 대로 걸음을 천천히 옮긴다. 어떤 특정한 지점에 도달하면 본인이 찾는 위치에 도달했음을 알려주는 자발 동작이 나타난다.

그러면 그 자리에 서서 다시 "내게 가장 좋은 방향을 찾겠다"라고 다시 의념으로 새기고 서서히 자발공을 시작한다. 사방으로 몸을 움직이는 동작이 나오다가 특정한 방향에서 동작이 멈춰지면서 본인이 찾는 방향을 알려준다. 그 방향으로 수련을 하면 수련효과가 극대화된다.

이러한 방법은 실생활에도 응용할 수가 있다. 가령 중요한 모임이 있는 자리에서 의념으로 자신의 기장(氣場)에 맞는 방향과 자리를 찾아 앉음으로써 그 날의 회의나 계약 등을 성공적으로 이끌 수가 있다.

(2) 기무(氣武)

자발공을 완전히 익힌 사람은 이를 이용해서 기무(氣武)를 할 수 있다. 기무(氣武)는 기무(氣舞)와도 깊은 관계가 있다. 같은 동작이라도 이를 부드럽게 하면 기무(氣舞)이며, 강하고 빠르게 하면 기무(氣武)가 된다.

기무(氣武)에는 권법(拳法), 각법(脚法), 검법(劍法), 봉술 등 여러 가지 다양한 내용이 있으며 자발공을 충실히 익힌 사람은 자발공으로 무예를 연마할 수도 있다. 예를 들어 학권(鶴拳)을 연마하고 싶은 사람은 수련 준비 동작을 마친 후 의념으로 "나는 지금부터 자발공으로 학권을 연마하겠다"고 새기고 서서히 동작을 시작한다. 온몸으로 기를 감지하면서 자발공을 하다 보면 어느새 자신이 배우지도 않았던 무예의 수법이 나오게 된다. 천천히 한 동작 한 동작을 음미하면서 수련을 한다. 그리고 나서 수련을 마칠 때는 전술한 마무리 동작을 한다.

높은 차원의 기무를 연마하기 위해서는 무예의 기초공부가 어느 정도 있어야 한다. 또한 기초 체력이 있어야 하기 때문에 먼저 참장공 등을 열심히 수련하는 것이 중요하다.

(3) 기의(氣醫: 기 치료)

자발공을 치병에 응용하면 매우 효과적이다. 공력이 높은 사람일수록 치료효과가 크게 나타나므로, 수련자는 우선 기본 공법(참장공, 평형공, 정공 등)을 열심히 연마하여 축기(蓄氣)를 충실히 하여야 한다. 자발공을 이용한 기 치료는 자가 치료와 타인 치료에 모두 활용될 수 있다.

기무(氣武)

기의(氣醫)

① 자가 치료

수련 준비 동작을 마친 후 앉거나 선 자세에서 3문을 열고 하단전에 기를 모으는 자발공을 실시한다. 하단전에 기가 모이면 "내 몸의 아픈 곳을 치료하겠다"라고 의념으로 새긴 후에 서서히 동작을 시작한다. 이때 나타나는 자발 동작은 막힌 경락(經絡)을 열어주는 타법(打法)이나 지압법(指壓法) 또는 막힌 혈을 뚫어주는 점혈법, 아픈 부위에 기를 넣어주는 발공법(發功法) 등으로, 이중에서 필요한 동작이 저절로 나오게 된다.

어느 정도 치료가 되었다고 생각하면 정좌한 자세에서 "아픈 부위로 기를 모으겠다"라고 의념으로 새기고 잠시 자발 동작을 한다. 그리고 나서 그 부위에 수공을 한다.

② 타인 치료

다른 사람에게 기 치료를 해주려 할 때 무엇보다도 중요한 것은 마음가짐이다. 타인의 병을 고쳐주겠다는 지극한 사랑의 마음과 정성이 있다면 효과적인 기치료를 할 수 있다.

치료에 들어가기 전에 먼저 자신의 심파를 가라앉히고 정좌하여 정공을 한다. 의념으로 기(內氣)를 정돈한 후 "우주의 기를 받아서 아픈 사람을 낫게 해주겠다"라고 새기고 삼문을 연다. 잠시 중단전(제1중단전: 배꼽)에 의념을 집중하고 기(氣)를 모은다. 그리고 나서 그 기를 인문(勞宮)으로 끌어 온다.

그리고 의념으로 "환부(患部)를 찾아서 자발공으로 치료하겠다"라고 새기고 서서히 자발공 상태에서 동작이 이끄는 대로 환부에 손바닥 혹은 손가락을 댄다. 의념을 그곳에 집중하고 자신의 중단전의 기가 인문 혹은 손가락 끝을 통해서 상대방에게 주입되는 것을 느끼면서 결을 마음속으로 계속해서 읽는다.

이때 발공(發功)이 된 기는 상대방의 몸으로 들어가 치료효과가 나타나게 된다. 그리고 내기(內氣)가 외부로 방사되는 순간에 삼문을 통해 우주의 기가 다시 들어와서 체내의 기를 보충해 주게 된다.

환부가 여러 곳이면 다시 자발공으로 발공(發功) 부위를 찾는다. 그리고 같은 방법으로 기치료를 실시한다. 어느 정도 치료가 되었다고 생각하면 상대방의 환부에 의념을 집중하고 그 곳에 수공(收功)을 한 후 기치료를 마친다.

(4) 기회로(氣回路) 그리기

기회로란 기(氣)를 저장한 그림이나 도형이다. 회로 공부는 김준원 선생이 독창적으로 창안한 것으로 매우 중요한 기수련법이며, 실생활에도 무궁한 응용이 가능하다.

자발공이 잘 되는 사람은 파란색 볼펜을 준비하고 흰 종이 위에 회로를 그리는 공부를 해보자.

먼저 정좌하고 앉아서 온몸을 방송한 후에 기(氣)조정을 한다. 그리고

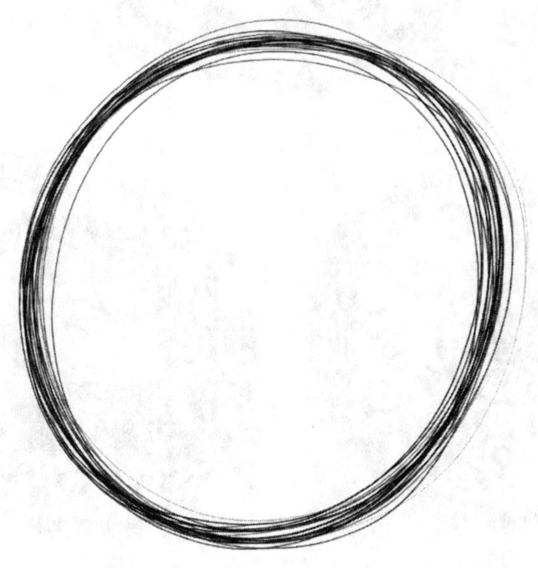

기회로 그리기

나서 의념으로 회로공부를 하겠다고 새기고, 자발공이 일어나는 상태가
되면 파란 색 볼펜을 집어든다. 그리고 허공에서 몇 차례 자발공을 한 후
에 볼펜을 종이 위에 가만히 놓는다. 그러면 손이 저절로 움직이면서 회
로가 그려지기 시작한다.

먼저 손이 스스로 좌회전하면서 그려지는 것은 원(圓)이다. 좌회전하는
원운동은 본질적으로 기의 운동이며 모든 생명운동으로, 기를 모으는 효

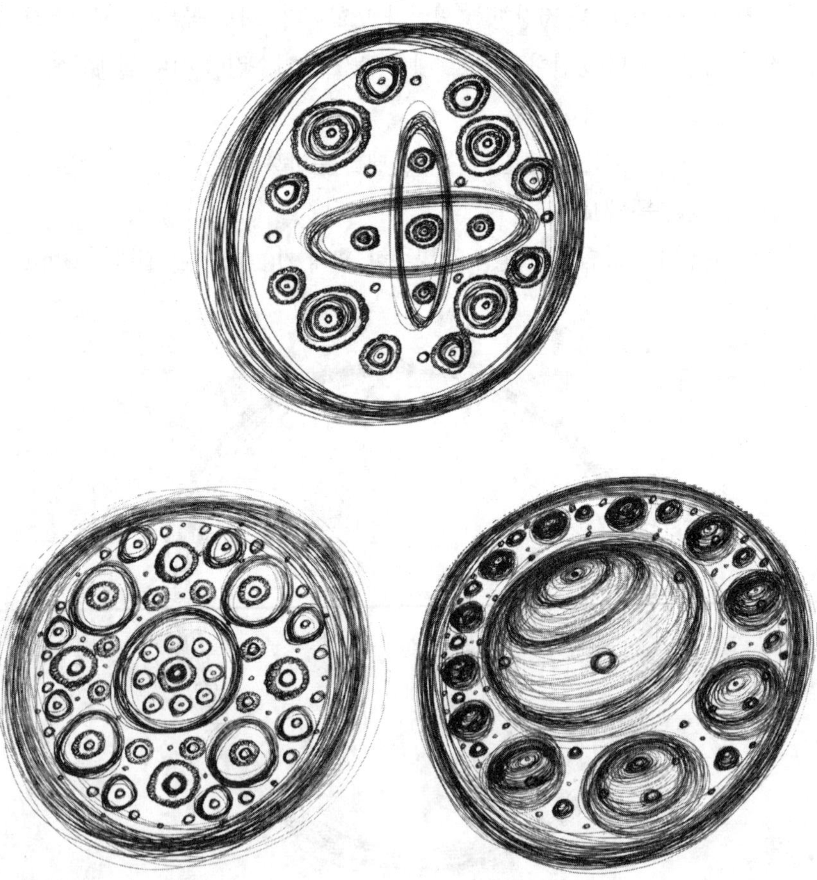

여러 가지 회로들

과가 있다. 앞의 그림과 같은 원이 그려지면 그 안에 많은 기가 모이게 된다.

회로공부는 매우 독창적이며 심오한 의미가 있는 공부로 기공 수련의 바탕이 될 뿐만 아니라 여러 가지 문제를 해결하는 데도 활용이 된다. 회로공부를 많이 하면 내기(內氣)가 강화될 뿐만 아니라 영적(靈的) 능력이 크게 높아지게 된다.

이 공부는 일종의 자동기술(自動記述) 기법이라고 볼 수 있는데, 공부를 해가는 가운데 스스로 공부가 진전되어 수행의 층차가 올라가게 된다. 이에 따라 기(氣)가 담긴 다양한 그림이나 문양 등을 그릴 수 있게 된다.

6) 대공(帶功)

자발공 수련은 각자 혼자서 하기도 하지만 여러 사람이 함께 수련하는 경우도 있다. 이때는 고공력자가 일정한 공간에 강한 기장(氣場)을 만들어 놓고, 그 기장 안에서 여러 사람이 함께 기(氣)를 받으며 수련을 하게 된다. 이러한 수련을 '대공(帶功)'이라 한다.

원래 대공(帶功)은 도가(道家)의 스승들이 공력을 제자에게 전해주는 전공(傳功) 방법의 하나로, 수백 년간 일반에 공개되지 않았던 비밀의 공법(功法)이었다. 그러다가 1980년대에 와서 태일도(太一道: 현 원극공)와 전진도(全眞道) 등에서 처음으로 일반에 공개되었다.

대공을 할 때는 일정한 공력을 가진 사람이 수련을 인도하며, 수련자들은 정좌한 자세로 자발공(自發功)을 하거나 정공(靜功)을 한다. 수련 인도자는 여러 사람이 모여 있는 공간에 사전에 기장(氣場)을 형성해 놓고, 수련이 시작되면 계속적으로 그 공간에 발공(發功)을 해서 대공장(帶功場)을 더욱 강화하면서, 의념으로 그 기장 안에 있는 모든 사람들의 인체장(人體場)을 연결하여 하나로 묶는다. 그러면 그 안에 있는 사람들의 인체장이 증폭(增幅)되어 더 많은 기를 받을 수가 있다.

대공 수련 중에 수련자들은 불필요한 소음을 내지 말아야 하며 자리에서 일어나 이동하는 일이 있어서도 안 된다. 그럴 경우 대공장(帶功場)이 파괴되어 수련자들에게 부작용이 나타날 수도 있다.

수련 인도자는 시종일관 그 공간을 향해 발공을 계속한다. 발공을 하는 효과적인 방법은 염결법(念訣法: 제6장 참고)이다. 수련 인도자는 의념으로 그 공간의 기장(氣場)을 장악하고, 그 공간을 향해 계속 염결을 하도록 한다. 이때 기장을 더욱 강하게 만들기 위해 기공 음악을 사용하면 보다 효과적이다. 기공음악은 기장의 형성에 도움을 주고, 명상으로 이끄는 힘이 있어서 수련자들을 쉽게 기공상태(氣功狀態: 깊은 입정상태)로 몰입하게 해줄 수 있다.

대공 수련 참가자들 중에는 그 자리에서 즉시 질병이 낫는 경우도 많이 있다. 그 만큼 대공 수련의 효과는 크기 때문에 중국의 종합병원들 중에는 환자의 치유를 위해 정기적으로 대공 수련을 실시하는 곳도 있다.

제 10 장

●

벽곡(闢穀) 수련

1. 벽곡의 의의

옛날 도인(道人)들은 아침에 태양(太陽)을 향해 심호흡을 몇 번 하고 하루종일 아무 것도 먹지 않거나 솔잎만 먹고 살았다는 등의 옛날 이야기가 있다. 그런데 이는 전혀 허구가 아니다. 이는 벽곡을 수련한 옛 기공조사(氣功祖師)들의 생생한 실화이다.

현대의 많은 질병들은 과식 습관과도 관련이 있다. 현대인들은 옛사람들에 비해 육체노동은 적게 하면서도 기름지고 열량이 높은 음식을 과도하게 섭취해 과영양 상태에 있으며, 비만·혈관질환·당뇨 등 현대병에 시달리고 있다. 과식은 균형이 파괴된 식생활 습관의 산물이므로 먼저 우리는 식생활의 균형을 회복해야 한다. 기공에서는 무엇보다 소식(小食), 즉 적게 먹을 것을 권고한다. 그리고 수련을 통해 직접 우주의 기를 받아들임으로써 완전한 건강을 얻을 수 있음을 일깨워 주고 있다.

일정 기간 음식 공급을 차단하는 단식은 영양과다를 해소하고 숙변 등 체내 노폐물을 제거하며, 소화기에 휴식을 주어 자연치유력 등 자가조절 능력을 높여준다. 동물들은 몸에 이상이 오면 식음(食飮)을 전폐하는 것을 볼 수 있는데, 이는 누가 알려주지 않아도 동물들이 본능적으로 자연 치유력을 높이는 방법을 알고 있기 때문이다.

음식을 먹지 않고 그 대신에 우주의 에너지(氣)를 직접 받아들이는 도가(道家)의 전통 수련법을 '벽곡(酸穀)'이라고 한다. 벽곡 수련은 수련 강도에 따라 크게 단곡(斷穀), 단식(斷食), 악고(握固)의 3종류가 있다. 벽곡 수련을 하는 도중에 수행자는 음식을 아주 적게 먹거나 전혀 안 먹는 대신에 반드시 수련을 해야 한다. 이를 통해 우주의 기(氣)를 흡입하여 부족한 영양을 보충해야 한다.

도가(道家)에서는 인간의 기본 욕망을 비유하여 인체내에 삼팽(三彭)이라는 귀신이 존재한다고 한다. 삼팽은 상시(上尸), 중시(中尸), 하시(下尸)를 합쳐서 부르는 말로 삼시(三尸)라고도 한다. 이 가운데 상시는 팽거(彭倨)라고도 하며 보물을 즐기고, 중시는 팽질(彭質)이라고도 하며 식욕(食慾)을 즐긴다고 한다. 그리고 하시는 팽교(彭矯)라고도 하며 색욕(色慾)을 즐긴다고 한다.

또 인체 내에는 상충(上蟲), 중충(中蟲), 하충(下蟲)의 삼충(三蟲)이 있는데, 이들은 각각 뇌궁(腦宮: 머리), 명당(明堂: 가슴), 복위(腹胃: 배)에 존재한다고 한다. 이 또한 우리 몸을 해치는 나쁜 속성들이다. 그런데 삼팽이나 삼충은 곡기(穀氣)에 의지해 살고 있으므로 이들을 없애려면 반드시 곡기를 끊어야 하고 따라서 벽곡을 해야 한다는 것이다.

벽곡은 수련자의 몸과 마음을 정화(淨化)하고 공력(功力)을 높이는 관건이 되는 중요한 수련이다. 수련자는 매 수련 단계마다 주기적으로 벽곡을 하는 것이 바람직하다.

2. 벽곡의 종류와 방법

1) 단곡(斷穀)

단곡은 이름 그대로 일정 기간 동안 곡식을 전혀 먹지 않는 수련법이다. 그러나 대신에 아침 저녁으로 야채나 과일을 조금씩 먹는다. 과일로는 사과나 토마토가 좋으며, 야채로 할 경우에는 무우나 배추를 날로 약간만 먹는다. 그리고 물은 마음대로 마셔도 좋다.

단곡을 하면 위장(胃腸)의 부담을 덜어주고 내장(內臟)을 청결하게 해주는 효과가 있다. 단곡을 할 때는 아침 일찍 일어나 보공(步功)이나 참장공(站椿功), 평형공(平衡功), 동공(動功) 등의 수련을 해야 하며, 낮에는 정상적으로 일을 하도록 한다. 그리고 저녁 10시~1시 사이에는 반드시 정공(靜功) 수련을 해야 한다.

초보자들은 먼저 3일간 단곡을 하도록 한다. 3일 단곡을 할 때는 아침 저녁으로 각각 사과(혹은 토마토)를 한 알씩 먹고 점심에는 아무 것도 먹지 않는다. 3일간 단곡을 하고 나서 마지막 날(3일째 되는 날) 저녁 10시경에 단곡을 풀고 죽이나 딱딱하지 않은 음식을 조금만(반 공기 정도) 먹는다.

음식을 먹고 나서는 몸을 많이 움직이지 말고, 자리에 앉아서 정공(靜功) 수련을 한다. 그러면 이때 섭취한 음식이 체내에서 기화(氣化)하는 것을 체험할 수 있다. 그리고 혼(魂), 백(魄), 신(神)이 서로 어떠한 관계를 갖고 있는지도 알게 된다.

단곡은 과일을 먹으면서 하므로 큰 무리 없이 누구나 할 수 있다. 초보자의 경우라도 사전에 예비단식[1]을 하지 않고 바로 단곡에 들어가도 무

---

1) 본 단식을 하기 위해 점차 식사량을 줄여가는 과정을 말한다.

방하다. 그리고 단곡을 마친 후에 특별한 회복식[2]을 하지 않아도 된다. 한두끼 정도 연한 음식을 꼭꼭 씹어 먹은 후에 바로 정상적인 식사를 해도 상관이 없다.

3일 단곡 수련 프로그램

	아침	점심	저녁
1일	동공, 사과 한 알	금식, 정상 근무	사과 한 알, 정공
2일	상동	상동	상동
3일	상동	상동	죽 반 공기, 정공

3일 단곡을 하고 나서 더 높은 단계의 벽곡 수련을 하려면 최소한 3개월이 지난 다음에 다시 5일간 단곡을 한다. 5일 단곡은 3일 단곡에 준해서 하면 된다. 역시 5일째 되는 날 밤 10시에는 단곡을 풀고 죽을 약간 먹은 후에 정공을 한다.

그리고 다시 벽곡 수련을 하려면 최소한 3개월 후에 7일간 단곡을 한다. 방법은 역시 5일 단곡과 동일하다. 단곡의 기간은 길수록 좋다. 도가(道家)의 설명에 의하면, 단곡을 제대로 하려면 두 달은 해야 한다고 한다. 그러나 초보자들은 자신의 수련 정도나 체력에 맞게 해야 하며, 처음부터 너무 무리하지 않도록 한다.

2) 단식(斷食)

단곡보다 한 단계 높은 수련으로 단식(斷食)이 있다. 단식은 매일 아침

---

2) 소화기의 기능을 정상적으로 회복하기 위해 식사를 미음, 죽에서 시작해 점차 식사량을 늘여나가는 과정을 말한다.

저녁으로 냉수만 한 컵씩 마시고 음식은 전혀 먹지 않는다.

단식을 하게 되면 체내에 들어 있던 숙변(宿便)은 물론이고 노폐물이 다 배출되어 없어지며, 심지어 오줌도 없어지게 된다. 몸과 마음이 모두 깨끗해지고 대자연과 우리의 몸이 서로 진기(眞氣)만을 교환하게 되므로, 힘든 고통을 견디고 나면 마침내 새로운 경지에 이르게 된다.

단식도 처음에는 3일간 실시한다. 단식 중에는 아침 저녁에 각각 냉수 한 컵을 마시고, 낮에는 일체 금식(禁食)을 한다. 그리고 아침 저녁으로 반드시 수련을 해야 한다. 아침에는 보공(步功), 평형공(平衡功) 등 동공(動功)과 정공(靜功)을 하고 저녁에는 천체를 상대로 하는 수련(평형공 등)과 정공(靜功)을 해야 한다.

역시 마지막 날(3일째) 저녁에는 가벼운 식사(죽 반 공기 정도)를 하고 나서 자리에 앉아 정공 수련을 한다. 이때는 음식물의 기화(氣化)뿐만 아니라 신화(神化)를 체험할 수 있다. 즉 상단전(上丹田)에 어떤 장면이나 풍경 혹은 환상 등이 나타남을 보게 된다. 이 단계에서는 자기 스스로 기(氣)를 교류할 수가 있다.

3일 단식 수련 프로그램

	아침	점심	저녁
1일	동공, 물 한 컵	정상 근무, 일체 금식	물 한 컵, 정공
2일	상동	상동	상동
3일	상동	상동	죽 반 공기, 정공

단식도 역시 3일, 5일, 7일의 순서로 진행을 한다. 즉 먼저 3일간 단식 하고 나서는 최소한 한 달을 쉰다. 그 후에 다시 5일간 단식을 한다. 그리고 5일 단식을 하고 나서는 두 달을 쉰다. 그리고 나서 다시 7일 단식을 한다. 5일 단식이나 7일 단식을 하는 방법은 마찬가지로 3일 단식(闢穀)에 준해

서 하면 된다.

3) 악고(握固)

단식보다 높은 단계로는 악고(握固) 수련이 있다. 악고는 일반인이 혼자 수련하기가 거의 불가능한 고도의 수련이다.악고를 할 때는 반드시 옆에서 수련자를 지켜주는 공력(功力) 높은 보호자가 있어야 한다.

이는 정좌한 채 전혀 움직이지 않고 계속해서 정공(靜功) 수련을 하며, 수련 기간 동안 음식은 물론 물 한 모금도 마시지 않는다. 대신에 스승이 아침, 점심, 저녁으로 수련자 주위의 바닥에 맑은 물을 뿌려 주어 그 수기(水氣)로 전신을 축축하게 하고 진기(眞氣)로 자신의 생명을 유지한다. 이때 정공 수련은 가능한 만큼만 하는데, 이는 스승의 엄격하고 세밀한 보호 아래 진행되어야 한다. 가령 3일간 악고 수련을 한다면 3일 내내 천반식 자세로 앉아서 일체 아무 것도 먹거나 마시지 않고 정공 수련을 한다. 3일째 되는 날 밤에는 수련을 풀고 고공력자의 응급조치를 받도록 한다.

3일 악고 수련 프로그램

1일	24시간 완전 금식, 천반식 정공(일체 부동)
2일	상동
3일	상동(해제 후 응급조치)

악고는 죽음을 체험하고 나아가 죽음을 넘어서는 공부이다. 따라서 많은 위험이 있으므로 함부로 수련자 혼자 해서는 안 된다.

중국의 대기공사 왕력평(王力平) 선생은 정좌하고 앉아서 무려 30일간의 악고 수련을 한 것으로 유명하다. 물론 그 옆에는 세 분의 스승이 그를 계속해서 지키고 있었다. 30일 후 그는 마침내 죽음을 체험하였으며 3일 만에 다시 깨어났다고 한다. 그 동안 그는 영계(靈界)에 가서 자신의 조상들을 여러 사람 만나보고 함께 지내다가 왔음을 증언하였다. 그러나 악고에서 깨어난 후 그는 그 고통과 충격으로 인해 일 년 동안 거의 말을 잃고 지냈다고 한다. 그의 말에 따르면 자신은 '활사인(活死人: 산 송장)'이었다는 것이다.

3. 벽곡 수련의 의미

고통스러운 벽곡 수련은 왜 필요한 것일까? 대개는 많은 사람들이 벽곡을 건강 차원에서 하고 있다. 그렇지만 그 근본 도리는 그 이상의 심오한 의미가 있다.

벽곡 수련을 하면 인체 내의 취약점을 없앨 수가 있다. 따라서 몸에는 가장 강한 것만 남게 된다. 그리고 인체의 재생(再生) 능력 또한 크게 강화가 된다. 하지만 벽곡 수련의 가장 중요한 점은 자신의 정기신혼백(精, 氣, 神, 魂, 魄: 이에 대해서는 《기공이란 무엇인가》 제4장을 참고)을 몸 밖과 대우주로 내보내는 것이다. 그리고 이를 통해 대우주와 인체(소우주)가 상호 정보를 교류하고, 궁극에는 천인합일(天人合一)의 경지에 이르게 되는 것이다. 우리가 이 세상에 온 궁극 목적도 바로 여기에 있다.

제 11 장

●

기공 수련 프로그램

1. 수련시 유의 사항

수련이란 심신의 건강을 지켜주고 적극적인 휴식을 제공하는 정신 스포츠(mental sports)일 뿐만 아니라 진정한 삶의 길로 이끌어주는 전통문화의 정수이다. 기공수련은 여타의 건강법이나 운동보다 층차가 높으며, 그 안에 무한한 창조력과 생명력이 있다. 이는 우리의 총체적 삶과 더불어 우주 만물에 관계되는 행위이며, 이를 통해 우리는 내부에 있는 대아(大我)로서의 우주의식을 일깨우게 된다.

그러므로 수련은 대자연의 조화에 상응해서 하는 것이 바람직하다. 그리고 대자연의 조화에 상응하기 위해 우리는 천문(天文), 지리(地理), 인화(人和)의 전반적인 법칙을 알아야 한다. 이것은 매우 중요한 정보로 수련에 큰 도움이 될 뿐만 아니라 일상 생활에서도 유익하게 활용할 수 있다.

1) 천문(天文)

무엇보다도 수련자는 하늘의 변화를 장악하여 수련해야 한다. 즉 시간·공간의 천체관을 수립하여 태양, 달, 지구의 운동법칙에 따라 유리한 시간을 선택해야 한다.

① 동지(冬至)와 하지(夏至)

24절기 중 동지(冬至), 하지(夏至)는 태양이 지구의 제일 남쪽과 북쪽에 있을 때로, 천지의 에너지가 극화(極化)되고 에너지의 생화반(生化返)이 형성되기가 가장 좋은 상태이다. 즉 체내(소우주)의 에너지와 천지(대우주)의 에너지가 서로 화(化)한다. 이때 체내에는 단순한 음과 양이 존재하는 것이 아니라 양이 극화되어 음이 생기고 음이 극화되어 양이 생겨 양중음(陽中陰), 음중양(陰中陽)은 새로운 화합체 즉 황극(黃極)을 만들게 된다. 그러므로 동지, 하지는 일년 중 수련의 효과가 가장 좋은 시기이다.

② 1월 1일, 3월 3일, 5월 5일, 7월 7일, 9월 9일

음력(陰曆) 1월 1일, 3월 3일, 5월 5일, 7월 7일 그리고 9월 9일은 천지가 개태(開泰)하고 천지의 에너지가 대응하는 날로서 공간에 에너지(氣)가 제일 많을 때이다. 이 때를 이용하여 수련을 하면 많은 천기(天氣)를 받을 수 있다. 그리고 체내에서 나쁜 기운(濁氣)을 버리고 천지의 정수(精髓)를 흡수할 수 있다.

③ 매월 음력 1일, 3일, 13일, 15일

태양, 달, 지구의 관계를 보면 달이 지구를 에워싸고 공전할 때 매달 음력 초하루, 초삼일은 달이 태양과 지구의 중간에 있으므로(태양이 달의 뒤쪽에 있음) 사람은 태양이 달을 비치는 빛의 전부 혹은 일부분을 볼 수 없다. 반대로 13일과 보름은 지구가 태양과 달의 중간에 있으므로 사람은 태양 빛이 달에 비치는 전부를 볼 수 있다. 그러므로 보름달은 가장 밝다.

이때 달은 밝은 데로부터 어두운 데로, 또는 어두운 데로부터 밝은 데로 극화(極化)하는 시기이므로 역시 생화반(生化返)의 운변(運變)이 가장 좋을 때이다. 따라서 매달 음력 1일, 3일, 13일, 15일에 수련을 하면 그 효과가 크다.

④ 매일 자시(子時), 오시(午時), 묘시(卯時), 유시(酉時)

지구의 자전에 근거하여 하루 중 자시(子時: 밤 11시~1시), 오시(午時: 낮 11시~1시), 묘시(卯時: 오전 5시~7시), 유시(酉時: 오후 5시~7시)는 태양, 지구, 사람간에 변화를 일으키는 좋은 시간이다. 즉 자시는 사람과 태양이 가장 멀고 어두운 때이다. 이 때는 음(陰)이 극화하여 양(陽)이 생기는 때이므로 하루 중에 가장 중요한 시간이다. 따라서 옛부터 자시 수련을 강조하였다. 그리고 오시는 태양이 사람의 머리 위에 있으므로 가장 밝을 때이다. 이때는 반대로 양이 극화하여 음이 생기는 때로 역시 중요하다. 또한 묘시는 반음(半陰)에 해당되고, 유시는 반양(半陽)에 해당된다. 하루중 이 네 시간은 기타 시간의 변화를 통제하며, 수련 효과가 가장 좋은 시간이다.

초하루, 초삼일, 13일, 보름의 자(子), 오(午), 묘(卯), 유(酉) 시간에 수련하면 아주 좋으며, 동지와 하지의 자시, 오시, 묘시, 유시 수련은 더욱 더 좋다. 이때 수련을 하면 몸이 훈훈해지고 머리가 맑아지며, 입정(入靜)이 빠르고 침이 달며, 눈이 밝아지고 몸이 편안하며 정신이 유쾌하여 기쁜 마음이 솟아난다. 그러므로 이때를 놓치지 말고 수련해야 한다(위에서 말하는 자시는, 예를 들어 보름날 자시라면 음력 14일 밤 11시에서 15일 새벽 1시까지를 말하는 것이다. 음력 15일 밤 11시~16일 1시가 아니다).

⑤ 기상이 좋은 날

초보적인 수련자는 기상 조건이 좋을 때를 가려서 수련해야 한다. 수련이 어느 정도 높은 층차에 도달했다면 본성(本性)이 생겨나므로 기상 조건이 별반 문제가 안되지만 특히 초보 수련시에는 이를 참고하는 것이 좋다.

수련에 좋은 기상조건은 바람이 없고 햇빛이 좋으며 달빛이 밝고 별이 반짝일 때이다. 이때는 수련하지 않아도 기분이 좋으며, 수련을 한다면 보다 많은 기를 작용하게 할 수 있다.

한편 수련에 나쁜 기상 조건은 광풍(狂風)이 불고 폭우(暴雨)가 오며 천둥번개가 치는 때이다. 이때는 천지의 말성(末性)이 드러나는 것으로 기상 조건이 좋지 않은 때이다. 이때 수련을 하면 천지의 말성을 본받아 사람 또한 쉽게 화를 내고 조급해지며, 성격이 포악해지는 등 말성(末性)을 기르기 쉽다. 그러므로 이때는 일반적으로 수련을 안 하는 것이 좋다. 하지만 수련이 높은 층차에 도달한 사람은 이미 자신의 본성(本性)을 찾았으므로 외부조건에 구애받지 않고 아무 때나 수련을 해도 상관이 없다.

2) 지리(地理)

하늘의 변화를 장악함과 아울러 유리한 지세(地勢)를 선택하는 것도 중요하다. 땅에도 장소나 위치에 따라 서로 다른 에너지와 지자장(地磁場)이 있다. 수련하기 좋은 곳은 높고 앞이 훤하며 주위에 큰 나무가 무성하고 물과 산이 연결된 곳이다. 그리고 주변이 청결하고 조용한 곳이 좋다. 남쪽에 물이 있고 북쪽에 산이 있거나, 앞에 물이 있고 뒤에 산이 있는 곳도 좋다. 또한 향기가 풍겨오고 마음으로 정감(情感)이 있는 곳, 떠나기가 아쉽거나 미련이 있는 곳이 좋다. 혹은 땅에서 좋은 기운이 솟아나거나 용천혈(湧泉穴: 지문)로 기(氣)가 들어오는 감이 있는 곳, 그리고 자기가 태어나고 자란 고향 등은 수련하기 좋은 곳이다.

반면에 수련하기에 좋지 않은 곳은 물도 없고 풀도 자라지 않는 악산

(惡山)이나 무덤가, 화장터, 사막이나 황량한 벌판 등이며, 왠지 불쾌하고 음습한 기분이 느껴지는 곳도 좋지 않다.

실내에서 할 경우에는 통풍(通風)이 좋은 곳이 좋다. 그리고 현재 생활하고 있는 방이나 거실, 침실 등이 좋다. 그곳은 자신의 인체장과 조화를 이루기 때문이다.

아울러 수련의 방향은 가급적 서쪽을 향하는 것이 바람직하다. 서쪽을 마주하면 천지 운행의 방향에 순응하고 천지와 소통을 할 수가 있다(지구의 자전과 인체의 소주천이 서로 상응하게 된다). 하지만 이러한 조건을 맞추기 어려울 때는 어느 곳에서든 아무 방향으로 수련을 해도 무방하며, 해나 달을 마주보면서 수련할 수도 있다.

실내가 왠지 느낌이 안 좋을 때는 전등불을 밝게 켜놓고, 잠시 기공 음악을 틀어놓아서 실내의 기장(氣場)을 조절한 후에 수련하면 좋다.

또한 겨울에 난로 곁이나 여름에 선풍기, 에어컨 바로 곁에서는 수련하지 않는 것이 좋다. 이들의 열기나 냉기가 직접 인체장(人體場)에 좋지 않은 영향을 미치기 때문이다.

3) 인화(人和)

우리는 자연환경과 조화를 이루어야 할 뿐만 아니라 사회환경과도 조화를 이루어야 한다. 하늘의 변화에 알맞게 수련하는 것보다 유리한 장소를 골라 수련하는 것이 더 중요하다. 그리고 유리한 지세(地勢)보다 사람과의 화합(和合)이 더 중요하다. 즉 천문(天文)보다는 지리(地理)가 더 중요하며, 지리보다는 인화(人和)가 더 중요하다. 무엇보다 중요한 것이 인화이다.

우리들 자신의 인체 우주정보의 장(場)을 크게 배양(培養)하여 덕(德)이 만물과 화(和)하게 하는 것은 공력(功力)을 높이는 관건이다. 먼저 나 자신의 심신이 서로 화합하여 마음이 편안하고 기(氣)가 조화롭게 되어야 수련에 유리하다(그러므로 크게 기쁘거나 크게 화가 날 때는 수련하지 않는 것이 좋다. 먼저 기를 가라앉혀 和를 이루어야 한다).

그 다음 사람간에 서로 마음이 통하고 수시로 늘 같은 마음을 갖도록 해야 한다. 만약 사회에 대해 이해를 하지 못하고 사람마다 남을 이해하지 못한다면 벽이 생겨서 서로 통하기가 힘들다. 사람간, 부부간, 친구간의 연결과 화합, 그리고 사업상의 어울림과 화합은 아주 중요하다. 이러한 사회장(社會場)이 있게 될 때 우리는 가장 큰 수련 효과를 얻을 수 있다. 따라서 수련자는 주위의 모든 사람들과 서로 이해하고 용서하고 화합하는 것이 간절히 요청된다.

2. 전통의 수련 커리큘럼

정상(頂上)으로 올라가는 길은 여러 루트가 있다. 그리고 정상이 가까워질수록 그 길은 서로 가까워지며 마침내 정상에서 하나가 된다. 이는 기공의 세계도 마찬가지이다.

대기공사 이홍지(李洪志) 선생(중국 法輪功 장문인)의 말에 따르면 이 세상에는 독자적인 수련체계가 있는 84,000가지의 공법(功法)이 있다고 한다. 이 중에는 저급한 공법도 있고, 매우 수준이 높은 공법도 있다. 일반에 널리 알려진 공법도 있고, 일반에 전혀 알려지지 않은 비밀스런 공법도 있다.

물론 수행자는 그 많은 공법체계를 모두 알 필요는 없다. 산(山)을 오를 때도 여러 등산로 중에 한 코스를 택해서 오르듯이, 기공에서도 자신에게 맞는 공법체계를 한 가지만 택해서 수련하면 된다. 그런데 자신에게 맞는 공법을 선택하거나 자신에게 맞게 만들기 위해서 우리는 먼저 기공의 대스승들이 과거에 만들어 놓은 전통의 수련 커리큘럼이 어떻게 이루어져 있는지 알아볼 필요가 있다.

수천 년 내려온 고급공법은 자체로서 완결된 체계를 갖추고 있다. 예컨대 저명한 전진도(全眞道)의 공법으로 '인선법(引仙法)'이 있다. 그리고 수백 년간 단전(單傳: 1인에게만 전함)되어왔던 태일도(太一道: 원극공)의 수련법도 매우 완성도가 높은 공법체계를 갖고 있다.

먼저 이들 두 공법체계를 살펴보기로 한다. 이 공법을 해 보고 싶은 수련자는 소개된 내용을 숙지한 후에 이에 따라 꾸준히 수련을 하면 된다. 그러면 반드시 완전한 건강과 큰 깨달음을 얻고 공(功)을 완성할 수 있다. 다른 공법을 수행하는 사람들도 이에 비추어 자신의 수련단계를 가늠할 수 있으며, 향후의 공부에 도움되는 정보를 얻을 수 있을 것이다. 혹은 자신에게 맞는 수련을 독자적으로 해보기를 원하는 사람들은 이에 준해서 수련 프로그램을 마련해 볼 수 있을 것이다.

또한 각 개인이 추구하는 단기 혹은 장기적인 수련 목표가 있을 수 있다. 질병 치료, 심신의 건강, 정력(精力) 증진이나 회춘(回春) 그리고 건강한 수험생활, 학문의 완성 또는 정신의 정화(淨化) 그리고 깨달음 등이 있을 것이다. 이러한 목표들도 모두 수련을 통해 효율적으로 달성할 수가 있다. 이러한 독자는 후술하는 개인 수련 프로그램에 준해서 자신에게 맞는 수련 프로그램을 만들고 이에 따라 실천을 한다면 좋은 결과를 얻게 될 것이다.

1) 전진도(全眞道)의 인선법(引仙法)

이는 영보통지능공(靈寶通智能功)의 핵심 공법체계이다. 영보통지능공은 도가(道家)의 대종(大宗)인 전진도(全眞道)의 저명한 공법이다. 이 수련은 보루(補漏: 체내의 10개 공규를 통해 기가 새는 것을 막음), 환원(還原: 젊은 몸 상태로 돌아감), 축기(蓄氣: 단전에 기를 축적함)를 목적으로 한다. 이 공법은 선대(先代) 수행자들의 수련정보를 바탕으로 당대(唐代)에 와서 여동빈(呂洞賓) 선생이 완결을 하였다고 한다. 그후 이 공법은 천 년 이상에 걸쳐 수많은 수련자가 그 효과를 검증한 바 있는 매우 저명한 수련법이다.

후대에 높은 경지에 오른 여러 수행자들이 이 인선법의 내용을 수정해 보려 하였으나 모두 실패하였다고 한다. 이렇듯 완성도가 높은 인선법은 총 11법으로 구성되어 있으며, 이 모든 과정은 우주 대자연의 발전 법칙과 부합되는 것이다.

인선법의 수련은 10단계까지 총 10년에 걸쳐서 수련을 해야 하며,[1] 다시 맨 마지막 단계인 목욕(保元沐浴)에 1년이 걸린다고 한다.

(1) 제1법 수심정좌(收心靜坐)

첫 번째 단계는 정좌의 자세를 익히는 것이다. 정좌 수행의 자세는 인반(人盤), 지반(地盤), 천반(天盤) 중 어느 자세라도 좋으나 특히 천반식으로 수련하면 기화(氣化)가 잘되어 공부의 진전이 빠르게 나타난다. 그러나 초보자는 이 자세로 수련하기가 어려우므로 인반이나 자연반 중에서 오래 할 수 있는 것을 택해서 하도록 한다.[2]

손 자세는 두 손을 편안하게 무릎 위에 올려놓은 평안식(平安式)으로 한다. 이 자세는 상체의 경락을 풀어주며, 하체의 경락은 고정시켜 준다. 즉 하체는 조이고 상체는 이완이 된다. 이로써 '진양화퇴음수(進陽火退陰

---

1) 이 10년은 수련자가 전심전력하여 수련을 할 경우 10단계에 도달할 수 있는 최소의 기간이다. 사회생활을 하는 일반인의 경우 그 기간은 수십년 이상이 소요된다.
2) 정좌의 자세는 제6장 2절을 참고.

水', 즉 수승화강(水昇火降)을 도우며 상체의 기혈(氣血) 순환이 빨라진다. 이 자세로 눈을 가볍게 감고 이를 맞대며, 혀는 입천장에 붙인다. 이것이 바로 수심정좌(收心靜坐)이다.

이때 호흡은 문식(文息), 즉 자연호흡을 한다. 호흡을 할 때는 코로 숨을 쉬지만 일반인들의 호흡과 달리 여기에는 일정한 규칙이 있다. 호흡을 고르게 하며 눈을 감고 자신을 보면서 체내에 우주(宇宙)가 있는지 관찰을 한다.

이 단계에서는 주로 '회과(悔過)'를 한다. 회과란 단순히 잘못을 뉘우친다는 것이 아니다. 이는 사람의 마음에 있는 흐린 기운(濁氣)을 없애는 것이다. 일정한 기간 동안 자기를 속세에서 격리시켜, 조용한 가운데 자신의 행동과 마음을 되돌아보며 흐린 기운을 깨끗이 씻어내고 참된 마음으로 돌아오는 것이다.

일반 사람들은 자신의 욕망을 만족시키기 위하여 모든 지혜와 정력을 쏟아 붓는다. 과연 그 과오(過誤)는 얼마나 크고 무거운가! 우리가 수련을 할 때 근본적으로 잘못된 속세의 문화와 철학 및 인생관을 철저히 내버릴 각오가 없다면, 그 잘못을 뉘우치기는 매우 어렵다.

회과를 하는 첫 번째 단계는 아주 어두운 방에서 두 달 동안 있는 것이다. 이 과정에서 속세의 야성(野性), 말성(末性)이 점차 사라지게 된다.

두 번째 단계부터는 어두운 방에서 정좌(正坐) 수련을 하는 것이다. 정좌하는 시간은 날이 갈수록 길게 한다.

세 번째 단계는 조용한 방안에서 한 번에 4시간 이상 정좌 수련을 하는 것이다. 수련 시간은 길면 길수록 좋다.

(2) 제2법 조신(調身)

정좌 수련 중에 하체를 너무 조이면 매우 힘이 들고 인체의 어느 부위는 통증을 느끼게 된다. 이때부터 조신(調身)을 한다. 이는 심신(心身)을 조절하여 신체 각 부위가 각자 제 위치에 있게 하는 것이다. 조신의 목적은 심(心: 심장)과 신(腎: 신장)의 조절이다. 우리의 몸에서 심(心)은 하늘(天), 신(腎)은 땅(地)에 비유할 수 있다.

두 손을 무릎 위에 올린 상태에서 먼저 허리를 돌려서 좌우로 움직인다. 숫자의 제한은 없으나, 반드시 천천히 움직여야 한다. 이것은 대맥(帶脈), 독맥(督脈), 임맥(任脈), 중맥(中脈)을 풀어 주는 것이다. 그리고 어깨를 위로 들어서 움직이고 돌려준다. 이는 허리에서 올라온 독맥이 척추에서 막히지 않도록 어깨에서 손끝까지 돌리고 움직여 주는 것이다. 두 팔을 움직이고 다시 팔목을 움직이고 열 손가락을 움직인다. 그리고 목 돌리기를 한다. 그리고 목을 좌우로 크게 돌려준다.

이렇게 방송공으로 편안한 느낌이 들 때까지 허리, 어깨, 목 등을 움직여 준다. 움직일 때는 힘을 빼고 부드럽게 움직여야 한다. 아울러 틈틈이 새벽과 밤중에 평형공을 수련하고, 낮에는 동공과 보공 등을 수련한다.

(3) 제3법 조범식(調凡息)

이제는 호흡을 조절해야 한다. 이때의 호흡은 2단계로 나누어서 한다. 처음에는 자연호흡을 한다. 숨은 코로만 쉬며, 자연스럽게 길고 가늘게 호흡을 조절하되 면면히 끊기지 않게 한다. 호흡은 너무 길게 하지 말고 8할 정도만 한다. 이렇게 호흡을 하고 있으면 심정기합(心靜氣合), 즉 마음이 고요해지면서 기(氣)와 화합이 되는 느낌이 들게 된다.

이때 외행호흡(外行呼吸: 제6장 3절 참고)을 추가한다. 이는 전신의 모공을 통해서 하는 모공호흡(毛孔呼吸)이다. 숨을 마실 때는 전신의 모공을 통해 사면팔방으로부터 기가 들어온다. 숨을 토할 때는 모공을 통해 기가 사면팔방으로 발사된다. 이때 발사의 범위는 멀수록 좋다.

이 호흡을 하면 심신이 외부와 화합하게 되어 심심상응(心心相應)이 된다. 내외합일을 이루면 인체 내의 기혈(氣血)이 온전하게 흐르는 것을 느낄 수 있다. 이는 눈을 감고 귀를 막은 상태로 호흡을 하는 과정에서 얻을 수 있다. 이로써 수련자의 호흡속도는 우주의 호흡속도와 같게 된다.

(4) 제4법 수시반청(收視返聽)

이 단계에서는 눈을 감고 귀를 막아 일체 외부의 사물을 보지 않고 듣지도 않는 것, 즉 무시무청(無視無聽)이다. 여기서 무시(無視)란 만물이 사라진 상태를 의미한다. 이때의 느낌은 나 자신이 존재하지 않는 것 같으며, 더 깊은 상태에서는 자연과 하나가 된 느낌을 갖게 된다. 눈을 감고 자신을 보면 우주 대자연에 자신이 존재함을 느끼며, 밖의 소리가 일체 들리지 않는다.

우리는 아직 자신을 잘 모르기 때문에 밖의 대자연에서 다시 자신의 우주로 돌아와야 한다. 그렇기 위해서는 수시반청(收視返聽)을 해야 한다.

두 눈은 앞을 보았다가 먼 곳의 신광(神光)을 서서히 눈썹 사이 천목(天目 : 상단전)으로 거둬들인 후에 눈을 감고 내장(內臟)을 바라본다. 먼저 심장의 박동 소리를 들어야 한다. 심장이 뛰는 속도, 횟수를 들어보고 다시 심장이 뛰는지 안 뛰는지 관찰을 한다. 이때 심장이 뛰는 모습을 볼 수 있어야 한다. 그리고 심장의 맥박 수와 지구의 진동이 같은가를 느껴본다. 수시반청은 밖의 종소리와 내 안의 종소리를 동시에 듣는다 하여 '고종내청(鼓鍾內聽)' 이라 한다. 일반인은 수련을 안하기 때문에 내행호흡, 외행호흡을 이루지 못했으며 따라서 이러한 모습을 보거나 그 소리를 들을 수가 없다.

눈을 감고 자신의 오장(五臟), 골격, 얼굴 모습 등을 관찰한다. 고서(古

書)에서는 눈을 감는 것을 '반관(返觀: 돌아봄)'이라 한다. 눈을 감고 자신을 보면 잘 보이지 않는데 이것은 귀를 막지 않았기 때문이다. 눈을 감으면 밖의 작은 소리도 들을 수 있는데, 이 소리가 반관내시(返觀內視)를 방해한다.

그렇다면 단순히 귀를 막으면 되겠는가? 그래도 잘 안 된다. 그 이유는 귀를 막더라도 우리 인체(소우주)가 듣기 때문이다. 이를 막기 위해서는 반드시 '회관(悔觀)'을 해야 한다. 회관을 하여 자기 전신의 모습과 조신, 수심정좌를 검사해야 한다.

(5) 제5법 조설안신(調舌安神)

이 단계에서는 혀를 조절해서 안신(安神)을 한다. 그리하면 체내외의 내행호흡, 외행호흡, 자연호흡이 동시에 이루어진다.[3] 혀는 심장(心臟)의 싹(苗)이다. 태내의 아이는 혀가 입천장에 붙어 있으며, 탯줄을 끊을 때 울면서 혀가 입천장에서 떨어진다. 수련은 반선천(返先天), 즉 선천으로 돌아가는 것으로 태아처럼 혀를 입천장에 붙여야 한다. 그렇게 하면 심장이 편안해지므로 마음(心)이 안정된다. 이렇게 하면 신(神: 元神)이 나타나며 영성(靈性)을 갖게 된다.

이때 우리의 몸은 천지(天地)로 나뉜다. 심장은 하늘(天)이고 신장은 땅(地)이다. 그러면 자신에게도 우주가 있음을 알게 된다. 그리고 자신의 우주와 천체의 우주가 같음을 알게 된다.

다시 심장의 맥박을 듣는다. 수련 중에 신(神)이 불안해지면 혀가 입천장에서 떨어진다. 신(神)이 안정되면 7군데의 명규(明竅: 上七竅)가 스스로 안정된다.[4]

---

3) 내행호흡, 외행호흡 등에 대해서는 제6장 3절을 참고.

(6) 제6법 조진식(調眞息)

혀는 항상 입천장에 붙여야 하는데, 혀를 붙이는 것이 습관화되어 있지 않은 사람은 심신이 안정되어 있지 않다. 고서(古書)에서는 진식(眞息)의 조절을 통해 혀가 자동적으로 구부러져 입천장에 붙는다고 하였다.

진식을 하려면 호흡을 가늘고 길고 고르게 하고(자연호흡), 그 다음에 외행호흡(外行呼吸)을 함께 하고 이것이 잘되면 또 다시 내행호흡(內行呼吸)을 하여 이들이 동시에 진행되어야 한다. 이렇게 하여 일체가 되고 체내의 노선을 발견하게 되며, 인체는 하나의 우주를 형성하게 된다.

내행호흡(內行呼吸: 제6장 3절 참고)은 숨을 마실 때는 배꼽 아래로 내리고, 토할 때는 심(心: 심장) 밖으로 나가지 않게 조절을 하는 것이다(不出心). 이것은 바로 임맥(任脈)을 조절하는 방법이다. 처음에 숨을 마실 때는 배꼽 아래 어디까지 내려가는지 생각하지 않는다. 두 번째 마셔서는 하단전(下丹田)까지 온다. 세 번째 마시면서는 아랫배를 모아야 한다. 이는 마치 철(鐵)을 제련하는 것과 같다. 따라서 제련에 필요한 바람을 밀어넣어야 한다. 도가(道家)에서는 이를 '철 쟁기로 밭을 간다'(鐵牛耕田)고 하였다.

그렇게 하면 몸에 변화가 있음을 알게 된다. 아랫배가 때로는 덥고 때로는 차가우며, 저리고 아픈 느낌도 있다. 열감(熱感)이 있는 것이 바람직하지만 매번 그렇게 되지는 않는데, 이는 기가 몸밖으로 새어나가는 곳이 있기 때문이다.

---

4) 이때의 규는 앞에 소개된 규(竅), 즉 단(丹)이 아니라 인체의 10개 구멍, 즉 공규(空竅)를 말한다. 두 눈, 두 귓구멍, 두 콧구멍, 입 그리고 전음(前陰: 생식기), 후음(後陰: 항문)과 배꼽을 10대 명규(明竅)라 한다. 그리고 이 중에서 전음, 후음, 배꼽을 뺀 나머지를 상칠규(上七竅)라 한다.

(7) 제7법 수무루(修無漏)

우리가 호흡을 하면서 정확한 노선을 찾기는 힘들다. 그 이유는 체내에서 밖으로 기(氣)가 흘러 나가는 곳이 있기 때문이다. 10대 명규(明竅: 인체의 눈, 코, 귀, 입, 생식기, 항문, 배꼽 등 10개 구멍)가 바로 그곳이다.

체내의 기가 체외로 흘러나가지 않고 체내외의 기가 서로 상합(相合)하는지를 관찰해 보면 알 수 있듯이 10대 명규(明竅)는 인체에서 기가 가장 많이 흘러 나가는 곳이다. 이 중에서 상칠규(上七竅)를 닫기는 비교적 쉽다. 눈을 감고, 귀를 막고 입을 다물고 혀를 입천장에 대면 된다. 그러나 코는 우리가 통제할 수 없다.

이 중에서 가장 많은 기가 새는 곳은 전음부(前陰部: 생식기)이다. 즉 우리의 수(數)가 가장 많이 새 나간다. 우리는 누구나 태어나면서 정해진 일정한 수(數)가 있으며, 이 수는 사람마다 다르다. 우리의 영혼도 정해진 수가 있으며, 그 숫자는 상하로 조절이 가능하다. 수련을 하면 생활범위가 확장되며, 수(數)를 늘리는 것이 가능하다. 우리는 전음부에서 우리의 수(數)를 가장 많이 잃는다. 수련을 통해 남자는 회정(回精: 정을 돌아오게 함) · 고정(固精: 정을 공고히 함) · 보정(保精: 정을 보호함)을 해야 하며, 여자는 회혈(回穴) · 고혈(固穴) · 보혈(保穴)을 하는 방법이 있다. 이를 위해서 옛날에는 나무로 만든 도구를 사용하였다. 간단하게 하려면 수건을 두툼하게 접어서 전음부 아래에 대면 된다.

우리가 수련을 통해 9개의 명규를 다 막으면 마침내 배꼽이 열리게 된다. 이때의 호흡은 배꼽과 모공(毛孔)을 통해서 이루어진다. 소위 ‘태식(胎息)’ 이라는 태아의 호흡방식과 같은 호흡이 되는 것이다.

(8) 제8법 내시반청(內視返聽)

수무루를 하고 나서 다시 내시반청(內視反聽), 즉 내부를 들여다보면 기가 밖으로 새지 않는 것을 알 수가 있다. 이때부터 묵운오행(默運五行: 五行運氣, 제6장 5절 참조)을 하면 내장의 기는 온전히 기화(氣化)하여 돌기 시작한다.

이것은 오행(五行)을 상생(相生)의 원리에 따라 운행하는 것으로 오기(五氣)의 상호 보충과 상승작용이 있다. 평형공 등의 수련을 통해 얻은 기(氣)로 손을 움직이며 외도내행(外導內行)을 한다(또한 相剋하는 방법으로도 할 수가 있다). 처음엔 손을 움직이면서 하다가 숙달이 되면 다음에는 손을 움직이지 않고 내도내행으로 묵운오행(默運五行)을 한다.

이때의 내시반청은 우리의 내장(內臟)을 주로 살피는 것이다. 우리가 수심정좌하면 체내에서 음양이 조화하기 시작하고, 오장(五臟)의 기가 오행을 따라 운행하기 시작한다.

묵운오행으로 오장의 기가 꽉 찼을 때 이 기를 하단전(下丹田)으로 모은다. 그러면 화로(火爐)를 설정하고 끓이는 장소를 만들게 된다. 이는 일명 '묘유주천(卯酉周天)' 이라고도 하며, 이는 소주천(小周天) · 대주천(大周天)을 이루는 기초가 된다.

따라서 소주천(小周天)을 넘기는 방법을 배워야 한다. 우리는 묵운오행을 통해서 얻은 힘으로 주천(周天)을 할 수 있다. 이 단계에서는 소주천을 통한다. 이 힘을 밖으로 사용하면 타인의 병(病) 치유가 가능하다.

(9) 제9법 응신적조(凝神寂照)

묵운오행(默運五行)을 잘 수련하였을 경우 체내외로 빛이 나타난다. 인체장(人體場)이 둥글게 형성되고 밖으로 크게 빛을 낸다. 색은 금황색이며 외관상으로도 확인이 가능하다. 얼굴색, 피부색, 골격 등을 통해서도 수련의 경지를 알 수 있다. 이것은 외형상으로 검증이 가능한 것이고, 영감(靈感)이나 지각능력, 심성, 타인을 구하는 능력 등 보이지 않는 요소를 통해서도 검증이 가능하다.

이때부터 전신에 광(光)이 나타난다. 밖에서도 여러 가지 광환(光環)과 색상을 볼 수 있는데, 기실 이것은 각각 내장(內臟)의 색상이다.[5] 제일 먼저 나타나는 색상의 내장이 선천적으로 가장 민감한 내장이다. 이 민감한 내장부터 먼저 수련하면 효과가 더 빠르다. 이때 우리는 본인이 스스로 하나의 우주임과 진정한 인간임을 느낄 수 있다. 또한 자신의 신(神)과 우주의 신(神)이 연계된 것을 알게 된다.

이제 정좌는 밖의 영향과 무관하게 된다. 그리고 전혀 영향을 받지 않는다. 스스로 '내가 과연 이렇구나' 하는 것을 발견하게 된다. 적조(寂照)란 고요한 가운데 자기를 바라보는 것이다. 그리고 앞으로 갈 길을 뉘우치는 것이다. 이 경지에서는 응신(凝神: 신을 모음)을 하면 비몽사몽(非夢似夢) 간에 매우 아름다운 풍경을 보기도 한다. 그러나 이때 본 것은 물질이 아니므로 손을 벌려도 얻을 수 없으며, 이를 따르거나 추구해서도 안 된다.

(10) 제10법 청식수식(聽息隨息)

청식수식에서 식(息)은 두 우주의 조식(調息)을 말한다. 즉 인체(人體)우주와 천체(天體)우주의 조식이다. 두 우주가 서로 다른 궤도에서 서로를 조절한다. 이 단계에서는 지구와 천체의 심성, 지구의 호흡, 진동을 들어야 한다. 우리의 호흡과 심장 박동이 지구의 그것과 동일한지를 관찰한

---

5) 내장의 색(色)에 대해서는 제4장 2절의 표 참고.

다. 이것이 동시에 이루어지면 지구와 동화(同化)하게 된다. 그러나 아직 우주와는 동화하지 못한다. 만약 우주와 동화하게 되면 우리는 죽은 후 돌아가더라도 우주에 영원히 남게 된다(不生不滅).

여기서 우리는 지구도 호흡을 하고 움직이고 있다는 것을 알 수 있다. 인체와 천체가 동시성(同時性)을 갖고 함께 호흡하게 되는데, 이는 공력(功力)이 높을수록 오래간다.

이 단계에서는 천체와 화합하며, 이 우주에서 다시 부모를 찾아야 하는데 바로 천지(天地)가 부모임을 알 수 있다. 또한 인간은 우주에서 왔고, 다시 그곳으로 돌아가는 것임을 알게 된다. 이로써 우리는 완전하게 안정이 되며, 자기의 허물을 스스로 벗게 된다.

(11) 제11법 보원목욕(保元沐浴)

우리는 이 세상에 온 의무와 책임이 있다. 그 일을 다 하지 못하면 입산(入山)을 하거나 설사 저 세상으로 간다 해도, 그 일을 마치기 위해 다시 이 세상으로 돌아오게 된다.

이 단계에서는 계속 목욕(보원목욕)을 해야 한다. 이는 이 세상에서의 의무와 책임 때문이다. 이것의 목적은 능력(能力)을 크게 하는 것이고 지혜를 더 계발하는 것이다. 이때의 목욕은 몸을 씻는 것이 아니라 자연의 미량, 미세한 물질을 우리 몸으로 받아들이는 것이다. 이런 과정을 통해 우리의 원(元)을 보호하는 것이다. 대자연의 범위에서 이러한 목욕을 해야 한다.

이때의 호흡은 내행 · 외행호흡도 아니요 자연호흡도 아니며, 스스로 진행되는 미묘한 호흡이다. 양심목욕은 시간이 길수록 좋다. 여기서 우리의 양신(陽神)이 나오는 것을 기다리게 된다. 이것은 시기가 있으며 그 시기를 기다려야 한다.

인선법(引仙法)

	이 름	내 용
제1단계	수심정좌(收心靜坐)	반좌로 회과(悔過), 2개월 이상(1회 4시간씩)
제2단계	조신(調身)	허리, 어깨, 목 등 방송공
제3단계	수시반청(收視返聽)	신광(神光)운행, 내장(먼저 심장)을 내시(內視)
제4단계	조범식(調凡息)	자연호흡 + 모공호흡
제5단계	조설안신(調舌安神)	혀 붙이기
제6단계	조진식(調眞息)	자연호흡, 외행호흡 + 내행호흡
제7단계	수무루(修無漏)	전음(前陰) 등 구규(九竅) 봉쇄
제8단계	내시반청(內視返聽)	묵운오행(외도내행→내도내행), 주천(周天)
제9단계	응신적조(凝神寂照)	체내외의 광(光) 출현
제10단계	청식수식(聽息隨息)	천체와의 합일
제11단계	보원목욕(保元沐浴)	능력과 지혜의 계발

2) 태일도(太一道)의 수련 체계

  태일도는 도가(道家) 3대 문파의 하나로 금(金), 원(元)대에 크게 번성하였다. 전래의 태일도(太一道) 수련법은 원극공(元極功)으로 현대화되어 1987년에 일반에 공개되었다. 총 10부공(10단계의 공법)으로 구성되어 있는 원극공의 공법 체계를 보면 알 수 있듯이, 태일도의 수련 체계는 매우 정교하며 체계적이다.

  그 특징을 한 마디로 말하면 점(点), 선(線), 면(面), 체(體)의 수련법이다. 먼저 점(点)에 해당되는 각 규(竅)를 수련한다. 그러면 점과 점을 연결한 선(線: 내공선)이 열리고 면(面)이 이루어진다. 이렇게 각 단계의 수련을 마치고 나면 마침내 각각의 면이 모여서 전체적인 몸(體)이 완성된다.

  각 단계의 공법에는 각각 수련 단계에 상응한 동공과 정공 및 공결(功訣: 수련시 사용하는 결)과 안마공, 기무(氣舞) 등이 있으며, 매 공법은 다시 4단계로 세분화된다. 예컨대 제1부 공법인 혼돈초개법(混沌初開法)의 경우 4단계로 세분화되어 있으며, 각 단계는 열심히 수련해도 최소 3개월(4단계는 6개월)이 걸린다. 따라서 제1부공을 마치는 데는 최소한 15개월이 소요된다. 제2부 공법 또한 같은 기간이 소요되므로 10부공까지 모두 마치려면 12년 이상이 걸리게 된다.[6]

(1) 제1부공 혼돈초개법(混沌初開法)

제일 먼저 하단전에 규(竅)를 만드는 수련을 한다. 규를 만드는 방법은 하단전으로 반조(返照)와 옥액(玉液) 삼키기를 하고, 다시 의념을 하단전에 집중한 후에 여러 가지 수련(동공, 정공 등)을 하는 것이다. 이때 수련효과를 높이기 위해 반드시 염결(念訣)을 함께 해야 한다. 매회 수련을 마친 후에는 하단전에 수공을 한다.

이렇게 수련(최단기간은 3개월, 매일 2시간 수련)을 하여 하단전에 규 만들기가 끝나면 기(氣)는 스스로 미려관으로 몰려가게 된다. 이때부터는 미려관으로 옮겨서 수련을 한다. 미려관에 규를 만드는 방법은 하단전과 같다. 즉 반조와 옥액(玉液: 침) 삼키기를 미려관으로 하고 의념을 미려관에 집중한 채 염결을 하며, 여러 공법을 수련한 후에는 반드시 미려관에 수공(收功)을 한다.

미려관에 규를 만들고 나면 같은 방법으로 하황정에 규를 만든다. 하황정에 규가 만들어지면 마침내 3개 기지가 완성된다. 이렇게 되면 이들을 연결한 수명선(修命線)이 열리고 마침내 하단전 면(面)이 완성된다. 이러한 일련의 수련 과정이 바로 제1부 공법인 혼돈초개법이다.

---

6) 이 12년 역시 수련자가 부지런히 전심전력하여 수련을 할 경우 소요되는 최소한의 시간이다. 이 공법을 수련하는 국내외 수련자들의 경우 1부공을 마치는 데만 3년~5년이 소요되는 것을 볼 때, 일반인이 10부공까지 마치려면 일생을 수련해야 한다.

(2) 제2부공 홍몽제판법(鴻蒙濟判法)

제1부공을 마치면 그 다음에 한 단계 위로 올라와서 제1중단전 면(面)의 공부를 한다. 즉 제1중단전(신궐)과 명문(命門), 중황정(中黃庭)에 규를 차례로 만들어간다. 이들 규를 만드는 방법은 제1부 공법과 같다. 규가 모두 만들어지면 이를 연결한 보명선(保命線)이 열리게 되며 제1중단전 면이 완성된다. 이 과정이 제2공법인 홍몽제판법(鴻蒙濟判法)이다.

(3) 제3부공 인천교회법(人天交會法)

세 번째 단계는 마찬가지 방법으로 제2중단전과 협척관(夾脊關), 황금전(黃金殿)에 규를 만들어 나간다. 이를 마치면 장력선(壯力線)이 열리며, 제2중단전 면이 완성된다. 이 수련과정이 제3부공법인 인천교회법이다.

(4) 제4부공~제10부공

그 다음 단계에서는 상단전(上丹田)과 옥침관(玉枕關), 상황정(上黃庭)에 규를 만들고 성선(性線)을 열게 된다. 이러한 과정에서 소주천(小周天), 대주천이 이루어진다.

이렇게 해서 12규(竅)를 모두 만들고 인체 내공선(內功線)을 모두 열고 나면 마침내 본성(本性)을 깨달아 중맥(中脈)이 열리게 된다. 그리고 나서 천문(天門)으로부터 태극궁, 무극궁, 황극궁이 열리게 되며, 마침내 도(道)를 완성하게 된다.

원극공 수련 체계

	이 름	내 용	공 법
제1부공	혼돈초개법	하단전, 미려관, 하황정 및 수명선 수련	
제2부공	홍몽제판법	제1중단전, 명문, 중황정 및 보명선 수련	동공, 정공(염 결법), 안마공, 기무(氣舞), 기 무(氣武) 등
제3부공	인천교회법	제2중단전, 협척관, 황금전 및 장력선 수련	
제4부공~ 제10부공	기타	상단전, 옥침관, 상황정 및 성선, 중맥, 삼극궁 수련	

3. 개인별 수련 프로그램

수련자들은 개인별로 공력(功力), 성격, 기질 등에 많은 차이가 있다. 따라서 각 개인의 특성에 맞는 수련 프로그램을 만들어 그 프로그램에 따라 수련을 하는 것이 좋다. 이때 전문 기공교사의 상담과 지도를 받아 수련 프로그램을 만들고 그에 따라 수련을 진행한다면 더욱 효과적일 것이다.

개인별 수련 프로그램은 각자의 사정(예컨대 치병, 정력증진, 성격개선, 잠재능력 계발 및 제반 문제의 해결 등)에 따라 이를 해결하기 위한 목표에 맞춰 작성을 할 수 있다.

다음에 예시하는 수련 프로그램은 일반적인 수준이므로 여기에다 개인별로 가감(加減)을 해서 각자의 특성과 상황에 맞는 수련 프로그램을 만들면 좋을 것이다. 프로그램은 먼저 장기(3년~10년) 계획을 세우고 이에 따라 구체적인 연도별 계획과 월별 계획을 작성하되, 시행상 오차가 있게 마련이므로 매월 말에 한 달간의 진행과정을 평가하고 여기에 근거해 다음 달의 수련 계획표를 다시 만들도록 한다.

1) 직장인의 수련

운동부족과 스트레스에 시달리는 직장인들은 일과 중에 틈틈이 수련을 하는 것이 좋다. 직장인의 1일 권장 수련은 다음과 같다.

- 일과 중에 단전호흡을 생활화하고 수시로 목, 어깨, 팔굽, 팔목, 허리, 무릎, 발목을 푸는 방송공과 안마공을 한다.
- 저녁에 귀가하면 취침 전에 정기적인 수련을 해보자. 간단하게 몸을 풀고 나서 10분 가량 참장공을 한다. 그리고 나서 정공을 10분 정도 수련한다. 버스나 지하철에서도 약식으로 참장공을 하는 등 참장공을 생활화한다.
- 아침이나 저녁에는 몸을 크게 움직이는 동공을 10분 정도 해야 한다. 평형공이나 기무(氣舞) 또는 기타 무술 동작이나 자신이 좋아하는 체조 등도 좋다.
- 출퇴근시에는 언제나 보공(步功)을 생활화한다.
- 밤에 자리에 누워서는 수면공을 최소한 10분 정도 수련하고 나서 잠을 잔다.
- 매일 아침에 일어나면 바로 참장공(마보식)을 2, 3분간 수련한다.

2) 수험생의 수련

격심한 스트레스와 운동 부족으로 시달리는 수험생들은 매일 많은 시간을 수련에 투자하는 것이 필요하다. 일정한 수련은 학습능률 향상과 자기관리를 위해 필수적으로 요구된다. 수험생의 1일 권장 수련은 다음과 같다.

- 아침 저녁으로 방송공 수련을 최소한 10분씩 하고 낮에도 책을 보다 피로를 느끼면 틈틈이 목, 어깨, 팔, 허리 돌리기 등 방송공을 한다.

- 아침 저녁으로 각각 10분 이상, 땀이 약간 나게 강도 높은 참장공 수련을 한다. 낮에도 피로를 느낄 때마다 1, 2분씩 등산식 등 참장공을 수련한다.
- 아침 저녁으로 각각 10분 이상 몸을 움직이는 동공을 해보자. 평형공이나 기무(氣舞)나 용트림, 풍력수 등이 좋다. 어떤 동작이든 천천히 관절을 많이 꺾으면서 하면 기공이 된다. 평소에 자신이 즐기던 춤이나 무술 동작을 해도 좋다.
- 식사 후에는 식곤증이 심하므로 언제나 5~10분 정도 걸으면서 보공을 해보자.
- 밤에 자리에 누우면 수면공을 10분 이상 반드시 하고 나서 잠을 잔다. 수면공 9식을 매일 바꿔가면서 수련하는 것이 좋다.
- 하루 중 편한 시간에 1번 이상, 최소한 20분 이상 정공을 한다. 이때는 단전호흡을 먼저 5분 정도 하고 나서 염결(念訣) 수련이나 묵운오행 수련을 한다.
- 아침 저녁 수련을 마칠 때는 언제나 안마공을 각각 5분 이상 한다. 특히 머리와 눈 안마를 중점적으로 많이 한다.

3) 노인의 수련

연세가 드신 분들은 무리가 되는 격렬한 운동을 피하고 가벼운 맨손체조와 걷기 등으로 몸을 풀어 주어야 한다. 나이가 많아도 체계적으로 수련을 한다면 회춘(回春)이 얼마든지 가능하다. 1일 권장 수련은 다음과 같다.

- 아침 저녁으로 2회, 관절운동을 중심으로 방송공(放松功)을 천천히 각각 5분씩 실시한다.
- 자신의 체력에 맞게 무릎을 약간만 굽힌 자세로 아침 저녁으로 참장공

(站椿功)을 각각 5분씩 실시한다. 동작은 마보식과 허보식을 중점으로 하면 좋다.

• 하루에 20분 이상 약간 빠른 걸음으로 걷는다. 걸으면서 3보공(步功)을 수련한다.

• 하루에 최소한 30분 이상 정공(靜功)을 한다. 이때는 염결법이나 묵운 오행을 중점적으로 수련한다.

• 자리에 누워서 최소한 20분 이상 수면공을 한다. 이때는 수면공 9식을 매일 번갈아 가면서 하던가 염결 수련을 한다.

• 아침 저녁으로 수련을 마칠 때는 안마공을 한다. 각각 10분씩 전신안마와 지압 등을 실시한다.

4) 가정주부의 수련

가정주부도 가사노동 중에 틈틈이 기공을 하면 가사노동의 피로를 풀고 스트레스가 해소되며 체형 관리에도 효과적이다. 가정주부의 1일 권장 수련은 다음과 같다.

• 가사노동을 수련과 결합해서 해보자. 가령 싱크대 앞에서 일할 때는 참장공 자세로 일하고, 앉아서는 정공 자세로, 청소기를 사용할 때는 궁보식으로 해보자. 한결 피로가 덜하고 일의 능률도 오르게 된다.

• 틈틈이 방송공으로 몸을 풀도록 하고, 매일 일정한 시간에 참장공을 10분 정도 수련한다.

• 수시로 동공을 잠깐씩이라도 한다. 하루에 총 10분 정도는 동공을 해야 한다. 동작은 평형공, 기무 등도 좋고 에어로빅이나 기타 여러 가지 무용동작도 좋다.

• 음식을 요리할 때는 삼문을 열고 염결법을 사용하여 기음식을 만든다.

• 걸을 때는 무조건 보공을 하는 것을 생활화한다.

- 잠을 잘 때는 언제나 수면공을 10분 정도 한다.
- 하루 중 한가한 시간에 정좌하고 앉아서 정공을 15분 정도 한다. 수련은 단전호흡이나 염결법이 좋다.
- 수시로 손과 얼굴에 안마공을 해서 아름다움을 가꾸고, 불편한 부위가 있으면 그곳에 중점적으로 안마와 지압을 한다.

5) 임산부의 수련

기공은 최고의 태교(胎敎)이다. 임산부가 기공을 하면 건강과 순산(무통분만)은 물론 아이의 건강과 두뇌의 발달을 촉진시켜 주게 된다. 임산부의 1일 권장 수련은 다음과 같다.

- 아침 저녁으로 방송공을 하고 나서, 자세를 약하게(무릎을 많이 펴고) 해서 여러 가지 참장공을 10분 정도 한다. 그리고 안마공으로 수련을 마친다.
- 동공도 수시로, 가능한 한 여러 가지를 해보자. 평형공이나 기무(氣舞)는 특히 태아에 좋다. 하루에 10분 정도는 동공을 해야 한다.
- 걸을 때는 언제나 삼보공을 한다.
- 낮에 가사 일을 할 때도 모든 동작을 기공과 결합하여 하도록 한다.
- 밤에 잠을 잘 때는 반드시 수면공을 10분 이상 한다.
- 낮에 한가한 시간에 좋은 음악(가급적 클래식이나 기공 음악이 좋다)을 들으며 20분 정도 정공을 한다. 정공은 염결법이 좋다.

6) 비만 해소를 위한 수련

기공은 다이어트에도 효과가 크다. 운동은 지속적으로 20분 이상을 해야 불필요한 체지방이 분해되기 시작하므로, 수련은 매 회 30분 이상 집중적으로 해야 한다. 1일 권장 수련은 다음과 같다. 이렇게 수련하면서 식사를 조절하면 한 달에 5kg 이상 체중 감량이 가능하다.

- 최소한 매일 아침 저녁으로 2번 이상 정기적인 수련을 한다. 먼저 방송 공을 5분간 하고 나서, 참장공을 20분 정도 한다. 이때 참장공은 각 부위에 스트레칭 효과가 큰 내마보식, 내허보식, 외등산식, 부퇴식, 금계 독립식 등을 많이 하면 좋다. 그리고 몸을 크게 움직이는 동공을 5분 이상 한다. 수련을 마칠 때는 안마공을 5분 이상 한다. 안마공은 감량을 원하는 부위를 중점적으로 해준다.
- 수시로 보공(삼보공이나 활보공)을 하며, 하루에 총 20분 이상 보공을 해야 한다. 계단 오르내리기나 등산을 하면 좋다.
- 잠을 잘 때는 반드시 수면공을 5분 이상 실시한다.
- 하루 중 한가한 시간에는 규칙적으로 정공을 20분 정도 한다. 정공은 단전호흡을 중점적으로 한다.
- 빠른 시일 내에 살을 빼려면 벽곡 수련을 함께 하면 좋다.[7] 3일간 아침 저녁으로 사과 한 알씩 먹는 단곡을 하면서 수련을 하면 몸무게를 삼일 만에 3kg 정도 줄일 수 있다.

7) 정력 증진을 위한 수련

인간의 몸은 단련하면 무한히 강해질 수 있으며, 누구든 열심히 노력하면 천하의 정력가가 될 수 있다. 기공은 정력 증진에도 그 효과가 탁월하다. 자신의 몸에 맞게 체계적인 수련을 하면 상당히 진행된 퇴행성 질환도 치유가 가능하며 회춘(回春)도 가능하다. 따라서 연세가 많으신 분들도 오래도록 성생활을 즐길 수가 있다. 정력 증진을 위해서는 매일 다음

---

7) 벽곡(闢穀) 수련에 대해서는 제10장을 참고.

과 같이 수련을 해보자.

- 방송공은 유연성을 길러주므로 회춘의 효과가 있다. 매일 10분 이상 수련을 해야 한다.
- 참장공은 가장 중요한 수련이다. 하루에 30분 이상 수련하면 놀라운 효과가 있다. 특히 내마보식과 외등산식, 금계독립식을 중점적으로 수련하면 신장과 간 기능이 강화되어 빠른 속도로 정력이 증진된다. 수련을 마칠 때는 신장과 신궐(배꼽) 부위를 중점적으로 안마공을 한다.
- 동공은 평형공을 중점적으로 하루에 10분 이상 한다.
- 보공도 매일 10분 이상 한다. 활보공이 가장 효과적이며, 계단 오르내리기도 좋다.
- 정공은 지식(止息) 수련을 주로 하며 하루에 10분 이상 수련한다. 이 수련을 하면 조루 등의 치유에 효과가 크므로, 사정시간을 자유로 조절할 수 있게 된다.
- 수시로 괄약근(항문근육) 운동을 한다(매일 1,000번 이상). 숙달이 되면 지식(止息)과 동시에 괄약근 수축운동을 병행한다.

4. 생활기공

우리는 일상생활 중에 틈틈이 기공을 해서 건강을 얻을 수가 있다. 이렇게 생활과 결합해서 하는 기공을 생활기공이라고 한다. 하루 생활 중에 할 수 있는 기공을 알아보자. 이를 불과 1, 2분만 해도 즉시 피로가 풀리고 원기(元氣)가 샘솟는 것을 느낄 것이다.

1) 아침에 하는 생활기공

아침에 눈을 떠도 간밤의 피로가 안풀려서 자리에서 일어나기가 힘들 경우가 많다. 그럴 때는 자리에 누워서 손목 돌리기나 발목 돌리기를 한다. 좌우로 각각 5회식만 돌려줘도 즉시 대뇌가 각성이 되어 잠이 깨므로 쉽게 일어날 수가 있다.

자리에서 일어나서는 반드시 참장공을 1, 2분 한다. 이때는 내마보식 참장공이 가장 좋다. 이때 유의점은 화장실을 가지 말고 수련해야 한다는 것이다. 참장공을 하는 동안에, 밤새 신장과 방광에 가득 찬 수기(水氣)가 기화(氣化)하여 간(肝)으로 가서 간을 보(補)해주므로 간이 건강해진다. 이는 간을 튼튼하게 하는 최고의 비방이다.

화장실에서 배변 시간은 되도록 짧게 하고, 신문은 밖에 나와서 참장공 자세로 서서 읽는 것이 좋다. 세수나 샤워를 할 때도 참장공을 응용한 자세로 한다.

식사는 기(氣)가 많이 든 식품을 중심으로 소식(小食)을 하고, 마시는 물은 가급적이면 자화수(磁化水)나 생수(生水) 등이 좋다.

2) 출퇴근시에 하는 생활기공

가까운 거리는 차량을 이용하기보다 가급적 건강을 위해 걸어보자. 걸어갈 때는 언제나 보공(步功)을 한다. 3보공, 6보공 또는 활보공 등을 다양하게 수련하면 된다.

계단도 10층 이내는 가급적 엘리베이터를 이용하지 말고 걸어서 오르내리면 좋은 수련이 된다. 계단을 오를 때는 항상 2계단씩 오르고, 내려갈 때는 발뒤꿈치를 들거나 2계단씩 내려 가보자.

자가 운전을 할 경우에는 틈틈이 용틀임으로 손목을 풀어주고 또 목,

어깨, 허리 등을 돌리며 방송공을 한다. 그리고 틈틈이 지식(止息) 수련을 해보자. 길이 막혀도 할 일이 많아서 전혀 짜증이 안 나므로 마음공부가 절로 된다.

버스나 지하철에 앉아서 갈 때는 두 발끝을 세워서 엄지발가락만 땅에 대보자. 즉시 단전에 많은 기가 모이는 것을 느낄 수가 있다. 그 자세로 고요하게 단전호흡을 해보자.

버스나 지하철을 타고 서서 갈 때나 그밖에 서 있을 때(일을 하거나 강의 또는 대화를 할 때, 양치질을 할 때, 사람을 기다릴 때 등)는 언제나 무릎을 약 간 굽혀서 참장공(站椿功) 자세로 서 있도록 하고, 손은 상황에 따라 자유 롭게 하면 된다.

3) 근무 중에 하는 생활기공

하루 일과를 시작할 때는 언제나 삼문열기를 한다. 그리고 자신의 일거 리를 '규(竅)' 라고 생각하고 심규합일의 상태에서 일을 해보자. 그러면 피로감도 덜하고 일에 심취할 수 있다.

자리에 앉아서 컴퓨터 작업을 하거나 일을 할 때는 언제나 정공 자세로 하고 단전호흡을 생활화한다. 일을 하는 도중에 수시로 방송공과 안마공 을 하여 어깨, 목, 허리 등의 피로를 풀어 주도록 하고, 특히 눈의 피로를 풀어주는 눈 안마공을 수시로 한다.

점심식사 후에는 가벼운 산책을 보공과 함께 하고, 일을 시작하기 전에 는 약식 참장공과 방송공으로 잠시 몸을 푼 후에 일을 시작한다. 오후 일 과를 시작할 때도 다시 한 번 삼문열기를 한다.

4) 저녁에 하는 생활기공

퇴근 후 술자리에서는 과음, 과식을 피하고 주기(酒氣)를 배출하는 수련을 틈틈이 해보자. 자리에 앉아서는 수시로 지식(止息)을 하거나 의념으로 술기운을 지문(地門)으로 빼내도록 하고, 화장실에 가서는 약식으로 내마보식 등 참장공을 잠시 해보자.

귀가하여서 TV를 볼 때는 정공 자세로 앉아서 단전호흡을 하면서 보도록 하고, 틈틈이 얼굴, 가슴, 배 등의 안마공과 방송공을 한다.

잠자리에 들기 전에는 10분간만 정식 수련을 해보자. 간단한 방송공을 한 후에 한두 가지 참장공을 해서 약간 땀이 나게 한다. 그리고 자리에 앉아서 잠시 정공을 한다.

그리고 자리에 누웠을 때(잠을 잘 때, 휴식을 취할 때, 몸이 불편할 때)는 언제나 수면공(睡眠功)을 한다. 잠시 수면공을 한 후에 그대로 잠을 자면 수면 중에도 수련이 이어진다.

제 12 장

●

의료기공

1. 의학(醫學)과 기공

1) 한의학(韓醫學)과 기공

한의학의 근본은 기공이며, 편작(扁鵲)이나 화타(華陀) 등 역대 명의(名醫)들은 모두 기공의 대가였다. 한의학(韓醫學)은 음양오행설 등 동양철학을 떠나서 성립할 수 없으며, 내공(內功)이라는 실천을 떠나서도 성립될 수 없기 때문이다. 한의학의 바탕이 되는 음양오행학설은 기공의 선조들이 그 원리를 알아낸 것이고, 오장육부(五臟六腑)의 관계와 경락(經絡)도 기공과 특이공능의 기초 위에 세워진 것이다. 경락은 수행을 통해 구체적으로 체험할 수 있으며, 특이공능에 의해 투시될 수가 있다.

2) 의료분야에서의 기공의 활용

지난 1997년 11월 원광대와 미국 하버드 의대의 공동 연구팀은 기공의 효과를 입증해 보였다. 이 연구에 따르면 기공을 한 사람은 인체 면역체계의 일차 방어기구인 자연살해세포의 암세포 파괴성능이 수련 전에 비해 180% 증가하는 것으로 밝혀졌다고 한다.

포천중문의대 전세일 대체의학대학원장도 "동양에선 건강, 장수를 위해 기공이나 명상 등으로 기를 다스려왔다"며 실제로 기를 수련하면 혈액순환이 좋아지고 림프구 등 혈구의 변화, 호르몬 분비촉진 등 현상이 관찰되고 있다고 한다.

정헌택 교수(원광대 생명공학연구소)도 기공수련자를 대상으로 한 연구결과, 기공이 우리 몸에 병균이 침입할 때 면역기능을 향상시키는 것으로 나타났다"며 "기수련을 4개월 정도 하면 티림프구의 비율이 약 1.5배 증가하고 암세포를 죽이는 자연살해세포의 기능이 약 1.6배 향상되었다"고 밝혔다.

대학병원에 기공치료센터가 정식으로 생긴 것은 우리나라에서 경희대가 처음이다. 1998년 개설한 경희대 한방병원 한방기공진료실에서는 환자들을 기공요법으로 치료하고 있다. "기공요법은 몸과 마음의 기운을 바로 조절하여 자연치유력이 높아져 치료효과가 높다"고 담당 한의사는 말했다. 그 이후 전국의 많은 한의원들이 부설 기공수련센타를 운영하고 있으며, 작년부터 서울 강남의 한 한의원은 자연치유력 증진센터를 개설하여 원적외선 치료, 전위(파동)치료, 황토피라미드 명상, 향기요법 등 기 관련 치료요법을 병행하여 실시하고 있다.

또한 국내 최대규모의 종합병원인 서울중앙병원(아산재단)은 작년에 부설 생명공학연구소 내에 전통의학연구실을 설치하고 한의학 전공자들을 채용하여 기치료에 대한 연구를 시작하였다. 차병원의 인터내셔널 대체의학센터는 기공치료, 허브요법, 침요법, 영양요법, 남성갱년기 클리닉 등 10개 센터로 나뉘어져 운영되고 있다.

포천중문의대 대체의학대학원은 2001년 3월 개원하여 처음으로 치과기사 50명이 입학을 하였는데 곧 대체의학 전문병원(포천중문의대부속)으로 승격이 되고, 연구생의 범위도 간호사, 약사, 연구원 등으로 확대할 계획이라고 한다. 이곳은 동·서 의학과 대체의학이 통합된, 차원 높은 의학인 '전일(全一)의학'의 정립을 목표로 하고 있다.

2001년 현재 국내 의과대학 중에 대체의학을 정규 교과목으로 지정한 대학은 연세대, 이화여대, 경희대, 계명대, 포천중문의대 등 5곳이 있다. 국내에도 미국 등 선진국 의료체계를 본받아 기공 등을 이용한 대체의학을 채택하는 의과대학이나 병원은 앞으로 계속 늘어날 전망이다.

기공의 치료법은 대체의학으로서 구미 각국에서 이미 많은 관심을 끌어 임상이 행해지고 있으며, 미국의 경우 100개 가까운 의과대학 중에 기공 등 대체요법을 채택한 곳이 무려 87개 대학에 이른다고 한다.

중국의 경우, 기공은 이미 의학 분야에서 우리의 상상을 초월할 정도로 많은 활용이 되고 있다. 특히 기공요법은 암(癌) 등 난치병과 각종 성인병의 치료에 탁월한 효과가 있다는 연구 및 임상 결과가 학술논문으로 발표되고 있으며, 종합병원에서는 기공사가 환자에게 기치료를 실시하고 있다. 원극공(호북성 악주시) 본부에 있는 부설병원 강복의원(康復醫院)의 경우 난치병의 치료로 유명한데, 이곳에서는 여러 명이 함께 기를 받는 '대공(帶功) 수련'과 직접 환자의 천문(天門: 백회)에 기를 넣어주는 '관정(貫頂)'이라는 기치료법이 주요 기치료 과목으로 실시되고 있다.[1]

---

1) 환자가 원할 경우 16원의 시술비(1992년 당시)를 내면, 약 1분간 실시되는 관정을 받을 수가 있다. 참고로 중국 노동자들의 평균 월급이 300원임을 고려할 때 이는 적은 액수가 아니다.

2. 기공 요법(치유기공)

1) 기공의 치유효과

수련을 하면 우리는 만병(萬病)을 능히 물리칠 수 있다. 실제로 불치의 병에 걸렸거나 심지어 사경을 헤매던 사람들이 종종 수련을 해서 낫는 경우가 많이 있다. 그 이유는 무엇일까?

우리 몸에서 오장의 에너지가 서로 평형을 이룰 때는 자애(慈愛)와 건강, 희사(喜捨) 등이 나타나고, 오장의 에너지가 서로 평형을 이루지 못할 때는 저절로 난폭해지고 또한 병이 많게 된다. 남과 잘 다투는 사람이 있는데, 이는 오장 에너지의 불화(不和) 때문이다.

그렇다면 기공은 이와 어떠한 관계가 있는가? 수련은 직접 오장의 기(氣)를 크게 기르고, 오기(五氣)가 서로 조화와 균형이 되도록 만들어 준다. 따라서 수련은 직접 치병(治病)을 하기도 하며, 그 효과는 매우 크다.

병(病)의 원인으로 현대의학에서는 바이러스나 스트레스 등을 들고 있다. 그러나 바이러스는 언제나 내 몸 안과 대기 중에 그리고 음식물 등에 상존(常存)하고 있다. 따라서 우리가 병에 걸리는 때는 뭔가의 원인으로 바이러스의 침입이나 증식을 내 몸이 막아내지 못하는 때이다. 스트레스 또한 언제나 있어 왔다. 이 스트레스가 병의 원인일 때는 내 몸이 이를 견뎌내지 못하는 상태가 되었다는 것이다. 그렇다면 결국 병의 근본 원인은 대부분 외부에 있다기보다는 내부에 있다고 보아야 한다. 대기공사 장지상(張志祥) 선생은 이렇게 말한다.

병(病)은 체내에 삼원(三元: 원기, 원광, 원음 곧 기)의 에너지가 실조(失調)되어 생긴다. 인간은 모체(母體) 내에서는 선천호흡으로 선천삼원(先天

三元)을 흡수하며 살아가지만, 출생 후에는 선천호흡이 끊겨서 삼원을 흡수할 수 없게 된다. 그리고 희노애락(喜怒哀樂) 등 칠정(七情)으로 선천삼원의 에너지가 감소되고 이들 간의 평형이 실조(失調)되어, 결국 병이 생기는 것이다.

이렇게 볼 때 만병의 원인은 결국 기(氣)라고 할 수 있다. 우리 내부의 기가 부족해서 바이러스의 공격을 이겨내지 못하고, 기가 부족해서 스트레스를 감당하지 못하게 된다. 또한 기가 부족해서 오기(五氣)의 부조화가 생기고, 기의 흐름이 막히고 끊기게 된다. 한의학의 경구(警句) 중에도 '통즉불통 불통즉통(痛卽不通 不痛卽通)이라는 말이 있다. 병이 생기고 아픈 것은 기가 통하기 않기 때문이며, 기가 통하면 병이 낫고 아프지 않게 된다는 것이다.

따라서 예방의학의 차원에서도 기를 보충해주는 기공 수련은 필수적이다. 근원적인 치병(治病)도 수련을 통해 기를 보충하고, 양덕(養德)을 통해 마음을 조절하지 않으면 아니 된다.

우리가 왜 수련하는가 하는 이유는 자명하다. 치병과 근원적인 건강을 위해는 무엇보다 수련을 해야 한다.

2) 환자의 치유기공

환자는 현재 어떠한 상태에 있던 간에 자연 치유력 향상, 체력강화 및 체질개선 등을 위해 반드시 기공 수련을 해야 한다. 이를 '기공요법' 이라 한다. 또는 치료를 목적으로 한 기공 수련이라는 의미로 '치유기공' 이라고도 한다.

물론 환자는 중증인 경우와 경증인 경우가 있으며, 암 등 난치병 환자나 정신질환자, 외과환자와 내과환자 등 여러 유형이 있다. 이에 따라 당연히 기공요법의 처방이나 수련 프로그램도 각 환자에게 맞도록 그 내용을 달리 해야 한다. 여기 예시한 내용을 바탕으로 각 환자의 개별적 수준에 맞는 수련 프로그램을 만들어서 실시하면 좋을 것이다. 예컨대 중증인 환자는 참장공, 동공을 적게 하고, 각 장부의 질환에 따라 해당 경맥을 조절하는 안마공 등을 추가하면 된다.

환자는 대체로 거동이 불편하므로 정공이나 수면공을 많이 하도록 하고, 하체 힘이 약하기 때문에 참장공 등을 할 때는 반드시 보호자가 옆에서 이를 지켜보며 격려해야 한다. 아무리 중환자라 하더라도 적절한 운동과 기공 수련이 필수적임은 두말할 나위가 없다.

환자의 일반적인 1일 권장 수련은 다음과 같다.

- 아침 저녁으로 최소한 5분씩 관절운동 중심으로 방송공을 한다.
- 아침 저녁으로 5분 이상 마보식을 중심으로 참장공을 하고, 점차 하체에 힘이 생기면 허보식, 등산식 등을 추가해서 한다. 그리고 평형공 수련을 함께 곁들인다.
- 아침 저녁으로 역시 동공을 한다. 특히 동공 1, 2, 3식을 중점적으로 10분 이상 수련한다.
- 거동이 가능한 환자는 많이 걷는 것이 좋으며, 이때는 보공을 한다. 하루에 최소한 20분 이상 걷도록 한다.
- 환자는 누워 있는 시간이 많으므로 누워 있을 때는 무조건 수면공을 해야 한다. 매회 20분 이상 염결 수련을 하던가 자신의 병을 치유하는 데 필요한 수면공법을 중점적으로 수련한다.
- 하루에 20분 이상 자리에 앉아서 편안한 자세로 정공을 한다. 일어나 앉을 수 없는 사람은 누워서 정공을 한다. 이때는 주로 묵운오행이나 염결 수련을 한다. 그리고 나서 환부를 치료하는 수련을 한다. 먼저 환부의 탁기, 병기(病氣)를 삼문을 통해서 몸밖으로 배출하고, 환부를 향

해 5분 이상 염결을 한다.

- 아침 저녁으로 각각 5분 이상 전신안마의 안마공과 환부치유안마(해당 경맥 자극 등)를 병행하여 실시한다.

- 낮 시간이나 한가한 시간에는 수시로 기공음악(혹은 명상음악)을 듣도록 한다.

기공 요법(1일 표준)

	기공 요법의 내용
아 침	방송공 5분, 참장공(마보식) 5분 이상, 동공(1 · 2 · 3식) 10분, 안마공 5분, 안마 치료
낮	보공 20분 이상, 정공 20분 이상, 수면공 20분 이상, 기공 음악 감상
저 녁	방송공 5분, 참장공(마보식) 5분 이상, 동공(1 · 2 · 3식) 10분, 안마공 5분, 안마 치료
기 타	누워서는 항상 수면공(염결, 단전호흡 등)

3. 기(氣) 식이요법

1) 소식(小食)과 단식(斷食)

건강하려면 어떻게 먹는 것이 바람직할까? 되도록 적게 먹고 기공(氣功)을 수련해야 한다. 특히 몸이 아픈 환자는 소화력이 약해진 상태이므로 더욱 적게 먹어야 한다. 환자의 빠른 회복을 위해 주위에서 음식을 강권하는 경우가 있는데 이는 바람직하지 않다. 환자는 적게 먹거나 음식 공급이 중단되어야 자연치유력이 더 활발해져서 치유효과가 높아지게 된다.

환자에게 단식을 실시하려고 하면 이 책의 제10장 2절을 참고하여 프로그램을 만들어보자. 중환자의 경우에도 단식은 상상외로 효과가 있다. 몸이 아픈 사람이 벽곡 수련을 하는 것은 보호자가 옆에서 보기에 안쓰러워 그렇지 실제로 큰 효과가 있으며, 치유력이 예상보다 크게 강화되는 경우도 많이 있다. 그러므로 보호자는 환자의 상태에 세심한 주의를 하고, 한편으로는 많은 격려를 해주면서 벽곡 수련을 해보자. 일차적으로 단곡(斷穀) 수련을 3일간 실시하는 것도 좋은 방법이 될 수 있다.

식이요법을 하려면 시중에 이에 관한 책자가 많이 있으므로 이에 준해서 프로그램을 만들어보자. 아울러 기(氣) 식이요법을 함께 병행하면 좋을 것이다. 환자는 적게 먹는 대신에 기가 많이 든 음식을 먹으면 아무 염려할 것이 없다. 기가 많이 든 음식은 맛이 좋으며, 비만이나 부작용 등을 염려할 필요가 없고 또한 미용 효과도 있다.

2) 기(氣) 음식 만들기

건강을 위해 기 음식을 만들어 보자. 먹거리만 제대로 만들어 먹어도 많은 성인병을 예방하고 치유할 수 있다.

기(氣)는 공간에 무진장으로 존재하는데, 그 일부는 여러 가지 형태로 동물, 식물, 광물 등 물질에 흡수되어 있다. 기가 많이 들어 있는 물질로 음식을 만들면 건강해지고 질병 치유의 효과가 있다.

① 약초, 야채, 화초와 과일

한약의 효과는 약초가 축적해 놓은 기(氣)에 의한 것으로 그 화학성분을 분석해도 약효에 대한 성분을 알 수 없는 경우가 많다. 모든 식물은 끊임없이 하늘과 땅으로부터 기(氣)를 받아들이고 있는데, 특히 약초(藥草)는 강하게 기를 끌어와 축적하고 있는 식물이다. 인삼, 쑥, 마늘, 파, 칡(葛), 감초(甘草), 구기자(枸杞子), 영지(靈芝), 알로에 등에는 많은 기가 들어 있다.

인삼 재배를 하였던 밭은 지력(地力)이 쇠해서 한동안 다른 작물을 심을 수가 없는데, 이는 인삼이 땅으로부터 엄청난 지기(地氣)를 흡수했음을 의미한다. 쑥과 마늘에도 많은 기가 들어 있다. 단군신화에 나오는 웅녀(熊女)는 쑥과 마늘을 먹으며 수행을 한 후 크게 변화되었는데, 이는 바로 기 음식을 먹으며 기공을 한 때문이다.

약초에 따라 듣는 질병이 다른 것은 각각의 약초가 갖고 있는 기 에너지의 파동의 차이 때문이다. 그 파동이 해당 질병의 주파수와 맞을 때 치료 효과가 극대화되는 것이다.

난초, 국화 등 화초도 강한 기를 가지고 있으며, 주위에 방사를 한다. 가령, 토기(土氣)가 강한 군자란은 위병에 특효가 있어 위암을 다스리는 비방으로 사용된다.

농약을 사용하지 않고 자연에서 재배한 화초나 야채는 특히 기가 강하다. 무즙, 양배추 즙이나 무, 당근, 우엉, 양배추와 표고버섯 등을 함께 섞어서 약한 불에 익힌 야채 죽은 암 등의 질환에 효과적인 것으로 알려져 있다. 이는 바로 야채가 축적한 기와 미네랄의 상승효과 때문이다. 자연에서 자란 사과, 배, 포도 등의 과일 역시 대부분 많은 기가 저장되어 있으며, 항암 효과가 있다.

② 숯

숯불에 구운 고기는 맛이 좋은데, 이는 숯에 들어 있는 기 때문이다. 숯이 많은 기를 축적하게 된 이유는 기로 충만해 있는 수목(樹木)을 기술적으로 태워 만들기 때문이며, 또한 주성분인 탄소가 기를 집적(集積), 방사(放射)하기 쉬운 성질을 가지고 있기 때문이다.

토질이 나쁜 곳에 숯가루를 뿌리면 땅이 좋아지므로 그 땅에 집을 짓고 살면 건강이 좋아진다. 또한 숯가루는 묘목의 착근(根)과 성장의 촉진제로 쓰이며, 이럴 경우 수확량도 늘게 된다. 숯을 음료수 속에 넣으면 맛있는 건강음료가 되고, 식품에 넣으면 맛있는 건강식품이 된다. 전통 건강식품인 간장을 담글 때는 숯을 함께 넣는데, 이렇게 만든 간장, 된장은 맛이 뛰어날 뿐 아니라 동시에 약(藥)이 된다.

③ 야생동물

동물들도 우주의 기를 끌어들여 체내에 저장하고 있다. 특히 자연에서 자란 멧돼지, 산토끼, 꿩 등 야생동물은 강한 기가 있다. 이는 동물들이 기가 충만한 식물의 에너지를 흡수하며, 또한 선천적으로 배운 잠자는 자세, 서 있거나 걷는 자세와 호흡 등을 통해 직접 우주의 기를 흡수하고 있기 때문이다. 학(鶴)이나 거북 등이 장수하는 것은 이 때문이다.

녹용(鹿茸)의 약효가 뛰어난 것은 사슴이 봄에 여린 약초나 풀의 기를 흡수해 뿔로 모으기 때문이다. 자라나 장어, 뱀도 많은 기를 축적하고 있는 동물이다. 그 때문에 스태미너 증진과 정력강화 식품으로 각광을 받고 있다.

④ 생수(生水), 약수(藥水)와 눈(雪)

오색약수 등 이름난 약수는 맛이 좋고 건강에도 좋은 것은 물과 미네랄 성분이 지하를 흐르는 동안 지기(地氣)를 흡수하여 저장하고 있기 때문이다. 그리고 땅속 깊은 곳에서 퍼 올린 생수가 맛이 좋은 것 역시 많은 지기를 함유하고 있기 때문이다.

눈(雪)을 녹인 물 또한 맛이 좋고, 그 물로 지은 밥 역시 맛이 좋다. 이는 눈이 우주의 기를 대량으로 받아들였기 때문이다. 기는 일정한 모양의 도형과 공진(共振)하여 그 도형으로부터 에너지를 방사(放射)시키는 성질이 있으며, 특히 육각형은 강하게 기를 방사하는 도형이다. 물은 기를 흡수하기 쉬운 물질이며 눈이 육각형의 결정(結晶) 구조를 하고 있기 때문에 눈에는 기가 많이 들어 있는 것이다.

⑤ 천연소금, 죽염

천연소금(天日鹽)은 건강 증진의 효과가 높은데, 이는 많은 기가 방사되기 때문이다. 천연소금은 그 원료인 바닷물이 기로 충만해 있으며, 미네랄도 다량 함유되어 있으므로 미네랄 효과와 기 효과의 상승 작용이 나타나게 된다.

만병에 효과적인 것으로 알려진 죽염(竹鹽)은 진흙의 토기(土氣)와 대나무의 목기(木氣)에 불로 구워 화기(火氣)를 첨가한 것으로, 천일염에 비해 더욱 많은 기로 충만해 있음을 알 수 있다.

⑥ 심해수(深海水), 심해어(深海魚)

바닷물도 표면보다 깊은 바다가 더 많은 기로 충만해 있다. 이는 지구의 내부로 갈수록 더 강한 기가 발산되고 있기 때문이다. 수심 300미터의 해저에서 퍼 올린 바닷물은 아토피성 피부염에 특효가 있다고 한다. 또한 이 물로 각종 어류나 해조(海藻)를 기르면 성장이 빠르고, 크게 자라 수확량이 증가한다. 또한 병(病)에도 강한데, 이는 모두 풍부한 기의 효과 때문이다.

심해어도 많은 기가 들어있는 건강식품이다. 고등어, 꽁치, 참치 등 등푸른 생선이 몸에 좋은 것은 이 때문이다. 특히 동해에서 많이 잡히는 명태는 대표적인 심해어로 강한 기를 축적하고 있으며, 북어가 숙취나 연탄가스 중독에 해독작용이 뛰어난 것도 그 때문이다. 특히 설악산의 눈과 바람을 맞힌 황태는 심해의 기와 산의 정기, 눈(雪)의 기, 하늘의 기가 함께 들어 있어 가히 보약 중의 보약이라고 할 수 있다.

⑦ 효소(酵素), 발효균과 유전(遺傳) · 성장(成長) 관여 물질

효소는 공간에서 기를 끌어들여 강하게 방사하는 작용이 있다. 효소는 생체내의 반응을 선택적으로 촉진하는 작용에 기를 우주공간에서 끌어와 이용하고 있는 것이다. 여러 종류의 효소를 섞어 마시면 암 등의 질병에 효과가 있다고 하는데, 이는 바로 효소가 갖는 기의 효과 때문이다.

기는 동식물의 성장을 촉진하는 작용이 있다. 강한 기가 나오는 효소액을 식물에 살포하면 성장이 촉진된다. 식물활성효소를 종자 때부터 살포하면 식물의 성장이 빠를 뿐 아니라, 결실이 커져 수확량이 크게 증가된다. 아울러 이렇게 만든 과실이나 야채는 맛이 좋으며 영양가도 높다. 또한 다종의 식물효소로 재배한 채소는 암이나 당뇨병 등에도 효과가 현저하다.

유산균, 효모균 등의 세균도 갖가지 효소를 많이 갖고 있기에 끊임없이 기를 방사하고 있다. 발효균은 발효과정에서 기를 강하게 방사하기에 발효식품에는 기가 대량으로 함유되어 있다. 유산균 음료(야쿠르트 등)나 된장, 고추장, 간장 그리고 김치가 건강이나 질병 예방에 효과가 있는 것은 그 때문이다. 막걸리처럼 발효시켜 만드는 술에도 많은 기가 들어 있다. 장수(長壽)로 유명한 코카서스 지방에서는 우유를 여러 유산균과 효모로 발효시킨 발효음료 '케피아'를 마신다고 한다. 여기도 기가 다량 들어 있는 것을 알 수 있다.

효소 이외에도 유전, 발생, 증식, 광합성(光合成), 면역 등 생명 유지에 중요한 작용을 하는 부분은 그 작용 에너지로 기(氣)를 적극 이용하고 있다. 가령 핵산(核酸) 관련 물질을 많이 함유한 물질이라든지, 엽록체를 많이 함유한 클로렐라는 건강이나 질병예방 효과가 크다.

3) 기운을 북돋는 기(氣) 요리

① 조리법

조리 중인 음식에 발공(發功)을 하면 많은 기가 담긴 약(藥)요리가 될 수 있다. 발공을 하는 방법은 다음과 같다. 조리를 할 때는 먼저 삼문을 연다. 그리고 음식을 규(竅)로 삼아 상단전의 혜심을 내려서 음식과 합일이 되게 한다. 이렇게 심규합일이 된 상태에서 그 음식을 향해 계속해서 5분 이상 결(訣)을 읽으면 된다. 이때 결은 총결이 매우 효과적이다(결에 대해서는 제6장 4절 참고).

② 장부를 건강하게 하는 요리

기공의 정보를 활용하면 오장육부를 건강하게 하는 기요리를 만들 수가 있다. 가령 간(肝)이나 담(膽)이 좋지 않은 사람은 재료가 푸른 색(야채 등)이거나 혹은 신 맛이나 누린 냄새가 나는 음식이 좋다. 곡식 중에는 보리, 육류로는 닭(특히 닭의 간), 과일로는 오얏이 간에 필요한 목기(木氣)가 들어 있으므로 이를 사용해서 음식을 만들면 약(藥)요리가 된다. 다음의 표를 참고해서 음식을 만들면 그 장부(臟腑)가 건강해질 수 있다.

장부	기	맛	냄새	곡식	과일	육류
간, 담	목기(木氣)	신 맛	누린 내	보리	오얏	닭
심장, 소장	화기(火氣)	쓴 맛	타는 냄새	기장	은행	양
비장, 췌장, 위	토기(土氣)	단 맛	향내	조	대추	소
폐, 대장	금기(金氣)	매운 맛	비린 내	쌀	복숭아	개, 말
신장, 방광, 자궁	수기(水氣)	짠 맛	썩는 냄새	콩	밤	돼지

4. 기 치료(Qi-therapy)

원래 도가(道家)에는 전통적인 기공(氣功) 의술(醫術)이 있다. 또한 각 문파마다 난치병을 다루는 여러 밀방(密方)들이 전해져 오고 있다. 그런데 그 치료법은 매우 다양하며, 때로는 일반인의 상식을 초월한 방법이 사용되기도 한다. 얼핏보면 질병과 직접 관계가 없어 보이는 특이한 방법 때문에 이를 잘 모르는 사람이 보면 미신적 행위로 보일 수도 있다.

그러나 이러한 방법들은 기실 우주에너지(氣)를 치료에 사용하기 위한 것이다. 그리고 이러한 방법과 힘을 온전하게 사용할 수 있는 조건은 역시 병을 치료하는 사람의 내공(內功) 수준이다. 같은 방법이라도 공력이 높은 사람이 사용할수록 그 효과는 탁월하게 나타나게 된다.

기공 수련자가 할 수 있는 기(氣)치료의 주요 기법을 소개하기로 한다. 기치료는 먼저 준비를 하고 환자의 환부에서 탁기(濁氣)를 배출한 후에 환부에 직접 혹은 간접(혈이나 경맥을 통해)적으로 발공(發功)을 한다. 기 치료를 마치고 나면 시술자는 자신을 보호하기 위한 조치를 한다.

가족이나 가까운 사람 중에 몸이 불편한 사람이 있으면 응급조치로 이 순서에 따라 기 요법을 활용해보자. 그러면 그 효과를 체험하게 될 것이다.

1) 준비

시술자는 시술 전에 기공을 수련해서 손바닥에 강한 기감(氣感)을 느낄 때 기요법을 실시해야 한다. 환자를 편안하게 앉히거나 자리에 눕게 하고 그 앞에 앉아서 의념으로 삼문(三門)을 연다. 삼문을 열지 않고 발공(發功)을 하면 시술자 자신의 기(氣) 소모가 많으므로 해를 입을 수도 있다. 초보자는 시술 전에 두 손바닥을 비비면 손에 기감을 더 강하게 할 수가 있다.

2) 탁기(濁氣) 배출

먼저 환자의 몸에서 탁기, 병기(病氣)를 배출해야 한다. 모든 병(病)의 원인은 환자의 몸과 상충이 되는 해로운 기가 몸에서 작용하기 때문이다. 이를 '병기(病氣)' 또는 '탁기(濁氣)', '폐기(廢氣)' 라고 한다. 탁기, 병기 등을 배출하는 방법에는 크게 직접 배출법과 간접 배출법의 두 가지가 있다.

(1) 직접 배출법

탁기를 직접 배출하는 방법은 다음과 같은 순서로 하면 된다.

먼저 환부에 손가락이나 손바닥을 대고 점점 작게 수공법(收功法)으로 원을 그린다. 마침내 이를 점(点)으로 만든 후에 의념으로 병기(病氣)를 장악하고 잡아당겨서 직접 병기를 몸밖으로 꺼낸다. 모든 병기의 색깔은 검은 색이다. 병기의 색(色)를 볼 수 없는 사람은 그냥 의념으로 검은색의 기를 환부에서 빼낸다고 상상을 하면 된다. 상상을 하는 것만으로도 기(氣)는 반드시 환부에서 작용을 하게 된다.

그리고 꺼낸 병기를 땅을 향해 뿌린다. 동시에 의념으로 병기를 땅 속 깊이 떨어뜨린다. 땅속으로 깊이 집어넣지 않고 그냥 밖으로 버리면 병기는 환자의 환부에 대해 친화력이 있기 때문에 곧 다시 그곳으로 들어가 버리고 만다.

(2) 간접 배출법

간접적으로 병기(病氣)를 배출하는 방법은 삼문(三門)을 통한 배출법으로 그 구체적인 방법은 다음과 같다.

환부의 병기를 의념으로 완전히 장악한다. 그리고 환부 가까이 손을 대거나 혹은 손을 대지 않은 채 의념으로 병기를 배출한다. 우선 환부가 머리에 있을 경우에 병기는 천문(天門)을 통해 밖으로 배출한다. 그리고 제1중단전(신궐: 배꼽) 윗부분, 즉 가슴과 윗배, 팔 부위의 병기는 인문(人門)으로 끌어와서 인문을 통해 배출한다. 또한 제1중단전 아래 부분의 병기는 발 아래로 끌어내려서 지문(地門)을 통해서 배출한다. 배출시킨 병기는 의념으로 모아서 역시 땅속 깊이 떨어뜨린다.

3) 발공법(發功法)

발공법이란 환자의 환부에 기를 넣어주는 방법이다. 손을 대는 방법은 환부(患部)의 크기와 깊이에 따라 적절히 조절한다.

일지법(一指法)은 엄지, 검지 혹은 중지 중 하나를 댄다. 환부가 깊거나 작을수록 일지법이 효과적이다. 환자의 환부가 넓을수록 손가락 수(數)를 늘이면 된다. 이지법(二指法)은 검지와 중지 두 손가락을 함께 대는 방법이고, 삼지법(三指法)은 검지, 중지, 약지의 세 손가락을 댄다. 또한 오지법(五指法)은 5지를 모두 다 환부에 댄다.

혹은 손바닥 전체를 환부에 대는 장법(掌法)이 있다. 장부는 대부분 손바닥을 그 부위에 대고 인문으로 발공(기를 내보냄)을 한다.

구체적인 발공 순서는 다음과 같다. 시술자는 상단전의 혜심(慧心)을 내려서 환자의 환부와 시술자의 손, 혜심이 삼위일체, 즉 심규합일(心竅合一)이 되도록 한다.

변전소(변압기)는 먼 곳에서 송전된 전기를 전압을 낮추어서 각 가정으로 내보내는 것처럼, 기공 수련자도 직접 우주에너지(氣)를 받아들여서 이를 생체에너지(炁)로 전환하는 변전소이다. 따라서 다음과 같은 노선을 따라 기(氣)가 작용한다고 의념으로 새긴다. 즉 삼문(三門)을 통해 단전으로 들어온 우주의 기(氣)가 생명에너지(炁)로 전환되어 다시 손가락이나 인문을 통해 환자의 몸으로 전달된다고 생각을 한다.

그리고 환자의 환부에 맞추어 시술자의 손을 그 위에 올려놓고 최소한 5분 이상 반복해서 결(訣)을 환부에 낙착시키면서 발공을 한다. 통증이 있는 경우에도 얼마 안가서 진통이나 진정 효과가 나타나는 것을 환자는 느끼게 될 것이다.

4) 장부 질환의 기 치료

오장육부의 질환을 치유하는 기 요법은 다음과 같다. 먼저 장부의 병기(病氣)를 직접 배출법 혹은 인문을 통한 간접배출법으로 몸밖으로 빼낸다. 그리고 빼낸 병기는 땅 속으로 깊이 내린다. 이를 3회 정도 반복한다.

그리고 나서 손바닥 특히 인문을 환부에 댄다. 장부에 상응한 오행(五行)의 기를 하늘로부터 받아서 장부에 넣어준다고 의념으로 새긴다. 그리고 나서 심규합일법으로 최소한 5분 이상 결을 낙착시키며 환부에 발공을 한다.

계속해서 두 손을 오행상생(五行相生)의 원리에 따라 그 장부의 모격(母格)에 해당하는 장부와 혈(穴: 원혈, 낙혈, 극혈, 모혈, 유혈 등)에 대고 결을 낙착시키며 발공을 한다.

오장육부의 질환에 대한 구체적인 기공 치료법은 다음과 같다. 간 질환의 경우, 먼저 병기(病氣)를 배출해야 하는데 간은 오른쪽 갈비뼈 아래쪽에 있으므로 간의 병기를 오른손 인문으로 끌어와서 배출하거나 혹은 직접 간(肝)에서 몸밖으로 병기를 뽑아내 배출을 한다. 이를 3회 실시한다. 그리고 간 부위에 손바닥을 댄다. 심규합일을 한 후에 우주공간에서 녹색(綠色)의 기를 끌어와 간으로 넣어준다고 의념으로 새긴 후에 간을 향해 수분간 염결(念訣) 등의 방법으로 발공을 한다. 그리고 계속해서 기문혈(젖꼭지 한 칸 아래에서 안쪽으로 1촌)에 일지(一指)로 수분간 발공을 한다. 기문혈은 간과 직결되는 간의 모혈(募穴)이기 때문이다. 그리고 다시 간(肝)의 모격(母格)인 신장(腎臟: 등 뒤 갈비뼈 아래쪽에 있음) 부위에 두 손을 대고 수분간 발공을 한다.

심장을 치유할 때는 심장이 왼쪽 가슴에 있으므로 심장의 병기는 왼손 인문을 통해 배출하거나 또는 직접 배출을 한다. 이를 3회 실시한다. 그리고 손바닥 혹은 5지를 심장에 대고 수분간 발공한다. 그리고 심장(정확히는 심포)의 모혈인 전중혈(두 젖꼭지 중간)에 일지(一指) 혹은 이지(二指)를 대고 수분간 발공한다. 다시 심장의 모격 장부인 간에 대고 수분간 발공을 한다.

그밖에 다른 장부의 경우에도 이에 준해서 하면 되며, 이를 표로 정리하면 아래와 같다.

장부(臟腑)의 기 치료법 1

	간(木)	심장(火)	비장(土), 위(胃)	폐(金), 기관지	신장(水)
병기 배출	직접, 혹은 오른손 인문을 통한 배출	직접 혹은 왼손 인문을 통한 배출	직접 혹은 양손을 통한 배출	직접 혹은 양손을 통한 배출	직접 혹은 양손을 통한 배출
환부 접촉	손바닥 전체를 오른쪽 갈비뼈 아랫 부분에 댐	손바닥 전체를 가슴 중앙에 댐	손바닥 전체를 명치 부분에 댐	두 손을 두 가슴에 댐	두 손을 등뒤 갈비뼈 끝 부분에 댐
기색	녹색	적색	황색	흰색	흑색
기 보충	신장에 발공, 기문에 1지로 발공	간에 발공, 중단전(전중)에 1지로 발공	심장에 발공, 명치에 3지로 발공	위에 발공, 중부에 발공	폐에 발공, 명문에 발공
얼굴	눈	혀	입	코	귀

또한 담(膽), 대장(大腸), 소장(小腸), 방광(膀胱), 자궁(子宮) 등의 질환에 대한 구체적인 기공치료법은 다음 표와 같다.

장부(臟腑)의 기 치료법 2

	담(木)	소장(火)	대장(金)	방광(水)	자궁(水)
병기 배출	직접 혹은 인문을 통한 배출	직접 혹은 지문, 회음을 통한 배출	직접 혹은 지문, 회음을 통한 배출	직접 혹은 지문을 통한 배출	직접 혹은 지문을 통한 배출
환부 접촉	손바닥을 오른쪽 배, 갈비뼈 아래에 댐	손바닥 전체를 아랫배에 대거나 소장노선을 좌우로 내려가며 발공	손바닥을 복부 위에(대지 않고) 놓거나 대장노선을 따라가며 발공	손바닥을 하복부 치골 부위 위에 놓음	손바닥을 하복부 위 자궁 부위에 놓음
기색	녹색	적색	흰색	흑색	무지개 색 혹은 흰색
기 보충	간에 발공, 협계에 발공	심장에 발공, 완골에 발공	폐에 발공, 합곡에 발공	신장에 발공, 중극에 발공	신장에 발공, 삼음교에 발공

5) 난치병의 치료

'병(病)이 있으면 반드시 약(藥)이 있다' 는 말처럼 불치(不治)의 병이란 원래 없다. 다만 우리가 현재 보편화된 치료방법을 모르는 것뿐이며, 어딘가에 반드시 치료법이 있기 마련이다. 중국에서 여러 차례 임상결과가 발표되었듯이 기공 치료는 난치병에도 탁월한 효과가 있는 것이 사실이다.

하지만 난치병의 탁기(濁氣), 병기(病氣)는 매우 강력하므로 시술자가 이를 감당하기가 쉽지 않다. 따라서 함부로 시술을 해서는 곤란하며, 특히 초보자의 경우는 절대로 해서는 안 된다. 자신을 보호하는 방법을 모르면서 공력이 약한 사람이 함부로 시술을 할 경우, 시술 중에 시술자의 몸으로 환자의 탁기가 전달되어 뜻하지 않은 피해를 입을 수 있기 때문이다.

먼저 환자의 몸에서 의념으로 탁기를 3~5회 정도 배출해야 하며, 빼낸 병기는 반드시 땅 밑으로 깊이 내려야 한다. 그렇지 않으면 병기는 환자의 근처에 남아 있다가 다시 환자의 몸이나 혹은 시술자의 몸으로 들어오게 된다.

특히 암(癌)이나 AIDS 등 강력한 병기(病氣)에는 파괴 공능이 가장 강한 '피(嚊)', '지(嗦)' 결을 반복해서 10분 정도 환부로 낙착시키면 그 효과가 크다.

참고로 중국 산동대(山東大)에서의 발공(發功) 실험에 의하면 황금색 포도상구균의 경우 평균 살균력은 76%에 이르며, 또한 암세포의 경우도 30% 가까이 파괴되어 종양이 줄어드는 것으로 나타났다고 한다.[2]

난치병 환자에게 기 시술을 한 후에 시술자는 반드시 자신을 지키기 위한 보공(保功)을 해야 한다.

6) 기 치료시 유의 사항

기 치료를 할 때 시술자는 반드시 아래의 사항에 유의를 하여 치료효과를 높이고 자신을 보호해야 한다.

첫째, 환자의 기 치료는 언제나 현대의학의 진단을 바탕으로 실시해야 하며, 현대의학으로 간단하게 치료될 수 있는 경우에는 그에 따르는 것이 좋다. 현대의학으로 치료가 불가능한 경우에도 질병의 진행 정도나 환자의 상태 등에 대한 의학적 정보를 바탕으로 종합적인 대책을 세우고 수시로 점검을 받아야 한다. 중환자의 경우는 식이요법, 한방요법, 민간요법, 운동요법(수련) 등을 모두 병행하는 것이 좋으며, 보호자가 이에 대한 모든 정보를 취합한 후 이를 바탕을 종합적인 전략을 치밀하고 광범위하게 수립해서 실시해야 한다.

둘째, 환자에게 기를 시술한 사람은 자신의 몸을 지키기 위해 기(氣) 시

---

2) 200회 반복 실험을 한 山東大 미생물학과 任建平 교수 외 3인의 합동실험 결과,《弟2次 元極學 理論硏討會論文集》(大連理工大學出版部),〈大衆氣功〉 1992년 2월호 참조.

술 후 반드시 보공(保功: 보호공법)을 해야 한다. 그렇지 않을 경우 환자의 탁기에 전염되어 뜻밖에 피해를 입을 수도 있다.

보공 중에 중요한 몇 가지를 소개한다. 먼저 시술 후에는 바로 세면대에 가서 비누로 두 손을 깨끗이 씻고 두 손을 비빈 후 의념으로 손의 탁기를 씻어서 땅 속으로 내린다.

그리고 자리에 정좌해 앉아서 정공(靜功) 자세로 삼문(三門)을 열고 우주의 은하수기(銀河水氣)를 의념으로 끌어내린다. 이를 천문(天文)을 통해 받아 들여서 온몸을 구석구석 씻고 특히 환자의 환부(患部)와 동일한 부위나 장부(예컨대 간을 치료했으면 자신의 간)을 여러 번 깨끗하게 씻는다. 그리고 나서 의념으로 씻어낸 은하수기를 지문(地門)을 통해 땅속으로 깊이 내린다. 그리고 다시 심규합일법으로 자신의 장부(臟腑)에 5분 이상 결(訣)을 낙착시키며 발공(發功)을 해서 자신의 원기를 보충하도록 한다.

셋째, 시술자는 기치료에 대한 확고한 신념을 가져야 한다. 기공치료의 관건은 혜심(慧心)의 장악에 있으며, 무엇보다도 강한 신념이 치유력을 높이는 관건이다. 시술자는 무형의 기공치료야말로 최고층차의 치료법이며 가장 효과적인 치료법임을 내면으로 깊이 신뢰하고 확신을 가져야 한다.

넷째, 시술자는 사랑의 마음, 즉 자비심(慈悲心)이 필요하다. 환자를 사랑하는 마음이 클 때 작용되는 에너지도 커지기 때문이다. 사랑은 그 자체가 큰 에너지이다. 환자에 대한 시술자의 지극한 사랑은 능히 병기(病氣)를 제압하고 환자의 자연치유력을 극대화시켜줄 것이다. 기 치료를 할 경우 대체로 타인보다는 가족(아내, 부모, 자식)에게 발공 효과가 크게 나타나는 경향이 있다. 이것은 바로 시술자가 가족을 사랑하는 마음, 즉 사랑의 에너지가 크기 때문이다.